## Zu diesem Buch

Meditation läßt sich nicht erklären. Skepsis und Angst vor dem Unbekannten können durch Information, ob über die Ergebnisse naturwissenschaftlicher Forschung, ob über die subjektive Erfahrung anderer, kaum abgebaut werden. Nur durch *learning by doing*, durch die direkte Erfahrung, läßt sich das Verstehen vorbereiten.

Ob Meditation Entspannung und die heilende Lösung des Körpers zum Ziel hat, ob unerledigte Konflikte und Stress abgebaut werden oder ob der Kontakt mit dem «Absoluten», mit dem eigenen Ursprung gesucht wird, Schwäbisch und Siems motivieren den Leser, mit dem Praktizieren zu beginnen und Erfahrungen zu machen.

Lutz Schwäbisch, geboren 1945 in Hamburg, arbeitet nach dem Studium der Psychologie, Soziologie und Pädagogik als Therapeut und Gruppentrainer in Hamburg.

Martin Siems, geboren 1948, arbeitet als Psychotherapeut in Hamburg. Gemeinsam veröffentlichten sie außerdem «Anleitung zum sozialen Lernen für Paare, Gruppen und Erzieher» (rororo sachbuch 6846).

Von Martin Siems ist bei Rowohlt lieferbar: «Dein Körper weiß die Antwort. Focusing als Methode der Selbstdarstellung. Eine praktische Anleitung» (rororo 7968).

Lutz Schwäbisch / Martin Siems

# Selbstentfaltung durch Meditation

Eine praktische Anleitung

Rowohlt

36.–38. Tausend Oktober 1995

Veröffentlicht im Rowohlt Taschenbuch Verlag GmbH,
Reinbek bei Hamburg, April 1987
Copyright © 1976 by Rowohlt Verlag GmbH,
Reinbek bei Hamburg
Umschlaggestaltung Nina Rothfos
Gesamtherstellung Clausen & Bosse, Leck
Printed in Germany
1090-ISBN 3 499 18321 8

# Inhalt

Es ist vernünftiger,
eine Kerze anzuzünden,
als über Dunkelheit zu klagen
*Kung fu tse*

# I. Einführung

In diesem Kapitel wollen wir Sie zunächst
auf unser Thema einstimmen, indem wir einen globalen
Überblick über Meditation und Selbstentfaltung
bieten. Wir beschreiben, wie dieses Buch entstanden ist, und
erklären dann die Begriffe *Meditation* und *Selbstentfaltung*.
Es folgen Abschnitte über die Begriffe *Erfahrung* und
danach über *Selbstakzeptierung*, zwei wichtige Themen, die
uns immer wieder begegnen werden. Zum Schluß
beschäftigen wir uns mit dem *Zusammenhang zwischen
meditativer Praxis und gesellschaftlicher Arbeit*
und bringen eine Übersicht über die
folgenden Kapitel des Buches.

## 1. Zu diesem Buch

Ein Buch über Meditation für den Laien, also den «Nichteingeweih-
ten», zu schreiben, ist keine einfache Sache – und wir haben lange
überlegt, ob wir das tun sollen. Denn die meditative Erfahrung gehört
nicht dem logischen, begrifflichen und linearen Bewußtseinsbereich
an, sondern führt hinüber zum intuitiven, unbegrifflichen und nichtli-
nearen Bewußtsein. Und darin liegt nun gerade die Schwierigkeit, diese
nonverbale unbegriffliche Erfahrung dem Leser auf dem Papier, verbal
und begrifflich zu vermitteln.

Es gibt zwei Kategorien von Büchern über Meditation. Die erste ist
von den «Wissenden» geschrieben, von den Lehrern, Gurus und Weisen, meist für Leser, die schon «dazugehören», d. h. sich länger mit
dem Thema beschäftigt haben. Hier wird von der subjektiven Erlebnis-
nisseite aus gesprochen, aus dem meditativen Bewußtseinsmodus heraus. Diese Bücher sind häufig schwer zu lesen, zunächst nicht zu
verstehen. Wenn der Leser sich aber hineinkniet, darüber nachsinnt
und grübelt, wird er sich selbst durch das Lesen verändern und echte
«Aha-Erlebnisse» und Einsichten erhalten können, er wird Meditation

«von innen» verstehen lernen.

Bei der zweiten Art von Büchern über Meditation ist es genau umgekehrt. Die Meditation wird dort von unserem begrifflichen und logischen Bewußtsein her betrachtet. Da gibt es Experimente, physiologische und psychologische Meßdaten, es können die «harten Fakten» der Naturwissenschaften vorgewiesen werden. Hier kann der Leser alles verstehen, das meiste scheint ihm logisch und einsichtig – doch von Meditation selbst, von meditativer Erfahrung, hat er kaum etwas verstanden.

Vor diesem Dilemma standen wir, als wir uns entschlossen, ein Buch über Meditation zu schreiben. Wir beide hatten schon seit langer Zeit persönliche Erfahrungen mit Meditation, und unsere Erfahrungen mit der Meditation in Selbsterfahrungskursen und bei Klienten in der Psychotherapie bestärkten uns immer mehr in dem Eindruck, daß die Meditation eine der effektivsten und praktikabelsten Übungen zur psychischen Prophylaxe oder Psychohygiene, auf deutsch: zur Gesunderhaltung und Gesundung der Seele, ist. Da wir beide uns in unserer persönlichen Fortbildung wie auch in unserer beruflichen Praxis mit den neueren Methoden in der humanistischen Psychologie beschäftigen, lernten wir immer mehr, deren Zusammenhänge mit der Meditation zu entdecken. Diese Verbindung der meditativen Erfahrung mit der Erfahrung aus Psychotherapie und Selbsterfahrung führte zu einem immer umfassenderen Verstehen der Meditation von den verschiedensten Blickwinkeln aus.

Aber all diese Erfahrung half uns zunächst nicht viel, wenn es darum ging, neuen Kursusteilnehmern in unseren Selbsterfahrungsgruppen die Meditation zu erklären. Skepsis, Ungläubigkeit, Unsicherheit und Angst vor dem Unbekannten konnten durch Information, sei es über die Ergebnisse naturwissenschaftlicher Forschung, sei es über die subjektive Erfahrung anderer, kaum abgebaut werden. Der Weg konnte nur sein: *learning by doing*, direkte Erfahrung der Teilnehmer war die beste Vorbereitung auf das Verstehen. Dabei lernten wir allmählich, immer gleichbleibende Zusammenhänge zwischen der praktischen Erfahrung der Teilnehmer und ihrer Aufnahmebereitschaft für bestimmte Informationen zu erkennen. Zunächst wurden die Lernbarrieren verringert durch die Mitteilung wissenschaftlicher Untersuchungen über Meditation. Das motivierte dann zu eigenem Ausprobieren. Aus dieser praktischen Erfahrung mit dem eigenen Meditieren heraus wurden die Teilnehmer aufgeschlossen für neue Erfahrungen in der Psychotherapie, weitere Praxis konnte zum Verstehen östlicher mystischer Betrachtung von Meditation führen.

Dabei standen dann Information und praktische Erfahrung in einem fruchtbaren Wechselverhältnis: die Information motivierte immer wieder zur Praxis und führte zu einem vertieften Verstehen der Meditation, während die praktische Erfahrung offen machte für die verschiedenen Blickwinkel, aus denen Meditation betrachtet werden kann. So ergab sich eine Ordnung der Information nicht nach logisch strukturellen Gesichtspunkten, sondern nach dem psychischen Lernprozeß des Übenden. So taucht zum Beispiel die gleiche Information an verschiedenen Stellen auf, wobei sie jedoch jedesmal in einem anderen Zusammenhang verstanden werden kann. Ebenso mag an einer Stelle dieses Buches ein Sachverhalt beschrieben werden, und erst viele Seiten später erfährt der Leser, daß auch andere Aspekte dieses Sachverhaltes wichtig sind: so wie man bei der Beschreibung des Sommers feststellen würde, daß Blätter grün sind, und zunächst nicht darauf hinweist, daß Blätter im Herbst gelb oder rot sind.

Und so ist es für den Leser wichtig, mit der Haltung zu lesen, die wir in unserem Taschenbuch «Anleitung zum sozialen Lernen für Paare, Gruppen und Erzieher» die «Und-Haltung» genannt haben. Wir können einen Gegenstand von den verschiedensten Blickwinkeln aus betrachten, wir sehen verschiedene Aspekte des Gegenstandes, und dabei ist der eine richtige *und* der andere *und* jener usw.

Zum Verständnis der Meditation haben wir den Standpunkt des Physiologen, des Verhaltenstherapeuten, des tiefenpsychologischen Therapeuten, des Selbst-Psychologen und des Mystikers eingenommen – und Wissen verändert sich mit der Veränderung des Wahrnehmungsstandpunktes. Der Leser, der festgelegter in seinem begrifflichen System ist, der Anhänger einer Schule, einer Lehrmeinung oder einer bestimmten Theorie ist, wird es in diesem Buch manchmal schwer haben, die verschiedenen Wahrnehmungsarten zu übernehmen. Derjenige, der nach einer «allein richtigen und allein seligmachenden» Methode meditiert, mag sich die Haare raufen wegen unserer Haltung zur Meditation, Wissenschaftler und wissenschaftlich gebildete Laien mögen den Kopf schütteln bei der Beschreibung von Meditation aus der subjektiven Erlebnisebene heraus, bei Dingen, die von den exakten Wissenschaften bisher nicht untersucht wurden oder vielleicht mit deren rationalen Methoden gar nicht untersucht werden können.

Nach einem alten Zen-Spruch kann in volle Tassen kein neuer Tee gegossen werden. Und ebenso ist für das Verstehen von Meditation die wichtigste Voraussetzung, das eigene Gehirn von den gelernten Begriffen und Kategorien zu leeren. Und genau das ist es, was in der Meditation geschieht. Das heißt: um die Information über Meditation zu verstehen, müßten wir am besten schon meditieren können – hierfür benötigen wir aber wiederum Informationen als Anleitung – und hier beißt sich die Katze in den Schwanz. Aber irgendwo muß man ja anfangen. Da wir immer nur wenige Menschen zunächst zum praktischen Meditieren und dann erst zur Theorie hinführen können, sind wir, wenn wir wieder den Zugang öffnen wollen, auf die theoretischen Krücken des Mediums Buch angewiesen. Krücken sind immer noch besser als gar nichts. Und so haben wir dieses Buch geschrieben, allerdings in der Erwartung, daß der Leser zwischen den einzelnen Kapiteln Lesepausen von etwa drei Tagen Dauer einschiebt und während dieser drei Anwendungstage praktische Erfahrung mit der Meditation macht. Das Buch erfüllt den von uns gemeinten Zweck nur, wenn es den Leser zur eigenen Erfahrung und Praxis motiviert. Wenn der Leser durch Meditation immer mehr Zugang zu sich selbst bekommt und «in Kontakt» mit sich selbst ist, bedarf er immer weniger der Informationen und Verhaltensregeln von außen.

Die verschiedenen Beschreibungen von Meditation in diesem Buch sind nur Türen, eintreten in den Raum dahinter müssen Sie selbst; der Blick durch die verschiedenen Türen erfaßt aber jedesmal nur *einen* anderen Aspekt der Meditation. Vielleicht wird dies durch die folgende alte Sufi-Fabel deutlich:

Es gab einmal eine Stadt nur mit blinden Einwohnern. Ein König kam mit Armee und Gefolge in die Nähe und kampierte dort. Er besaß einen mächtigen Elefanten, den er für Angriffe benutzte, weil das Riesentier den Feinden große Angst einjagte. Die Bürger waren neugierig, den Elefanten kennenzulernen, und einige Blinde machten sich auf den Weg, um Näheres über den Elefanten herauszufinden. Da sie die Gestalt eines Elefanten nicht kannten, befühlten sie seine Teile.

Jeder, der einen Teil gefühlt hatte, dachte, daß er den Elefanten kennen würde. Sie kehrten zu ihren Mitbürgern zurück, und es bildeten sich um sie neugierige Gruppen. Alle fragten nach der Form und Beschaffenheit des Elefanten und lauschten andächtig. Der Mann, der das Ohr gefühlt hatte, sagte: «Der Elefant ist groß und rauh, weit und breit wie ein Teppich.» Ein anderer, der den Rüssel gefühlt hatte, sagte: «Ich weiß, wie es in Wahrheit ist. Der Elefant ist wie ein gerades und hohles Rohr, furchtbar und gefährlich.» Wiederum ein anderer, der die Füße und Beine gefühlt hatte, sagte: «Nein, der Elefant ist mächtig und fest wie eine Säule.» Jeder hatte einen Teil des Elefanten gefühlt, doch wähnte sich jeder im vollen Besitz der ganzen Wahrheit.

## 2. Zur Meditation

Unter Meditation verstehen wir hier eine Versenkungstechnik, bei der es zu einer Umschaltung des Bewußtseins kommt, d. h. der Meditierende in einen Bewußtseinsmodus gelangt, der verschieden ist von unserem Tagesbewußtsein. Der amerikanische Psychologe William James schrieb schon 1890: «Unser normales Wachbewußtsein – unser rationales Bewußtsein, wie wir es nennen können – ist nur eine bestimmte Art von Bewußtsein, um das herum Bewußtseinsformen liegen, die ganz andersartig und von ihm nur durch dünne Schleier getrennt sind. Wir können durchs Leben gehen, ohne ihre Existenz auch nur zu ahnen – doch sobald wir auf die geeigneten Reize stoßen, stehen sie plötzlich in ihrer ganzen Fülle vor uns, besondere Formen des Psychischen, die wahrscheinlich irgendwie ihr Anpassungsfeld und ihre Anpassungsfunktion besitzen. Keine Betrachtung der Welt in ihrer Gesamtheit kann vollständig sein, die diese anderen Bewußtseinsformen einfach unberücksichtigt läßt.»

Die Meditation ist die klassische Methode, um zu diesem anderen Bewußtsein vorzustoßen. Der amerikanische Meditations-Psychologe Robert Ornstein vergleicht den Meditationsvorgang mit dem Auslöschen des Tageslichtes, um nun in der Dunkelheit die feinen Licht-Reize der Sterne am Himmel wahrnehmen zu können, die bei der großen Helligkeit des Tages nicht wahrnehmbar sind.

Und so haben alle Meditationsmethoden miteinander gemein, sich zunächst vom Tagesgeschehen und Wachbewußtsein zu lösen durch das Zurückziehen der Sinne von der Welt. Es wird ein ruhiger Platz gesucht, die Augen werden (nicht nach allen, aber nach den meisten Methoden) geschlossen, so daß möglichst wenige Reize von außen den Meditierenden stören können. Um in den meditativen Bewußtseinszustand zu gelangen, wird dann ein Konzentrationsobjekt zu Hilfe genommen, auf das der Meditierende seine Aufmerksamkeit lenkt.

In dieser allgemeinen Form wird Meditation seit Jahrtausenden von der Menschheit benutzt, und es gibt wohl kaum eine Kultur, die den meditativen Zustand nicht gekannt und keine systematischen Meditationsübungen entwickelt hätte. Dabei gibt es eine große Vielfalt von Meditationsobjekten: indische Gurus («Weisheitslehrer») benutzen Mantras (heilige Worte oder Silben) oder Mandalas (symbolische Malereien), meditieren über eine Kerze, über die aufgehende Sonne oder über innere Körperempfindungen. Im Buddhismus ist die Hauptmethode die Konzentration auf den Atem. Im Christentum sind es hauptsächlich Bibelstellen, auf die sich der Meditierende konzentriert. Wie bei den inneren Objekten herrscht Vielfalt auch bei den äußeren Formen des Meditierens, das keineswegs immer und überall nur im Sitzen praktiziert wurde und wird. Sufi-Derwische verändern ihr Bewußtsein durch monotonen wirbelnden Gruppentanz. In vielen Naturvölkern verändert das Starren in das Lagerfeuer oder der Tanz um das Feuer das Bewußtsein. Die Eskimos versetzen sich in Trance, indem sie über Stunden und Stunden mit einem kleinen Stein auf einem größeren Stein Kreise ziehen.

Eine typisch amerikanische Variante der Meditations*technik* ist das sogenannte Alpha-Feedback-Training, bei dem ein Gerät die Frequenz der Gehirnwellen mißt und bei einer bestimmten Frequenz, nämlich dem Alpha-Rhythmus, dem Übenden ein Signal gibt. Ihm wird von der Maschine rückgemeldet: «Halt, jetzt hast du in deinem Gehirn den Alphawellen-Rhythmus der Gehirnströme eingeschaltet!» Auf diese Weise lernt der Übende, diesen bioelektrischen Alpha-Rhythmus seines Gehirns willkürlich zu produzieren – und schon ist er im meditativen Zustand. Denn verschiedene Untersuchungen mit modernen Meßinstrumenten zeigen, daß der meditative Zustand, ganz egal durch welche Methode er erreicht wird, mit bestimmten physiologischen Veränderungen einhergeht, und eine davon ist die Verlangsamung der

Gehirnwellenfrequenz zum Alpha-Rhythmus.

Das ist also eine moderne und technisch raffinierte Variante, eine teure Methode und doch keineswegs den klassischen Methoden überlegen. In Deutschland ist mit dem autogenen Training von H. J. Schultz eine meditative Technik mit psychotherapeutischem Hintergrund entwickelt worden. Viele andere Methoden der Psychotherapie können durchaus als Bildermeditationen bezeichnet werden.

Meditation ist also eine allgemeine Methode zur Bewußtseinsveränderung und Versenkung, wobei die Art des Konzentrationsobjektes keine wichtige Rolle spielt, wie pedantische, einzig und allein auf ihre Methode schwörende Meditationsanhänger öfters behaupten.

Wir werden Ihnen in diesem Buch zunächst etwas über Mantra-Meditation sagen, eine Form also, bei der das Konzentrationsobjekt der Meditation eine Silbe ist. Wir greifen diese Methode heraus, weil sie einfach durchzuführen und außerdem sehr effektiv ist. Am Schluß des Buches kommen noch einige weitergehende Hinweise, die die zunächst angebotene Grundübung erweitern oder verändern.

Und wozu meditieren? Diese Frage nach dem Zweck, Ziel, Sinn des Meditierens können wir hier nicht beantworten. Die folgenden Kapitel stellen die Meditation in den Zusammenhang des Geschehens und der Ziele der «Selbstentfaltung». Dies ist der Zusammenhang, den wir Ihnen vor allem anderen anbieten. Physiologen sehen den Sinn von Meditation primär in der Entspannung und Lösung des Körpers. Psychotherapeuten sehen eher das Ziel, unerledigte Konflikte und Stresse in der Meditation zu lösen. Noch andere sehen das vornehmste Ziel darin, durch Meditation sich mit dem «Absoluten» zu verbinden, Kontakt mit dem eigenen Ursprung oder, religiös ausgedrückt, mit Gott zu bekommen. Meditation kann vor verschiedenen Hintergründen geschehen, eingebettet sowohl in asketische weltverneinende Philosophien wie auch in sinnenfrohe und weltbejahende Konzeptionen.

Aber zur Erklärung von Meditation soll später noch sehr viel mehr gesagt werden. Zunächst geht es uns darum, daß Sie eine ungefähre, aber konkrete Vorstellung von Meditation erhalten. Und das gelingt Ihnen, wenn Sie sich an einem ungestörten Ort hinsetzen, den Körper entspannen, die Augen schließen und sich auf etwas konzentrieren, zum Beispiel auf den Atem, wie er durch Ihre Nase streicht. Wenn die Gedanken abschweifen, gehen Sie zurück zum Konzentrationsgegenstand, sobald Sie die Ablenkung bewußt wahrnehmen. Nicht der Konzentrationsgegenstand ist wichtig für den meditativen Zustand, sondern die Haltung des Meditierenden, nämlich die Haltung der nichteingreifenden Aufmerksamkeit, der Passivität und des Geschehenlassens.

Hierzu folgende Sufi-Fabel: Ein besonders frommer Derwisch geht tief in Gedanken versunken an einem Flußufer entlang. Plötzlich wird er aufgeschreckt durch den laut hinausgeschrienen Derwischruf. Der fromme Pilger hört genau hin und sagt zu sich: «Das ist vollkommen sinnlos, weil der Rufer die Silben ganz falsch ausspricht. Anstatt YA HU sagt er U YA HU.»

Da wird ihm klar, daß er als der wissendere Schüler die Pflicht hat, diesen unglücklichen Menschen eines Besseren zu belehren. Er mietet sich ein Boot und rudert zu der im Fluß liegenden Insel, von der die Schreie kommen. Dort findet er einen Mann in einem Derwischgewand in einer Hütte, der sich zu dem Schrei rhythmisch bewegt. «Mein Freund», sagt der Ankömmling, «du sprichst das falsch aus. Es ist meine Pflicht, dich darauf hinzuweisen, denn verdient macht sich, wer Rat gibt, wie auch der, der Rat annimmt. Du mußt das so aussprechen.» Und er macht es ihm vor.

«Danke», sagte der andere demütig, und der erste Derwisch steigt wieder in sein Boot. Er ist zufrieden mit sich, weil er eine gute Tat getan hat. Schließlich wird gesagt, daß derjenige, der die richtige Formel benutzt, sogar über Wasser gehen kann. Er hat das zwar noch nicht gesehen, hofft aber doch darauf, es irgendwann einmal zu erreichen.

Zunächst hört er nichts mehr aus der Hütte, dann aber tönt es wieder U YA HU. Der Mann in der Hütte fängt an, seinen Ruf zu wiederholen in der alten Art. Während der besonders fromme Derwisch über die Halsstarrigkeit der menschlichen Natur und ihr Verharren im Irrtum Betrachtungen anstellt, sieht er auf einmal eine seltsame Erscheinung. Von der Insel her kommt der andere Mann auf ihn zu – und der geht auf der Wasseroberfläche!

Starr vor Staunen läßt der Fromme den anderen an sein Ruderboot herantreten und hört ihn sagen: «Bruder, entschuldige, wenn ich dich noch einmal belästige, aber ich bin zu dir gekommen, um dich zu bitten, mir noch einmal die richtige Form des Ausrufs zu nennen, denn ich kann ihn nur so schwer behalten.»

# 3. Zur Selbstentfaltung

Lange Zeit hat die Psychotherapie ihre Aufmerksamkeit auf das Problem eingeengt, wie man psychisch kranken Menschen dazu verhelfen kann, gesund zu werden. Aber unsere therapeutischen Verfahren bleiben immer weniger bei dieser Fragestellung stehen. Für sie sind «psychisch Kranke» nur die Spitze eines Eisberges. Es geht allgemeiner um die Frage, wie Menschen ihre psychischen Schwierigkeiten besser bewältigen können, und wie sie ihre Persönlichkeitsentwicklung in den Bereichen wieder in Gang setzen können, wo sie zum Stehen gekommen ist. Dieser Ansatz geht davon aus, daß jeder Mensch mehr oder weniger stark unter neurotischen Fehlanpassungen zu leiden hat, die ihn sein Leben lang vor Schwierigkeiten stellen können, sei es im Umgang mit anderen Menschen, sei es in veränderten Lebenssituationen. Die Auflösung dieser psychischen Blockaden geschieht während eines langen Entwicklungsvorgangs, wobei wir uns immer wieder mit den blinden Flecken, Sackgassen und Löchern in unserer Persönlichkeit auseinandersetzen müssen.

«Selbstentfaltung» haben wir hier genommen als die treffendste Übersetzung des Begriffes *personal growth*, der in Amerika soviel wie persönliches Wachstum, Selbstverwirklichung, Persönlichkeitsentfaltung bedeutet und ein Zentralwort der humanistischen Psychologie ist. Diese humanistische Psychologie hat sich nach Psychoanalyse und Behaviorismus in Amerika als dritte Kraft der Psychologie etabliert und umfaßt verschiedene therapeutische Schulen, deren gemeinsames Ziel nicht nur das Verstehen und Heilen von psychischer Krankheit ist, sondern vor allem die Förderung und Entwicklung der kreativen und gesunden Potentiale des «normalen» Menschen. Zu dieser Bewegung gehören beispielsweise die Gestalttherapie nach Fritz Perls, die Gesprächstherapie nach Carl Rogers, Encountergruppen, Sensitivtrainings und Kommunikationstrainings. Es ist die Grundannahme eigentlich aller Schulen dieser Bewegung, daß der Mensch nur einen kleinen Teil seiner Möglichkeiten nutzt, während der größere Teil seiner Fähigkeiten ungenutzt oder verschüttet bleibt. Diese These wird vor allem gestützt durch die Untersuchungen von Abraham Maslow, einem der wichtigsten Vertreter der humanistischen Psychologie. Maslow untersuchte Menschen, die in besonders starker Weise sich selbst verwirklicht hatten, und entdeckte dabei eine besondere Art des psychischen Funktionierens, des Handelns und Wahrnehmens und sah darin das empirische Kriterium für psychische Gesundheit. Die Möglichkeit, auf diese Stufe psychischen Funktionierens zu gelangen, ist in jedem Menschen enthalten, keineswegs ist Selbstentfaltung etwa nur eine Sache von Genies und besonders Begabten. Aber in der Tat sind es doch nur wenige Menschen, die nach Maslows Kriterien im Vollbesitz psychischer Gesundheit sind und als «Selbstverwirklicher» bezeichnet werden können. Die heutzutage errechneten statistischen Mittelwerte psychischer Funktionen wären demnach eher die Beschreibung eines allgemeinen chronischen Krankheitszustandes.

Als eine neue Richtung, als sogenannte vierte Kraft der Psychologie, hat sich in den letzten Jahren in Amerika die transpersonale Psychologie entwickelt, die sich besonders mit den psychischen Wirkungen religiöser, mystischer und bewußtseinserweiternder Erfahrung beschäftigt. Ihr Ziel ist Bewußtseinserweiterung und Heilen durch Erfahrung, in denen die individuelle Person transzendiert wird und ein Einheits- und Geborgenheitsgefühl mit der ganzen Menschheit erlebt wird. Sie beschäftigt sich mehr als andere psychologische Richtungen mit den Methoden der traditionellen esoterischen Psychologien und versucht, die jahrtausendealten Techniken mit modernen wissenschaftlichen Begriffen zu erforschen sowie diese für den heutigen Menschen nutzbar zu machen.

All diese Richtungen der Psychologie und Psychotherapie erfassen wichtige und bedeutsame Aspekte des Menschen. Jede legt auf ihre Weise den Akzent auf einen besonderen Teilbereich menschlicher Selbstentfaltung. Während es der traditionellen tiefenpsychologischen Psychotherapie, die auf Sigmund Freud und seine Schüler zurückgeht, mehr auf die Beseitigung psychischer Blockaden und die Heilung psychischer Krankheiten ankam, legen die humanistische und transpersonale Psychologie mehr Gewicht auf die Frage: Wie ist psychische Gesundheit beschaffen und wie kann der Mensch allgemein (und nicht bloß der «Kranke») zu solchen Möglichkeiten gesunden und befriedigenden Funktionierens gelangen?

Dieses Ziel steht auch hinter diesem Buch. Es soll dem «normalbelasteten» Menschen helfen, neue Möglichkeiten und Wege für sich zu entdecken, seine Fähigkeiten zu entwickeln, Schwierigkeiten zu überwinden und befriedigendere Möglichkeiten des Erlebens und des Handelns für sich zu finden. Wir werden in den nächsten Kapiteln einen Überblick geben über Problembereiche der Persönlichkeitsentfaltung, die Aspekte der tiefenpsychologischen Therapie, der humanistischen Psychologie und der transpersonalen Psychologie umfassen und einschließen. Innerhalb dieser Problembereiche soll deutlich gemacht werden, wie die Meditation als Methode durch ihre Wirkungen auf den verschiedenen Ebenen den Prozeß der Selbstentfaltung voranbringt.

Die Anforderungen, die unsere Gesellschaft und Zivilisation an den einzelnen stellen, führen bei vielen Menschen zu einer Belastung, die unseren Körper und unsere Psyche bis an die Grenzen beansprucht. Gemeint sind nicht nur unsere Tribute an die Leistungsgesellschaft wie Stress und Entfremdung im Beruf, Hektik und Ruhelosigkeit des Großstadtlebens, Umweltverschmutzung und die Vielzahl von Reizen, die uns überfluten. Auch die Anforderungen, die unsere Kultur und unsere gesellschaftlichen Normen an uns stellen, die unterdrückenden Erziehungsprinzipien, die starren Umgangsformen im zwischenmenschlichen Kontakt, die Zerstörung natürlicher Gemeinschaft und die damit verbundene Isolation verhindern oder erschweren zumindest die natürlichen Entfaltungs- und Reifungsprozesse der Persönlichkeit und tragen zu einer immer größeren «Innenweltverschmutzung» bei, wie es der deutsche Psychologe Jürgen vom Scheidt ausdrückt.

Angesichts dieser Verhältnisse ist wohl kaum ein Mensch frei von äußeren oder inneren Belastungen, die sein Erleben und Handeln beeinträchtigen. Die statistischen Zahlen über Alkohol-, Nikotin-, Tabletten- und Rauschgiftkonsum, Selbstmord, Scheidungen, Übergewicht usw. sind nur ein Anzeichen von vielen für das Ausmaß innerer Schwierigkeiten und innerer Unfreiheit, nach Meinung vieler Therapeuten auch die Häufigkeit von Herzinfarkt, Krebs und anderen sogenannten Zivilisationskrankheiten.

Wir sind innerlich einsam, ängstlich und meist darauf bedacht, diese Angst und Unsicherheit hinter einer starren und förmlichen Fassade zu verbergen, so daß selbst bei einer Vielzahl von Kontakten oder Begegnungen das Erlebnis intensiver und vertrauensvoller Nähe zu anderen Menschen nur selten oder gar nicht zustande kommt. Dieser sozialen und psychischen Situation entsprechen dann auf der körperlichen

Ebene unsere Verspannung und Verkrampftheit, Schlaflosigkeit und chronische psychosomatische Beschwerden wie Migräne, Magengeschwüre.

Obwohl diese Erscheinungen bereits so häufig geworden sind, daß man in Gefahr ist, sie als unabänderlich hinzunehmen und als Normalfall anzusehen, ist dieser Zustand sicher nicht der natürliche, gesunde Zustand des Menschen. Selbstverständlich ist zur Veränderung dieser individuellen Situation die politische Veränderung der gesellschaftlichen Situation unerläßlich, aber wir müssen unbedingt und gleichzeitig an einer Veränderung auf der individuellen Ebene arbeiten. Der Zustand der vielen einzelnen ist ja vom Zustand der Gesellschaft, in der sie leben, abhängig – und umgekehrt. Eine menschlichere Gesellschaft kann nur entstehen, wenn dem einzelnen sein eigenes Persönlichkeitswachstum, die Entwicklung seiner Fähigkeiten und die Vertiefung seiner Erlebnismöglichkeiten zu einem erstrebenswerten Ziel geworden sind. Wir haben ein Recht darauf, wenn nicht sogar die Pflicht, alle unsere Fähigkeiten zu entwickeln, freier und glücklicher zu werden, an uns selbst Freude zu haben, an unserer Umwelt und an anderen Menschen tieferen Anteil zu nehmen, unsere eigenen Wünsche und Bedürfnisse stärker zu entdecken und uns für das zu engagieren, was wir für wichtig halten.

Auf diesem Wege soll dieses Buch eine Hilfe sein. Die theoretischen Teile sollen die Psychologie der Blockierungen und des Wachstums in ihren verschiedenen Aspekten aufzeigen, während die Meditation als die praktische Methode gezeigt wird, die bei der Auflösung psychischer Blockaden und bei der Selbstverwirklichung Hilfe bietet.

## 4. Zur Erfahrung

Bewußte Erfahrung ist für den Prozeß der Persönlichkeitsentfaltung von zentraler Bedeutung. Man kann sagen, daß Wachstum und Entwicklungsfähigkeit des Menschen immer dann zum Stillstand kommen, wenn die Fähigkeit verlorengeht, sich selbst und seine Umwelt direkt und bewußt zu erfahren. Doch diese Fähigkeit ist im allgemeinen stark eingeschränkt. Dies hat hauptsächlich zwei Gründe. Der eine ist, daß die meisten Menschen im Laufe ihrer Entwicklung lernen, bestimmte Persönlichkeitsanteile zu unterdrücken, besonders solche, die während des Erziehungsprozesses als «negativ» bezeichnet werden. So werden beispielsweise «unanständige» Gefühle oder «egoistische» Wünsche abgewehrt und verdrängt, und anstatt in das eigene Innere hineinzuhorchen, orientieren sich viele Menschen an den Erwartungen anderer. Sie lernen so zu sein, wie es beispielsweise ihre Eltern von ihnen erwarten, und verlieren dadurch den Kontakt zu sich selbst und die Fähigkeit, die eigene innere Wirklichkeit bewußt zu erfahren.

Der zweite Grund liegt darin, daß speziell die westlichen Gesellschaften sehr einseitige Erziehungsideale entwickelt haben. Die Fähigkeit, unseren Verstand, unsere Intelligenz und unsere Sprache zu gebrauchen, wird stark gefördert, während unsere Fähigkeit zum Erleben, Fühlen und Empfinden meist unterentwickelt bleibt.

Zwar hat unsere westliche Zivilisation mit Hilfe des begrifflichen Denkens, der Logik und der exakten Naturwissenschaften einen enormen, ja oft monströsen Grad von Beherrschung der Naturgesetze und Naturkräfte erreicht. Aber für die gesellschaftliche Zielsetzung ebenso wie für den einzelnen Menschen im Prozeß der Selbstfindung ist diese Fähigkeit zum verstandesmäßigen Erfassen nicht genug. Selbstentfaltung ist nicht allein mit dem Verstand zu erreichen, sondern nur durch das direkte Wissen aus der eigenen ursprünglichen Erfahrung.

Auch wenn jemand noch so viel nachdenkt und überlegt, sich mit Theorien und Begriffen an die Lösung von Problemen macht, kann er dadurch nicht erreichen, daß sein Gefühlsbereich reifer wird, daß seine Erlebnismöglichkeit sich intensiviert und daß seine Fähigkeit wächst, das Leben bewußt zu erfahren. Keine Theorie kann den Menschen direkt erfassen. Worte, Begriffe und Theorien sind eher Landkarten von der Wirklichkeit, nicht aber die Wirklichkeit selbst. Wenn Sie sich freuen, dann ist dieses Gefühl Ihre innere Wirklichkeit. Sie können dieses Erleben symbolisieren und denken oder laut sagen: «Ich freue mich.» Sie haben dann Ihr Erlebnis in Worten dargestellt, und das hat Vorteile für die Speicherung dieser Erfahrung in Ihrem Gehirn und selbstverständlich für die Kommunikation mit anderen Menschen. Aber wir dürfen die Wirklichkeit unseres Erlebens nicht mit dessen Symbolisierung und Abbild in unserem Gehirn verwechseln.

Gewiß, wir kommen ohne Landkarten nicht aus – sie helfen uns, einen Überblick zu haben und uns nicht ständig zu verirren. Wir erhalten dadurch Sicherheit und können unseren «Standort» einordnen. Aber die Landkarte von einer Landschaft ist eben nicht die Landschaft selbst. Und ein Wanderer verfehlt die Landschaft, wenn er das Gras unter seinen Füßen nicht fühlt, die Vögel nicht singen hört und seine Umgebung gar nicht anschaut, weil er dauernd auf seine Karte sieht, um zu prüfen, ob denn sein Weg· auch in die richtige Richtung führt.

Theorien, Philosophien und Religionen sind nur, um mit einer alten östlichen Metapher zu sprechen, die Finger, die zum Mond zeigen, nicht aber der Mond selbst. Wer gebannt auf den Finger starrt, wird den Mond nie zu Gesicht bekommen.

Wenn wir den heutigen Menschen betrachten, wie er sich in Psychotherapie und Selbsterfahrungsgruppen und überall dort darstellt, wo er sich für innere und tiefere Erfahrungen öffnet, so wird das Problem einer allgemeinen Einseitigkeit offenkundig. Wir sind «verkopft», leben nur durch unseren «Computer» und haben den Kontakt zu unserer körperlichen, und das heißt auch unserer gefühlsmäßigen Seite verloren. Wir sind außengeleitet und richten uns nach dem, was unsere Eltern, Freunde, Partner, die Gesellschaft und wir selbst uns einreden und vorbeten, anstatt uns nach unserer eigenen Erfahrung und nach unseren eigenen Bedürfnissen zu richten. Wir haben häufig verlernt, direkt zu erleben, zu fühlen und wahrzunehmen, zu entscheiden und unsere eigene Erfahrung als Richtschnur unseres Handelns und Denkens zu nehmen. Wir sind unsicher in unserer Erfahrung, mißtrauen ihr oder vermeiden sie und suchen Sicherheit im Äußeren. Unsere Gesellschaft bildet immer mehr Spezialisten aus, die uns bei wichtigen Fragen unseres Lebens sagen sollen, was richtig für uns ist:

Wie soll ich mit meinem Ehepartner umgehen?

Darf ich dieses sexuelle Bedürfnis ausleben?

Wie soll ich mich gegenüber Freunden verhalten?

Welche Ziele sind in meinem Leben wichtig?

Wie soll ich meine Kinder erziehen?

Was muß ich tun, damit ich Freunde gewinne oder im Beruf Erfolg habe?

Für all diese Fragen stehen Fachleute bereit: Psychologen, Pädagogen, Sozialarbeiter, Geistliche – und alle haben etwas Spezielles zu sagen. Ein neues Rezept, eine neue Theorie. Aber all diese Ratschläge helfen uns wenig, wenn wir sie nicht mit unserer individuellen Situation und unseren eigenen Erfahrungen verbinden können. Wir sind einzigartige Individuen, und im Grunde genommen kann Ihnen kein einziger Mensch auf dieser Welt sagen, was für Sie richtig ist. Der einzige, der das wissen kann, das sind Sie. Jede Ausrichtung unseres eigenen Lebens nach Autoritäten bedeutet auch immer ein Stück Versklavung und Abhängigkeit von anderen. Wir verlieren dann etwas von unserer Selbstregulation und unserer Kompetenz über unser eigenes Leben. Auf diese Weise leben wir ein Leben «aus zweiter Hand», leben nach fremden Erfahrungen, mit denen wir in der Schule vollgestopft worden sind, die wir aus Büchern bezogen haben, die wir von anderen hören oder durch die Massenmedien aufnehmen.

Gewiß ist es gut, sich auch mit den Erfahrungen anderer auseinanderzusetzen und beispielsweise zu hören, was ein Psychologe zu einem Problem zu sagen hat. Es geht selbstverständlich nicht darum, sämtliche Information von außen abzulehnen, sondern eher darum, in den eigenen Wahrnehmungen und Erfahrungen so verwurzelt zu sein, daß die Erfahrung anderer in diese Eigenerfahrung integriert werden kann.

Wir verfehlen uns als lebendige Menschen, wenn wir uns selbst nur durch begriffliche und theoretische Filter betrachten, denn alles Lebendige *ist*. Sobald wir es theoretisch einordnen, verliert es seine Lebendigkeit. Die Meditation soll Sie gerade zu einem Erleben von innen heraus führen und den Kontakt mit Ihrer ursprünglichen Erfahrung stärken.

Das Hauptziel dieses Buches ist es eben, Sie zur direkten Meditationserfahrung anzuleiten. Wenn Sie erst einige Übung und Routine in der meditativen Praxis haben, wird es gar nicht falsch sein, alle Theorien über menschliches Erleben und Verhalten zu vergessen, einschließlich dessen, was wir in diesem Buch schreiben. Schauen Sie nach innen, lernen Sie, Ihrer eigenen Erfahrung zu vertrauen. Bilden Sie Ihre eigene Persönlichkeitstheorie, wenn Ihnen daran etwas liegt, und werden Sie Ihr eigener Psychologe und Seelsorger.

# 5. Zur Selbstakzeptierung

Wenn nicht unsere eigene Erfahrung Richtschnur unseres Handelns wird, dann kann das dazu führen, daß wir uns in einem Gewirr von Verhaltensregeln und Normen verlieren. Die Kirche predigt Nächstenliebe, unser Wirtschaftssystem fordert Tüchtigkeit, die Gerichte fordern Gesetzmäßigkeit, und die Leute erwarten von uns «sozial angemessenes Verhalten». Alle diese Werte und Normen tragen wir in uns. Sie zeigen sich in Idealvorstellungen, die wir von uns haben, wie wir als Frau oder als Mann, als Bürger, Kollege, Christ, Sportler, Freund sein müßten. Aus einem tief verwurzelten Mißtrauen der eigenen inneren Natur gegenüber versuchen die meisten Menschen nun, alle diese Forderungen zu erfüllen, indem sie ihr eigenes Selbst, das eben nicht immer ideal ist, zurückdrängen und das geforderte Verhalten darüberstülpen. Der Vater versucht das Ideal des guten Vaters zu erfüllen, indem er seine Gefühle von Schwäche, Hilflosigkeit, Ärger und Traurigkeit unterdrückt und sich vielleicht verbietet, das eigene Kind mehr als die anderen zu lieben. Die Ehefrau verbietet sich unter Umständen das Gefühl, mal allein sein zu wollen, mehr Abstand zu ihrer Familie haben zu wollen, und sie setzt statt dessen eine fürsorgliche liebe Miene auf, da sie ja eine gute Ehefrau sein will.

Anstatt einfach wir selbst zu sein, nämlich das zu fühlen und auszudrücken, was in uns vorgeht, versuchen wir krampfhaft etwas anderes zu sein, etwas Idealeres. Aber damit verraten wir unser Selbst und verhindern unser psychisches Wachstum. Die unterdrückten Gefühle bleiben in uns und wirken dort negativ als Störquellen auf der psychischen oder psychosomatischen Ebene. Gefühle verschwinden nicht, wenn wir sie unterdrücken – sie kommen auf Umwegen immer wieder zurück, oft getarnt bis zur Unkenntlichkeit. Wenn wir zum Beispiel unseren Ärger unterdrücken, weil unser Idealbild von uns selbst ein «immer freundlicher Mensch» ist, dann wird dieser Ärger sich indirekt bemerkbar machen, beispielsweise als Magengeschwür, als Depression, als eine uns selbst unbewußte, aber für die anderen wahrnehmbare gereizte Stimme, als ein für uns selbst nicht erkennbarer ärgerlicher Ausdruck im Gesicht.

Unsere Gefühle sind da und wirken, ob wir sie nun akzeptieren und ausdrücken oder ob wir sie unterdrücken. Aber die Unterdrückung und das aufgesetzte Verhalten verhindern, daß wir lernen, die als störend erlebten Gefühle zu verändern, zu kultivieren und in unser Leben zu integrieren. Wenn wir also unseren Ärger wahrnehmen, akzeptieren und ausdrücken, wenn wir ihn überhaupt bemerken, dann lernen wir bald, ihn ruhiger und gelassener auszudrücken, so daß der soziale Kontakt dadurch eher befruchtet wird.

Selbstentfaltung fängt damit an, daß wir unsere Gefühle so akzeptieren, wie sie sind. Wir haben ein Recht auf unsere Gefühle, und ein Gefühl kann nie «falsch» sein. «Falsch» oder «richtig» sind Beurteilungskategorien für das Denken, aber nicht für unsere Gefühle. Unsere Gefühle können tief sein oder flüchtig, echt, geheuchelt, stark, flau oder gemischt, angenehm oder peinlich. Aber die Bewertung unserer Gefühle mit guten oder schlechten Zensuren ist der Versuch, die Teile in uns zu unterdrücken, mit denen wir nicht zurechtkommen. Wir verstellen uns damit den Zugang zu unserer tatsächlichen emotionalen Realität und blockieren die Entwicklung und Reifung unserer Persönlichkeit. Selbstakzeptierung heißt nicht, daß wir immer auch das tun, was unsere Gefühle uns eingeben. Hier ist Raum für unsere Entscheidungsfreiheit. Wichtig ist jedoch zu sehen, daß wir unsere Gefühle nicht negieren, verleugnen und unterdrücken können, ohne uns selbst zu schaden.

Die nicht akzeptierten Gefühle «gehen in den Untergrund». Sie äußern sich in Gereiztheit, in mürrischem Verhalten oder kommen auf andere Weise indirekt in unserem Verhalten zum Ausdruck. So spaltet sich unser eigenes Empfinden ab von unseren Idealvorstellungen. Die Folge ist, daß wir mit uns selbst uneins werden und unzufrieden sind. Wir leben nicht in Harmonie mit unseren Empfindungen. Das, was in uns ist, paßt nicht zu dem, was wir sein wollen, und der innerliche Kampf gegen uns selbst verstärkt sich.

Wenn wir nun nach Ratschlägen von anderen suchen und verschiedene Rezepte ausprobieren, dann tun wir das oft mit der Absicht, Verstärkung für den Kampf gegen das «Schlechte» in uns zu bekommen. Wir versuchen uns noch mehr anzustrengen, um so zu werden, wie wir sein möchten, und kämpfen noch heftiger gegen alles, was in uns ist und diesen Zielen nicht entspricht. Dieser Weg führt uns immer weiter weg von dem, was wir eigentlich wollen. Wir sind nicht mehr eins mit uns, sondern gespalten in einen Teil, der kämpft, und in einen anderen, der bekämpft wird. Und so verpulvern wir unsere Energien in diesem inneren Kampf, anstatt uns so zu akzeptieren, wie wir sind, und diese Energien nach außen richten zu können.

Der natürliche Weg zur Selbstentfaltung ist der, mehr auf das zu hören, was wir empfinden und fühlen. Besonders die abgewehrten Gefühle müssen angenommen werden. Wir dürfen ihre Existenz nicht länger leugnen, um sie entwickeln zu können. Zwar ist es wahr, daß viele dieser Gefühle uns erschrecken und sich auf sehr kindliche Art äußern können. Aber wenn wir diese Gefühle, seien sie uns schon bewußt, seien sie noch unbewußt, akzeptieren, wahrnehmen und ausdrücken lernen, dann lernen wir immer mehr, Erfahrungen mit ihnen zu machen und auf neue Weise mit diesen Empfindungen umzugehen. Unsere unterdrückten, häufig kindlichen Gefühle können so also erwachsen werden.

Bis jetzt war die Meinung vorherrschend, daß dem Menschen durch Autorität, Normen und Zwänge die «richtigen» Werte gesetzt werden müssen. Man glaubte auf keinen Fall darauf vertrauen zu können, daß der einzelne für sich und für andere positiv handelt, wenn er sich nach seinen innersten Maßstäben richtet. Zwar ist es richtig, daß unser Innerstes häufig verdeckt ist durch zunächst erschreckende und angstauslösende Impulse. Aber alle Erfahrungen der humanistischen Psychologie, besonders die Untersuchungen von Maslow an Selbstverwirklichern, zeigen, daß die innerste unverfälschte Natürlichkeit eines Individuums, seine innersten Werte und Strebungen für ihn selbst und für die Gesellschaft am positivsten sind.

Aber bis jetzt scheint es so, daß Geschichte, Gesellschaften und Normen unter der Prämisse gemacht wurden, die innerste Natur des Menschen sei gefährlich, wild und böse und müsse sorgsam in Schach gehalten oder gezähmt werden. Ohne strenge Erziehung und Druck von außen kann aus dem eigentlich unsozialen Menschen kein Bürger einer Gesellschaft entstehen. Im Grunde genommen zeugen fast alle überlieferten Religionen und Philosophien von diesem Grundmißtrauen der menschlichen Natur gegenüber, und da wir selbst schon in unserer frühsten Kindheit dieses Mißtrauen gegen unsere Natur (speziell unsere sexuelle Natur) gelernt haben, stellen wir diese Prämisse gar nicht mehr in Frage.

Ebenso, wie die meisten Individuen innerlich gespalten sind in verschiedenste sich bekämpfende Teile, so wird die Wirklichkeit ganz allgemein in unserer Gesellschaft als widersprüchlich und gespalten erlebt. Überall tun sich Gegensätze auf: Lustprinzip und Realitätsprinzip, die eigenen Bedürfnisse und die Erfordernisse der Gesellschaft, Religiösität und Sexualität, Geist und Körper, Arbeit und Spiel, Privatperson und öffentliche Person. Aber diese Gespaltenheit in unserer Kultur, der die Gespaltenheit in der individuellen Psyche entspricht, ist ein Bewußtseinszustand, den es zu überwinden gilt. Widersprüche werden transzendiert, wenn die eigene Person vollständig akzeptiert wird, wie dann auch die Grundbedürfnisse und Gefühle anderer Menschen akzeptiert werden. Bei dem Prozeß der eigenen Selbstentfaltung wächst in jedem von uns das Vertrauen in unsere eigene innerste Natur und damit in die menschliche Natur überhaupt und Gefühle und Bedürfnisse werden nicht mehr als lästig wahrgenommen, sondern freudig begrüßt.

Nur durch ein verstärktes Akzeptieren der menschlichen Natur und der menschlichen Grundbedürfnisse kann unsere Welt humanisiert werden, können Arbeitsbedingungen und soziale Normen sich so erweitern, daß sie Raum bieten für ein befriedigenderes und unterdrückungsfreieres Leben.

## 6. Meditation und Gesellschaft

Wir gehen in diesem Buch davon aus, daß der Weg der inneren Veränderung und Entwicklung (etwa durch Meditation) immer wieder zusammentreffen muß mit dem Willen zur Veränderung der äußeren Welt, also mit gesellschaftlicher Arbeit. Überall dort, wo die gesellschaftlichen Verhältnisse der Humanisierung unseres Lebens entgegenstehen, ist eine Veränderung auf politischer und institutioneller Ebene notwendig. Da unsere gesellschaftlichen Bedingungen bereits über die Sozialisation (in Kleinfamilie, Kindergarten, Schule, Berufsausbildung und Arbeitsplatz) unsere Persönlichkeit formt, ist eine längerfristige Veränderung der psychischen Ebene ohne Veränderung der uns prägenden Gesellschaft und ihrer Institutionen nicht möglich. Aber bereits entstandene und verfestigte Störungen und Beeinträchtigungen der Persönlichkeit lassen sich nicht einfach aufheben durch gesellschaftliche Veränderungen – hier muß die Arbeit an der eigenen Person beginnen. Selbst wenn von heut auf morgen alle gesellschaftlichen Hindernisse auf dem Wege zu einer humaneren Gesellschaft ausgeräumt würden, würden unsere internalisierten psychischen Strukturen die Inhumanität wiederum reproduzieren.

Es ist eine Frage der persönlichen Entwicklung, wieweit Gegensätze wie «Innen» und «Außen» integriert sind und sich wechselseitig befruchten. Bisher ist es auf der individuellen wie auch kulturellen Ebene meist so gewesen, daß eine unbalancierte Einseitigkeit in eine Richtung hin vorlag. So wie bei dem östlichen Menschen das Hauptgewicht bei der inneren psychischen Realität vorherrschte und die materielle Welt als «Maya», d. h. Schein oder Trug, bezeichnet wurde, gingen die westlichen Kulturen meist den entgegengesetzten Weg. Die materielle meßbare Welt ist die einzig wahre, und Hauptziel des Handelns ist die aktive Beherrschung und Ausbeutung der Umwelt und Natur. Beide Wege sind einseitig und besitzen ihre Nachteile. Während der fernöstliche Mensch sich zwar das Geborgenheits- und Einheitsgefühl mit der Natur bewahrt hat und sie eher in einer rezeptiven Weise nutzt, als daß er sie beherrscht – ist seine Gefahr die Vernachlässigung der notwendigen aktiven Gestaltung dieser Welt.

Der westliche Mensch dagegen hat durch die Entwicklung seiner Technik unvorstellbar große Macht über die Natur erhalten, kann aber von seiner aggressiven Art der Umweltmanipulation kaum mehr lassen. Er ist festgefahren in einem Kampf gegen die Natur.

Der passive, weibliche, östliche, innere oder Yin-Weg wie der aktive, männliche, westliche, äußere oder Yang-Weg sind einseitige Extreme. Auf der gesellschaftlichen wie auf der individuellen Ebene ist die Ausbalancierung von Gegensätzen, deren Integration und Transzendierung das Ziel einer gesunden Entwicklung.

So sind die meisten ernst zu nehmenden meditativen Systeme unserer Zeit «integrale Systeme» wie das «Integrale Yoga» von Sri Aurobindo, wohl dem bedeutendsten Vertreter der Verbindung von Selbstentfaltung und gesellschaftlichem Engagement. Dies heißt einerseits, die reifen und selbstentfalteten Menschen für politische Arbeit zu gewinnen, und andererseits ist es notwendig, politische Menschen zur Selbstentfaltung und inneren Arbeit zu motivieren, denn jede neurotische Verbrämung auf ihrer Seite multipliziert sich durch ihr Handeln.

Gerade für politisch arbeitende Menschen halten wir die Meditation für notwendig und hilfreich. Wir alle tragen eine «neurotische Schuld» aus unserer Kindheit mit uns herum, projizieren, rationalisieren, verdrängen und benutzen alle anderen möglichen Abwehrmechanismen. Wirklich realistisches, effektives und kraftvolles Handeln besitzen wir erst dann, wenn wir uns von dieser Vergangenheit gelöst haben, d. h. all die eingekapselten und im Untergrund aufbewahrten Stresse hinausgeworfen haben. Das ist das Ziel der großen Psychoanalyse – aber das wird immer nur eine Methode für eine kleine reiche Minderheit sein. Die Meditation hat das gleiche Ziel, sie ist einfach, kostenlos und führt zu keiner Abhängigkeit von einem Therapeuten – und deswegen scheint sie uns die Methode, sich von den arbeitshemmenden psychischen Blockaden zu lösen.

Aus den gleichen Gründen halten wir die Meditation auch für die beste Methode, mit der echte Breitenarbeit geschehen kann. Aus unserer Arbeit mit Alkoholikern, Rauschgiftsüchtigen, Rockern und Gefängnisinsassen wissen wir, daß es für diese Randgruppen und für die ganze Unterschicht in ambulanter Behandlung keine wirklich effektiven Methoden gibt. Psychotherapie scheidet meist wegen dem finanziellen und zeitlichen Aufwand aus, außerdem sind hierfür die motivationalen Vorbedingungen häufig nicht gegeben. Tabletten sind nur ein unehrlicher Ausweg. Methoden wie das autogene Training verlangen soviel Disziplin und Selbstkontrolle, wie hier oft nicht vorhanden ist.

Hier bietet sich die Meditation als wirksame Methode an, weil hierbei keine besonderen Voraussetzungen zur Verbalisationsfähigkeit und Einsichtsfähigkeit vorhanden sein müssen, wie es bei anderen therapeutischen Techniken der Fall ist.

Wir sehen noch einen weiteren wichtigen Bereich für Meditation, nämlich dort, wo die Entwicklung unserer Gesellschaft in besonders starkem Maße gefördert oder behindert werden kann – im Sozialisationgeschehen. Die Beeinflussung des Erziehungsprozesses in der Familie und in der Schule sehen wir als einen der wichtigsten Schritte an, um echte, nicht aufgesetzte Veränderung in der Gesellschaft zu erreichen. Und so, wie viele andere Psychologen und Verhaltenswissenschaftler, erscheint uns als eine der wichtigsten Aufgaben das Training von Eltern, Lehrern, Kindergärtnerinnen und Erzieherinnen in kindgerechtem wachstumsförderndem Verhalten. Wir besitzen zwar in unserem Kopf das Erziehungsziel eines selbstbewußten, sich selbst regulierenden, freien, unabhängigen, lernfreudigen und demokratischen Individuums – aber wer kann schon dorthin erziehen, wenn er selbst in einer autoritären Familie aufgewachsen ist.

Untersuchungen zeigen, daß Eltern und Lehrer mit demokratischen Erziehungszielen in ihrem Verhalten doch weit hinter diesen Zielen zurückbleiben – und meist wird das von ihnen nicht bewußt bemerkt. Unser Buch «Anleitung zum sozialen Lernen . . .» hatte gerade den Zweck, für Eltern und Lehrer eine Hilfe zu sein zur Veränderung des eigenen Erzieherverhaltens. Obwohl hierdurch und auch durch Kurse und Trainings Veränderung möglich ist, sind doch die Effekte dieser Maßnahmen viel geringer, als es wünschenswert wäre. Die Veränderung des eigenen Erzieherverhaltens bedingt eine innere Veränderung von Haltungen und Einstellungen – und das kann nicht von heute auf morgen erreicht werden – und setzt echtes Wachstum und Persönlichkeitsentwicklung auf seiten der Erzieher voraus.

Hier ist unsere Erfahrung, daß Meditation für Lehrer, Eltern und Erzieher eine wertvolle und effektive Methode zur Eigenveränderung ist. Wird man selbst durchlässiger, integrierter, vertrauensvoller und sich selbst mehr akzeptierender – dann verändert sich automatisch das Verhalten den Kindern oder Schülern gegenüber. Es wird echter und authentischer, freundlicher und akzeptierender und nähert sich den beiden Hauptdimensionen guten Erzieherverhaltens, nämlich gefühlsmäßiger Wärme und Akzeptierung zusammen mit der Dimension «gewähren lassen, das Kind sich selbst regulieren lassen, nicht dirigistisch lenken». Gerade diese Haltung trainieren wir in jeder Meditation.

Warum nicht eigentlich auch Meditation als tägliche Übung in der Schule? Denn die Effekte der Meditation gehen gerade in Richtung der Erziehungsziele einer demokratischen Gesellschaft: Autonomie, Selbstbestimmung, Unabhängigkeit, innere Selbstregulation, natürliche soziale Verbundenheit und Abbau von Angst, Hemmungen und Unterlegenheitsgefühlen. Menschen, die meditieren, werden weniger beeinflußbar und manipulierbar – und das scheint uns die beste Garantie gegen totalitäre und inhumane politische Entwicklungen. Jede Verringerung von Neurotizismus, oder wie Wilhelm Reich es nennt, der «emotionalen Pest», hilft unmenschliche Gesellschaften, Politik und Gesetze zu verhindern.

# 7. Zu den weiteren Kapiteln

Damit Sie schon jetzt einen Überblick erhalten, an welcher Stelle welcher Inhalt in den folgenden Kapiteln angesprochen wird, möchten wir Ihnen hier einen kurzen Überblick über das Buch geben.

In dem Kapitel *«Stress und Entspannung»* beschäftigen wir uns mit der Schädigung von Körper und Psyche durch übermäßigen Stress, sei es äußerer Stress, sei es der Stress, der durch angstauslösende Gedanken entsteht. Es wird gezeigt, wie diese im Organismus gespeicherten Stresse durch den Vorgang der Desensitivierung in der Tiefenentspannung abgebaut und gelöst werden können. Es folgen dann Untersuchungen darüber, was auf der physiologischen Ebene während der Meditation geschieht, sowie Befunde über die körperlichen wie psychischen Effekte regelmäßiger Meditation.

Im 3. Kapitel folgt die *praktische Anleitung zur Meditation*. Das sehen wir als das Kernstück des Buches an, weil wir Sie ja zur eigenen Praxis und Erfahrung mit dem Meditieren hinführen wollen.

Im 4. Kapitel über *psychische Entstressung* beschäftigen wir uns ausführlicher mit den alten Stressen oder unerledigten Konflikten, die durch Meditation und durch verschiedene psychotherapeutische wie körpertherapeutische Methoden gelöst werden können.

Im 5. Kapitel über die *Stärkung des Grundvertrauens* wird mit Hilfe psychedelischer Erfahrungen wie auch Maslows Beschreibung von «Gipfelerlebnissen» ein Bewußtseinszustand beschrieben, der während tiefer Meditation vorkommen kann und integrierend und heilsam auf die Psyche wirkt. Es ist das sogenannte ozeanische oder mystisch-kosmische Gefühl der Einheit mit allem, was existiert.

Die durch die Entstressung bewirkte Sensibilisierung und Erhöhung der Bewußtheit führt zur Frage der Stabilisierung dieser Meditationseffekte, also deren Integration in den Alltag. Um diese Frage geht es in dem 6. Kapitel über die *Selbstentfaltung*, in dem Probleme der Verhaltensänderung, Veränderung des Selbstbildes und Finden des eigenen Selbst angesprochen werden.

Im letzten Kapitel *«Meditation aus der Mitte»* erweitern und verändern wir die Meditationspraxis.

Wir möchten Ihnen empfehlen, nach der Beschäftigung mit der praktischen Anleitung in Kapitel III sofort die Meditation auszuprobieren und dann jeweils drei Tage zu meditieren, bevor Sie das nächste Kapitel durchlesen. Wenn Sie so vergehen, kommen Sie auf fünf Dreitageperioden, in denen Sie meditieren, also auf einen 15tägigen Meditationskursus. Und diese gut zwei Wochen praktischer Erfahrung zusammen mit der von uns angebotenen Information gewährleisten unserer Erfahrung nach ein gutes Eindringen, Verstehen und Handhaben der Meditation.

# II. Stress und Entspannung

In diesem Kapitel beschreiben wir Ihnen zunächst die *Stressreaktion* des Organismus, die durch äußere wie innere als gefährlich wahrgenommene Reize ausgelöst werden kann. Wir schildern dann die *Entspannung* als den der Stressreaktion entgegengesetzten Zustand wie auch die in der Entspannung mögliche Desensitivierung als Methode der inneren Angstverringerung – und zeigen Parallelen auf zu dem Geschehen in der Meditation.

## 1. Die Stressreaktion

Sätze wie diese hört man oft: «Wenn ich von der Arbeit nach Hause komme, bin ich erst einmal für nichts zu gebrauchen.» – «Manchmal bin ich so gereizt, daß mich überhaupt niemand ansprechen darf.» – «Oft fallen mir meine Kinder so auf die Nerven, daß ich bei der geringsten Kleinigkeit explodiere.» Jeder von uns kennt wohl Bereiche, die ihn stressen, nervös machen, verspannen und aus dem Gleichgewicht bringen. Der Begriff Stress ist zum Modewort geworden. Er bezeichnet einen Zustand, der uns allen nur zu bekannt ist: Nervosität, Überanstrengung, Verkrampftheit und Gereiztheit. Dieses Syndrom entwickelt sich zu einem Grundübel unserer Zeit. Es ist in hohem Maße die Ursache vieler Zivilisationskrankheiten wie auch für psychische Schwierigkeiten.

Obwohl die Stress-Forschung, die von dem kanadischen Forscher Hans Selye begründet wurde, zeigt, daß ein gewisses Maß von Stress im Sinne von Anforderung und Aufregung für unser Leben wichtig ist und daß nur übermäßiger Stress, den Hans Selye Distress nennt, unseren Organismus schädigt, nennt der Volksmund pauschal all das Stress, was uns zu sehr belastet und erschöpft.

Was geschieht nun in unserem Körper, wenn uns etwas stresst? Stellen wir uns vor, wir kommen mit dem Auto in einen Verkehrsstau hinein, versäumen dadurch vielleicht einen wichtigen Termin und werden nun noch von einem ohrenbetäubenden Hupkonzert gequält. Eine solche Situation führt automatisch zu einer körperlichen Reaktion, eben der Stressreaktion. Diese Körperreaktion wird häufig auch als «Kampf- oder Flucht-Syndrom» bezeichnet, und zwar deshalb, weil der Körper auf diese Weise reagiert, wenn gefährliche Reize vorhanden sind, denen durch Kampf oder Flucht ihre Gefährlichkeit genommen werden kann.

Es geschieht also in unserem Körper ohne unser bewußtes Dazutun eine Umschaltung auf «Alarm!» Dabei werden alle erhaltenden Funktionen des Körpers wie Verdauung, Zellaufbau und -reinigung gedrosselt und alle aktivierenden und mobilisierenden Prozesse gesteigert. Die Körpertemperatur steigt an, wir atmen schneller, der Grundumsatz erhöht sich, das Blut fließt schneller, das Herz klopft und der Blutdruck steigt, ebenso wie der Hormonhaushalt sich auf die Situation einstellt, wobei er die Hauptregulierungsfunktion für die Kampf- und Fluchtreaktion besitzt.

Diese Stressreaktion läuft beim Menschen genauso wie beim Säugetier ab und hat die Funktion, bei Gefahren alle nur möglichen Kräfte aufzubieten und in den Dienst aktiven Handelns zu stellen. Das schnelle Schlagen des Herzens und das raschere Atmen versorgen den Körper mit mehr Sauerstoff. Die Blutverteilung im Körper verändert sich: Haut und Eingeweide werden schwächer durchblutet, und das Blut strömt vermehrt zu den Muskeln. Dabei erhöht sich der Muskeltonus. Zusätzliche Energiereserven in Form von Zucker treten in das Blut ein. Die Aufmerksamkeit des Menschen wird geschärft, wie zum Beispiel an seinen erweiterten Pupillen zu sehen ist.

Während nun für Säugetiere und Naturmenschen diese Reaktion sinnvoll und notwendig ist und sie fähig macht zum Kampf, zur Verteidigung ihres Lebens oder zur raschen Flucht, wird sie beim zivilisierten Menschen von heute oft ausgelöst in Situationen, in denen körperliches Abreagieren nicht möglich ist. In unserer beruflichen Arbeit wie auch in unseren sozialen Beziehungen begegnen wir Gefahren meist durch Tätigkeiten, bei denen nur ein kleiner Teil unserer Muskeln benutzt wird: Wir «latschen» auf die Bremse, wir «stemmen» nur den Bleistift, drücken einen Hebel oder Knopf, und die meisten sozialen Probleme lösen wir durch ein Gespräch, bei dem wir nur unsere Kiefermuskeln bewegen.

Wir befinden uns dann bei Auslösung der Stressreaktion in der Situation eines Menschen, der sich mit Aufputschtabletten «hochpeitscht» und sich dann ins Bett legt. Zusätzlich haben wir häufig überhaupt keine Möglichkeit, durch unser Handeln die stressenden Reize zu vermeiden oder abzustellen, wie zum Beispiel den Großstadtlärm oder die stressende Wirkung von giftiger, verschmutzter Luft.

Werden wir nun häufig gestresst, sei es durch die hier beschriebenen äußeren Reize, sei es, wie im nächsten Abschnitt beschrieben, durch innere Reize – laufen wir in ständiger Übererregung und Alarmbereitschaft umher und haben keine Möglichkeit, unsere Erregung durch motorisches Handeln abzureagieren. So können auch der Hormonhaushalt und die Körperchemie nicht wieder ausbalanciert werden, und diese ständige innere Übererregung führt dann entweder zur Schädigung der inneren Organe oder sucht sich ab und zu verzweifelten Durchbruch nach außen durch Wutanfälle oder (scheinbar) sinnlose Aggression.

Ein entscheidend wichtiger Grund für unsere Stressbelastung scheint zu sein, daß im sozialen Leben die meisten Menschen ihre innere Übererregung schlecht abführen können, sie riskieren einfach nicht das verbale Äußern von Gefühlen ihren Sozialpartnern gegenüber. Man brütet stumm auf seiner Übererregung, mag sie nicht herauslassen, hat es oft auch nicht gelernt – und erstickt so richtig an seinen Gefühlen.

Abbau von äußeren Stressen, seine Gefühle besser herauslassen lernen oder auch sportliche Betätigung als Maßnahmen zur Verringerung des physisch-hormonalen Stresses sind zwar wichtige Maßnahmen, dennoch müssen ihre Wirkungen unvollständig bleiben, denn der wichtigste Auslöser für Stressreaktionen liegt in unserem Inneren, in unserer eigenen Psyche.

## 2. Stress durch innere Faktoren

Nicht nur äußere Reize wie Autogehupe, ein Wetterumschwung, Hitze, Kälte oder grelles Licht können die Stressreaktion hervorrufen, sondern ebenso innere Reize: Wünsche, Sorgen, Absichten, Befürchtungen und Phantasien. Alle Gedanken und Vorstellungsbilder, die in irgendeiner Weise für uns angstbesetzt sind und uns bedrohen, versetzen unseren Körper in Alarmbereitschaft und lösen alle Symptome des Kampf- oder Flucht-Syndroms aus. Nur kämpfen wir hier nicht gegen einen Feind oder eine Bedrohung in der äußeren Welt oder flüchten davor, sondern kämpfen mit unseren eigenen Gedanken oder versuchen vor ihnen zu fliehen.

Angenehme Gedanken führen einen körperlichen Zustand der Entspannung herbei, während unangenehme und angstbesetzte Gedanken Spannung und Erregung bewirken.

Unsere Gedanken und Phantasien beeinflussen und bestimmen unseren körperlichen Zustand, wie auch unser Handeln. Vorstellungen von einem Urlaub an der See, einem angenehmen Nachmittag auf einer Sommerwiese oder an einen Abend mit einem geliebten Menschen bewirken meist einen körperlich entspannten und angenehmen Zustand. Schreckliche Phantasien und Gedanken, beispielsweise an den Tod eines Bekannten, an Krankheit oder Unglück versetzen einen in einen gespannten Zustand mit allen Merkmalen der Stressreaktion.

Wenn Sie sich mit geschlossenen Augen, ohne zu dösen oder einzuschlafen, einfach hinsetzen, dann werden Sie außerdem an sich bemerken, daß Ihr Gehirn niemals ruhig steht, sondern daß ein Gedanke nach dem anderen ohne Pause durch das Gehirn zieht. Dort ist niemals Ruhe, unser Geist sucht sich immer wieder einen Denkinhalt und will beschäftigt sein. Die meisten Menschen wissen gar nichts von diesem Prozeß. Sie sind so mit der Außenwelt beschäftigt, daß sie diesen ununterbrochenen Fluß von Gedanken und Phantasien im eigenen Gehirn nicht wahrnehmen. Und häufig ist auch ein großer Widerwille vorhanden, diese Gedanken anzuschauen, weil viele von ihnen unangenehm und angstbesetzt sind.

Wenn wir bedenken, welchen Einfluß nun diese Gedanken auf unseren Körper und unser Handeln haben, daß unangenehme Gedanken Unangenehmes nach sich ziehen, daß angstbesetzte Gedanken

unseren Körper stressen und anspannen – dann ist es einfach gefährlich, diesen Zustand hinzunehmen. Hier gilt es, positive Gedanken zu
stärken und negative zu entschärfen. Unterdrückung der negativen
Gedanken ist kein Ausweg, denn diese wirken auch vom Unbewußten
her. So ist der einzige Weg, die Angst vor den angstbesetzten und
unangenehmen Gedanken zu nehmen, sie angstfrei anschauen zu können und sich dadurch von ihnen zu lösen – sich sozusagen von den
inneren angstbesetzten Gedanken zu reinigen.

Die Erfahrung zeigt, daß es kaum Menschen gibt, bei denen nicht
angstauslösende Gedanken vorhanden sind. Meist sind dies Gedanken,
die mit dem eigenen Idealbild nicht übereinstimmen und bei denen wir
irgendwann einmal gelernt haben, daß sie schlecht oder gefährlich sind.
Bei einem Menschen mit puritanischer Sexualerziehung mögen sexuelle Gedanken angstbesetzt sein. Bei jemandem, dem schon in frühester
Kindheit vermittelt wurde, er müsse brav und gehorsam sein, um von
den Eltern geliebt zu werden, werden aggressive und selbstbehaupten-
de Gedanken angst machen. So hat jeder Mensch bestimmte Gedanken, die seinen Körper immer wieder in eine Stressreaktion hinein-
treiben.

Dieser Zustand wäre noch nicht gar so verhängnisvoll. Man brauch-
te nur die Angst vor diesen Gedanken zu nehmen, und es wäre kein
innerer Grund für die Stressreaktion vorhanden. Aber die Erfahrung
ist anders. Jedem bedrohlichen Gedanken, dem seine angstauslösende
Wirkung genommen worden ist, folgt ein neuer wiederum bedrohli-
cher Gedanke in unserem Gehirn. Da wir nämlich mit einem großen
Teil angstauslösender Gedanken so umgegangen sind, daß wir sie
weggedrückt haben, sind diese unbewußt geworden. Sie sind keineswegs verschwunden, sondern unserem bewußten Denken nur nicht
mehr zugänglich. Haben wir dagegen Sorgen, die uns bedrücken,
ausgesprochen und haben sie auf diese Weise «erledigt», dann entsteht
Raum für neue Gedanken – und schon rücken sie aus dem Unterbewußtsein nach. Da kommen angstbesetzte Kindheitserlebnisse,
schmerzliche Erfahrungen mit den Eltern oder schreckenerregende
Bilder und Phantasien zum Vorschein.

Das ist also die Lage, wenn wir die inneren Stressquellen des Menschen betrachten. Es sind im Gehirn, bewußt oder unbewußt, Informationen gespeichert, die bei ihrer Aktivierung den Körper mit Alarm

reagieren lassen. Unser Innenmilieu ist gleichermaßen Stressrezeptor und Stressproduzent! Aber die meisten Menschen werden sich dieser Tatsache nur bewußt, wenn diese Gedanken und Phantasien in ihnen so drängend und belastend werden, daß sie Leidensdruck oder gar Störungssymptome psychosomatischer Natur erzeugen.

Bei den meisten Menschen, die sich als gänzlich frei von allem Leidensdruck darstellen, ist die Verdrängung der unangenehmen Gedanken nur um so «erfolgreicher» gewesen, sie sind so stark unterdrückt worden, daß sie anscheinend verschwunden waren, wegblieben, nicht mehr existierten, vergessen werden konnten. Diese Menschen bieten das Bild des normalen «gut angepaßten» Zeitgenossen. Aber dieser Weg ist kein Ausweg. Das gefährliche an dieser Scheinharmonie ist, daß die besonders gewaltsam unterdrückten Gedanken sich somatisieren, das heißt sich als körperliches Leiden zum Ausdruck bringen. Und außerdem wird das Vermeiden des Leidensdrucks bezahlt mit einem Verlust des Zugangs zum eigenen Unterbewußtsein. Bewußtsein und Unterbewußtsein werden zwei scharf getrennte Bereiche, zwischen denen jeglicher Grenzverkehr ausgeschlossen ist. Die inneren Bilder, Intuitionen und Körpersignale (also diejenigen Funktionsweisen unseres psychischen Apparates, die in der Psychoanalyse «Primärvorgänge» genannt werden) können von solchen total selbstbeherrschten Musterexemplaren der Angepaßtheit gar nicht mehr als Energiequellen, Rohstoffe und Stoffwechselprozesse ihres Seelenlebens genutzt werden. Sie treiben gewissermaßen eine seelische Monokultur, die den Mutterboden auslaugt und unfruchtbar werden läßt. Die Folge ist innere Vertrocknung, Versteppung, Verwüstung. Die schöpferische Energie, die produktive Kreaktivität geht verloren. Zurück bleibt ein leidlich, ja gelegentlich perfekt funktionierender Partialtyp, den wir alle als Musterknaben, Arbeitstier, Prinzipienreiter, Büro- oder Technokraten kennen: ein Mensch, der eben kein «richtiger Mensch» mehr ist, weil er seine unbewußten Seelenfunktionen ständig abwürgt.

Fassen wir zusammen: Mindestens so mächtig wie die stressenden Reize aus unserer äußeren Umwelt wirken Gedanken und vor allem Gefühle aus den hellen (bewußten), schummrigen (halbbewußten) und dunklen (unbewußten) Räumen unseres Seelenhaushalts «von innen» als Stressoren, die uns in Alarmbereitschaft versetzen und in Höchstspannung hineinpeitschen können. Da «Unter-den-Teppich-Kehren», «Den-Daumen-Draufhalten» keine dauerhafte Lösung bringt, ist der einzige Weg zur Stressbalance der, Schritt für Schritt die Angst vor den eigenen Gedanken und Phantasien zu entschärfen.

Die meist aus der Kindheit stammenden mit Angst verbundenen und deshalb gern unterdrückten Gedanken und Phantasien wollen wir von nun an der Einfachheit halber «alte Stresse» nennen. Diese alten Stresse also führen immer wieder dazu, daß uns Geschehnisse in unserer Umwelt belasten, die uns nicht belasten müßten. Sie sind wie ständig latenter Sprengstoff, die nur einen kleinen Anstoß zu ihrer Aktivierung benötigen. Hier ein Beispiel einer solchen Überempfindlichkeit: Ein Ehemann erklärt in einer Selbsterfahrungsgruppe, daß er im Zusammensein mit seiner Frau häufig wie aus heiterem Himmel wütend wird. Im weiteren Verlauf des Gespräches wird deutlich, daß diese Wut immer dann in ihm aufsteigt, wenn seine Frau ihre Gefühle von Freude und Begeisterung überschwenglich äußert. «Es macht mich einfach rasend, wenn sie mit den Armen fuchtelt, und ihre Stimme klingt dann so unecht. Ich kann sie dann nicht ausstehen, und entweder gehe ich in die Luft oder ich ziehe mich zurück. Aber eigentlich verstehe ich nicht, warum mich das so wütend macht.»

Das Beispiel zeigt, daß hier eine Situation auf einen sonst «ganz vernünftigen» Mann belastend wirkt, die bei vielen anderen keinerlei Stressreaktionen hervorrufen würde. Es stellt sich dann heraus, daß hinter dieser Wut und dem Ärger eine Angst steht. Die Gestik seiner Frau erinnert ihn an Erlebnisse mit seiner Mutter. Die hatte ihn häufig mit Überschwenglichkeit und Herzlichkeit überschüttet, ohne daß er sich vor dieser Gefühlslawine hätte retten können. In solchen Situationen fand er seine Mutter abstoßend und konnte ihre Zuneigung nicht erwidern. Er fühlte sich vergewaltigt und mißbraucht. So hatte er in seiner Kindheit gelernt, daß diese überschwengliche Herzlichkeit ihn in die Gefahr bringen konnte, in eine äußerst unangenehme Situation zu geraten und mit seinen Gefühlen nicht ernst genommen und übergangen zu werden.

An diesem Beispiel können wir sehen, wie alte Erfahrungen auch in der Gegenwart noch wirksam sind für unser Empfinden und unser Verhalten. So hat wohl jeder von uns Empfindlichkeiten und Verletzlichkeiten, auf die er in ähnlicher Weise reagiert, wie der reizbare Mann

auf seine temperamentvolle Frau. Sie veranlassen ihn, sich zurückzu-
ziehen oder gegen sich selbst oder andere Menschen zu kämpfen, um
sich vor der Wiederholung der alten unangenehmen Erfahrung zu
schützen. Unsere alten Stresse führen also zu einer erhöhten Verstres-
sung und Belastung im Alltag, denn uns machen viele Situationen
etwas aus: dauernd zerrt und nagt sowieso schon etwas Neues an uns
herum (ein drängender Termin, ein Mensch, der uns auf den Wecker
fällt), und nun müssen wir obendrein noch immer wieder seelische
Energien bereitstellen, um solche Situationen zu vermeiden, die unsere
alten Stresse aktivieren.

Wenn wir also physischen wie psychischen Stress abbauen wollen,
kommen wir ohne eine «Entrümpelung» unseres Innenlebens nicht
aus, denn hier sitzen unsere Stressherde, die uns in Alarm, Gespannt-
heit und Verkrampfung bringen.


## 3. Die Entspannungsreaktion

Der Mensch besitzt glücklicherweise nicht nur die Fähigkeit zur
Stressreaktion, sondern ebenso die Fähigkeit zur genau entgegengesetzten Entspannungsreaktion. Während bei der Stressreaktion alle
erhaltenden Funktionen zugunsten der aktivierenden handelnden
Funktionen gedrosselt werden, geschieht bei der Entspannung genau
das Gegenteil: alle Funktionen des Körpers, die für ein aktives Verhalten der Umwelt gegenüber notwendig sind, werden zugunsten der
erhaltenden und erholenden Funktionen zurückgestellt.

Diese Entspannungsreaktion gibt uns eine Möglichkeit, uns zu erholen und unseren Körper auszubalancieren. Zur Entspannung gelangen wir entweder vorwiegend körperlich (etwa durch einen Saunabe-
such) oder vorwiegend seelisch (etwa durch das Anhören einer Lieb-
lingsplatte als Auftakt des Feierabends).

Viele Menschen entwickeln ihre eigene Art und Weise, um in einen
entspannten Zustand zu gelangen, wobei eine Vielzahl von Methoden
einen entspannenden Effekt besitzen können: ein Urlaub, ein Mittags-
schlaf, ein vertrauensvolles Gespräch, ein warmes Bad, Tanzen und
angenehme körperliche Bewegung, sportliche Betätigung, Malen und
Musizieren ebenso wie der Anblick einer schönen Landschaft oder

eines Sonnenunterganges.

Neben allen möglichen mehr oder minder wirkungsvollen Entspannungsversuchen gibt es aber auch systematische Übungen, die methodisch entwickelt worden sind, um den Entspannungseffekt zu vertiefen und gezielter erreichen zu können. Hierzu gehören das autogene Training, die progressive Entspannung wie auch die Meditation. Es gibt noch viele andere Methoden zur Entspannung, und doch sind sie alle einander ähnlich. Immer geht es um Ruhigstellung des Körpers, Verringerung der muskulären Spannung und Beruhigung der mentalen Aktivität. Die Entspannung wird dabei auf der körperlichen Ebene von Zuständen begleitet, die der Stressreaktion genau entgegengesetzt sind. Die Atemfrequenz ist herabgesetzt, ebenso Herzschlag und Blutdruck, und auch der Grundumsatz des Körpers verlangsamt sich, die Muskeln werden weich und elastisch.

Hier eine Kurzbeschreibung der am häufigsten benutzten Entspannungsmethoden:

### Das autogene Training von H. J. Schultz

Diese Methode beruht auf der Erfahrung, daß wir durch Vorstellungen unseren Körper beeinflussen können. Der Übende lernt hier, sich selbst durch Autosuggestionen in den Entspannungszustand zu versetzen, indem er sich die Begleitgefühle der Entspannung, wie etwa Schwere und Wärme der Gliedmaßen, «einredet». Das Erlernen des autogenen Trainings kann sich über Wochen und Monate hinziehen, bis *alle* Autosuggestionen realisiert werden können. Entweder setzt sich der Übende in der sogenannten «Kutscherhaltung» bequem auf einen Stuhl oder er legt sich hin, schließt die Augen und beginnt vielleicht mit der Formel: «Der rechte Arm ist ganz schwer.» Diese Formel wird für eine kurze Zeit ganz bewußt, ganz konzentriert gedacht. Das wird so viele Tage geübt, bis dieser Autosuggestion das reale Gefühl von Schwere im rechten Arm folgt, und es folgt früher oder später tatsächlich.

Danach konzentriert sich der Übende auf die Formel: «Der rechte Arm ist ganz warm». Sobald man diese Aufgabe meistert, werden gewöhnlich beide Formeln ausgeweitet auf «Arme ganz schwer» und «Arme ganz warm». Zwischen diese Formeln kann eingestreut werden: «Ich bin vollkommen ruhig.» Vor dem Aufwachen soll man darauf achten, die Formeln zurückzunehmen durch die Formel: «Arme fest – tief atmen – Augen auf», eventuell auch mit dem Zusatz: «Ich werde jetzt hellwach.» Obwohl von einigen Ärzten immer wieder betont wird, daß das autogene Training nur unter ärztlicher Aufsicht gelernt werden sollte, halten wir die Eingangsstufe, das Einüben des Schwere- und Wärmegefühls, für risikofrei und durchaus geeignet zur Selbstaneignung. Diese Empfehlung erstreckt sich aber nicht ebenso uneingeschränkt auf die «fortgeschrittenen» Formeln: «Herz schlägt ganz ruhig und kräftig», «Atmung ganz ruhig», «Sonnengeflecht strömend warm» und «Stirn angenehm kühl».

### Die progressive Relaxation nach Edmund Jacobson

Mit dieser amerikanischen Methode wird ebenso wie im autogenen Training eine tiefe muskuläre Entspannung hervorgerufen. Der Begriff progressive Relaxation klingt vielleicht recht kompliziert. Die Worte bedeuten aber nichts anderes als «fortschreitende Entspannung».

Vorgegangen wird so, daß zunächst die Muskeln eines Körperteils extrem stark angespannt werden, um danach ganz losgelassen und entspannt zu werden. Für den rechten Arm etwa würde die Anweisung folgendermaßen lauten: «Spannen Sie Ihren rechten Arm so fest wie möglich an, beugen Sie ihn und machen Sie aus ihrer rechten Hand eine Faust. Drücken Sie so fest zu, wie Sie können, noch stärker und noch fester. Halten Sie die Spannung einen Moment. Und nun lassen Sie den Arm fallen. Lösen Sie alle Armmuskeln. Lassen Sie alle Muskeln los, halten Sie nichts fest, und fühlen Sie das wohlige Gefühl der Entspannung in ihrem Arm.»

Auf diese Weise entspannt der Übende schrittweise fortschreitend (eben progressiv) seinen ganzen Körper. Nach einiger Übung kann die Anspannung der Muskelgruppen ausgelassen oder eine Gesamtkontraktion aller Skelettmuskeln des Körpers ausgeführt werden, um dann alle Körperteile einzeln durchzugehen und dort das Gefühl der Entspannung zu «erinnern» und auszulösen.

Falls Sie Lust haben, mit dieser Methode einmal zu experimentieren, hier folgende mögliche Reihenfolge:

Stirn zusammenpressen – Augen zusammenpressen – Mund zusammenpressen – die Muskeln des ganzen Kopfes kontrahieren. Dann Nacken – linke Schulter – linken Arm – rechte Schulter – rechten Arm – ganz tief einatmen und Lungen bis zur Grenze füllen, und dann die Entspannung bei der Ausatmung fühlen – Bauch kontrahieren – Gesäß – linkes Bein – rechtes Bein.

## Bio-Feedback-Verfahren

Diese erst in jüngster Zeit entwickelte Entspannungsmethode beruht darauf, normalerweise nicht bewußt wahrnehmbare Reize aus dem Körperinneren zu messen und durch ein Feedbackgerät in hör- oder sichtbare Signale umzuwandeln. Wenn nun diese Rückmeldungen (das Feedback) über Vorgänge im Organismus von dem Übenden längere Zeit hindurch beobachtet werden, werden sie der bewußten Kontrolle und Beeinflussung zugänglich. Wird beispielsweise einem Herzpatienten sein Herzschlag rückgemeldet, indem an einem Meßgerät ein gelbes Licht bei zu langsamer, ein rotes Licht bei optimaler und ein blaues Licht bei zu schnellem Schlagfrequenz aufleuchtet, so kann er lernen, seinen Herzschlag bewußt zu beeinflussen und die Anzahl der Herzschläge pro Minute auf die optimale Höhe einzustellen.

Auf solche Weise können viele verschiedene körperliche Vorgänge gesteuert werden. Die Rückmeldung der Hauttemperatur lehrt die Herbeiführung des Wärmegefühls, die Rückmeldung des elektrischen Hautwiderstandes lehrt eine allgemeine Entspannung, und die Rückmeldung der Spannung der Aktionsströme in verschiedenen Muskelgruppen lehrt deren Entspannung: die gezielte Ausbreitung des Schwergefühls. Die Wirkungen des autogenen Trainings werden beim Bio-Feedback-Verfahren also über die apparative Rückmeldung bestimmter Körperprozesse erlangt.

Am bekanntesten ist das Alpha-Feedback-Training geworden: hier wird durch die Rückmeldung der Gehirnwellenfrequenzen (der Alpha-, Beta-, Theta- und Delta-Wellen) gelernt, den im Hellwachzustand bei geöffneten Augen blockierten Alpha-Rhythmus verstärkt einschwingen zu lassen, der bei Verminderung sensorischer, vor allem optischer Reize zu einer geistigen und körperlichen Entspannung führt. Wer also mal kurz «abschalten» will und zu diesem Zweck die Augen schließt, tut intuitiv etwas sehr Sinnvolles: er hebt durch Ausknipsen der Sehnerventätigkeit die Blockade der Alpha-Wellen in seinem Gehirnstrombild auf. Und mehr Alpha-Rhythmus bedeutet mehr Entspannung.

Vorteile der Bio-Feedback-Methode sind, daß auch solche Menschen die Entspannung lernen können, die durch die anderen Methoden nicht so leicht oder gar nicht ansprechbar sind, und daß sie auf bestimmte individuelle und schichtenspezifische Voraussetzungen (wie Disziplin, Sensibilität, Introspektionsfähigkeit) verzichten kann, die der Lernende in den anderen Techniken schon mitbringen oder wenigstens entwickeln können muß. Der Nachteil der Bio-Feedback-Methode ist, daß zur Entspannung Apparate benötigt werden, die nicht billig sind.

## Meditation

In der Meditation erfolgt die Entspannung weniger über die Beeinflussung des Körpers als über die Beruhigung und Entspannung des Geistes. Das aufrechte Sitzen, die Abwendung von der «reiz-vollen» Umwelt während der Meditationszeit in einem ruhigen Raum bei geschlossenen Augen und die methodische Einführung des Geistes auf einen Punkt bewirken eine psychische Versenkung, und die hat zur Folge auch eine körperliche Entspannung. Das Lösen der Muskelverspannungen und das Harmonisieren der flirrenden Nervenüberreizung sind aber als Begleiterscheinungen nicht als Sinnziele des Meditierens zu verstehen.

In letzter Zeit sind mehrere Untersuchungen über den Entspannungszustand in der Meditation angestellt worden. Die Japaner Kasamatsu und Hirai untersuchten Zen-Meister und stellten fest, daß während der Meditation die Gehirnwellenfrequenz immer weiter abnahm und sich über den Alpha-Rhythmus noch bis zum langsamen Theta-Rhythmus verlangsamte, ein Rhythmus, der sonst nur im tiefsten Schlaf vorkommt. Ähnliches ist bei Yogis und bei christlich Meditierenden gefunden worden.

Herbert Benson, ein amerikanischer Stressforscher, untersuchte Übende der «Transzendentalen Meditation», die ein Mantra als Meditationsgegenstand benutzen, und stellte auch dort fest, daß der Entspannungszustand während der Meditation bei vollkommener Wachheit mit Körpermeßwerten einhergeht, die sonst nur im Schlaf vorkommen. Es gibt also anscheinend einen physiologisch meßbaren Zustand, in dem der Geist bei vollem Bewußtsein bleibt, während das Gehirn alle Anzeichen des Schlafens erkennen läßt. Diese Befunde bei Transzendentaler Meditation zeigen, daß beim Meditieren

☐ der Sauerstoffverbrauch des Körpers abnimmt, und zwar gelegentlich sogar stärker, als das im Schlaf geschieht;

☐ der elektrische Hautwiderstand abnimmt (woran sich der Grad der Entspannung und Angstfreiheit ablesen läßt);

☐ die Atemfrequenz abnimmt;

☐ das Herz langsamer schlägt;

☐ Alpha-Wellen im Elektroenzephalogramm (EEG) vermehrt auftreten (bei länger Übenden auch Theta-Wellen);

☐ der Blutdruck sinkt

☐ und außerdem der Milchsäurespiegel im Blut abnimmt. Da der Milchsäurespiegel ein diagnostisches Maß für die Angstbereitschaft eines Individuums ist, bedeutet die Verringerung des Milchsäureanteils im Blut eine Herabsetzung des physiologischen Angstpotentials.

Soviel zur Beschreibung der Entspannungsreaktion als Umkehrung der Stressreaktion, ergänzt durch einen Blick auf verschiedene Methoden, diese Entspannungsreaktionen auszulösen. Aber im Prozeß der Selbsttherapie und Selbstentfaltung ist Entspannung für uns nur eine Voraussetzung für zwei wichtige Vorgänge, die während der Entspannung möglich sind. Der erste ist die «Entstressung», den zweiten wollen wir die «Stärkung des Grundvertrauens» nennen.

## 4. Die Entstressung

Der Entspannungszustand befreit uns nicht nur von dem momentanen Stress und verschafft uns eine kleine Ruhepause, wir können ihn vielmehr auch dazu nutzen, unsere alten, zum größten Teil unbewußten Stresse abzubauen und zu lösen. Denn zum einen setzt der Entspannungszustand den Widerstand gegen unbewußtes Material (seelische Verdrängung wird nämlich begleitet von muskulärer Anspannung) herab, so daß wir uns ihm in der Entspannung konfrontieren können, und zum anderen kann in der Entspannung Angst besonders leicht abgebaut werden. Diese Entstressung in der Entspannung wird von einigen Methoden gezielt herbeigeführt: durch das *katathyme Bilderleben*, durch *aufdeckende Hypnose* wie auch durch das *psychoanalytische Gespräch* mit dem entspannt liegenden Patienten. Um Ihnen dieses Geschehen anschaulicher vor Augen zu führen, schildern wir hier die *systematische Desensitivierung* (Empfindlichkeitsdämpfung), ebenfalls ein entstressendes Verfahren, das in der Verhaltenstherapie angewandt wird.

Einige Menschen kommen in die psychotherapeutische Praxis, weil sie unter einer übermäßig starken Angst leiden, die oft sogar immer noch größer wird und den Betreffenden letztlich jedes normale Leben unmöglich macht. Diese als Phobien bezeichneten Ängste können sich auf die verschiedensten Objekte und Situationen beziehen. Die bekanntesten Symptombildungen sind: die Angst, über freie Plätze zu gehen (Agoraphobie), die Angst, sich in geschlossenen Räumen aufzuhalten (Klaustrophobie), die Angst, sich beim Berühren von Gegenständen mit Viren oder anderen Krankheitserregern zu infizieren (Nosophobie), die Angst zu erröten (Erythrophobie) wie auch die übertriebene Angst vor Hunden, Spinnen oder Schlangen (Gruppe der Tierphobien).

Phobien sind nicht unbedingt an die direkte Konfrontation mit den auslösenden Situationen und Objekten *in der Realität* gebunden, die neurotische Angstüberflutung kommt sogar häufig zustande, wenn diese Phobiker an ihr jeweiliges «Schreckgespenst» auch nur *denken*. Sowohl die konkrete Begegnung mit dem angstbesetzten Reiz wie auch schon die bloße Vorstellung von ihm lösen also alle Symptome der Alarmreaktion aus und werden als Angst erlebt.

Als Beispiel wollen wir hier eine Hundephobie betrachten. Oft ist diese Angst aus einem realen Erlebnis entstanden. Der Mensch kann von einem Hund gebissen oder bedroht worden sein, oder er hat vielleicht beobachtet, wie einem anderen so etwas zugestoßen ist. Der Phobiker fühlt sich nun gezwungen, alle Begegnungen mit Hunden, auch die völlig harmlosen, zu vermeiden. Diese Vermeidungstendenz nimmt meist noch zu und kann so stark werden, daß der Betreffende nicht mehr wagt, aus dem Haus zu gehen. Sein Lebensspielraum schrumpft immer mehr, bis das Leben nicht mehr lebenswert ist.

Kommt dieser Mensch nun zu einem Verhaltenstherapeuten, so geht es darum, ihn schrittweise und behutsam mit dem angstbesetzten Reiz zu konfrontieren und so seine Angst verlernen zu lassen. Solange er nämlich Hunde meidet, kann er keine neuen Erfahrungen machen und seine Angst auch nicht verlernen. Dieser Lernprozeß wird nun eingeleitet mit Hilfe der systematischen Desensitivierung, einer Technik, die von dem südafrikanischen Arzt Joseph Wolpe entwickelt worden ist.

Gemeinsam werden Therapeut und Klient eine Liste von angstauslösenden Vorstellungen aufschreiben. In einem zweiten Schritt werden diese Vorstellungen dann nach dem Grad ihrer Bedrohlichkeit gestaffelt (Angsthierarchie). Die am wenigsten angstauslösende Vorstellung kann beispielsweise sein, einen ganz kleinen Hund in weiter Entfernung zu sehen. Am stärksten angstbesetzt ist vielleicht die Vorstellung, einen Schäferhund mit der Hand zu berühren. In der systematischen Desensitivierung macht man sich nun die Erkenntnis zunutze, daß körperliche Entspannung und Angst sich gegenseitig ausschließen. Der Klient wird durch autogenes Training oder progressive Relaxation in einen Zustand innerer Gelöstheit und körperlicher Entspannung versetzt. Dann wird er gebeten, die harmloseste Vorstellung innerlich aufzurufen, die ihm normalerweise bereits Angst machen würde. Er stellt sich einen kleinen Hund in weiter Entfernung vor. Wahrscheinlich wird bei dieser Vorstellung gleich etwas Angst auftreten, so daß der Klient ein wenig aus seiner Entspannung aufgescheucht wird. Das Vorstellungsbild wird nun so lange wiederholt, bis der Klient in der Lage ist, die Situation vor seinem geistigen Auge auftauchen zu lassen, ohne dabei die geringste Angst zu empfinden. Danach kann dann zur nächsten Vorstellung übergegangen werden, die um einen Grad angstauslösender ist. So werden in jeder Therapiesitzung drei bis fünf Vorstellungen durchgearbeitet, bis der Klient in der Vorstellung ohne Angst den Schäferhund berühren oder ihm sogar die Hand ins Maul legen kann.

Und durch dieses Verfahren verliert sich die Angst vor Hunden auch in der Wirklichkeit! Ausschlaggebende Faktoren bei dieser Behandlung sind also zum einen die Konfrontation mit den angstbesetzten Reizen und zum anderen die Koppelung dieser angstbesetzten Reize mit einem entspannten Zustand. Auf diese Weise wird der ursprüngliche angstbesetzte Reiz immer wieder ohne Angst erlebt, die Koppelung zwischen dem Reiz und der Angst wird aufgehoben. Und so kommt es schließlich zur Löschung der Angst. Zum Angstabbau durch die Konfrontation mit angstbesetzten Reizen in der Entspannung gelangen wir auch durch die anderen oben genannten Methoden, die allerdings vorrangige Bedeutung den versteckten, verdrängten, unbewußten Wünschen, Bedürfnissen, Phantasien, Triebrepräsentanzen verleihen.

Wir können gewöhnlich davon ausgehen, daß die Angst vor äußeren Reizen nur entsteht, wenn eine Angstbereitschaft latent besteht, wenn also viele angstbesetzte verdrängte Inhalte psychisch vorhanden sind. Ein Mensch, der relativ frei von alten Stressen ist, wird keine Hundephobie entwickeln, auch wenn er sehr schmerzhaft gebissen wird. Ebenso kann man sich von Außenweltängsten befreien, indem man die Ängste vor seiner Innenwelt – vor dunklen Gestalten im Abgrund des Unbewußten – bei Licht betrachtet und «halb so wild» findet. Der englische Verhaltenstherapeut Marks heilte unterschiedliche Phobien dadurch, daß er die Patienten mit einem angstauslösenden Tonband konfrontierte, auf dem eine gefährliche Begegnung mit einem Tiger geschildert wurde. Verloren die Patienten die Angst vor dieser Phantasie, die als Modell galt für alles Gefährliche, Bedrohliche und Schreckliche, so verloren viele als Folgewirkung davon ihre Angst vor ihrem phobischen Objekt in der Realität.

Aus den Erfahrungen mit dem psychoanalytischen Gespräch und besonders mit dem katathymen Bilderleben wird deutlich, daß wir im tief entspannten Zustand die Fähigkeit haben, unbewußte angstbesetzte Gedanken oder Phantasien «hochkommen» zu lassen in den Wahrnehmungsbereich des Bewußtseins. Auf diese Weise kann nun die Entstressung ablaufen. Wir entspannen uns tief, alte unerledigte Stresse drängen in das Bewußtsein, und da sie in tiefer Entspannung erlebt werden, werden sie desensitiviert, die angstvolle Überempfindlichkeit gegen sie wird abgebaut. Das, was vorher angst machte und verdrängt werden mußte (beispielsweise ein «verbotener» aggressiver Impuls) kann nun zugelassen und angstfrei wahrgenommen werden. Und so wird Schritt für Schritt Angstbesetztes angstfrei und Unbewußtes dem bearbeitenden Denken zugänglich.

# 5. Die Stärkung des Grundvertrauens

Entspannung ist auch noch für etwas ganz anderes nutzbar zu machen, das über die Entstressung hinausgeht. In tiefer Entspannung können wir Kontakt zu unseren normalerweise unbewußten «Seelenteilen» bekommen und können unseren gesamten Organismus beeinflussen, den wir sonst nicht so vollständig erreichen. So haben Suggestionen, die wir uns selbst erteilen, in tiefer Entspannung eine viel stärkere Wirkung, als wenn wir sie uns im normalen Zustand geben. Auf diese Weise wird zum Beispiel in der Mittelstufe des autogenen Trainings gearbeitet, indem der Übende nach Erlangung des Entspannungszustands sich selbst Formeln gibt, wie beispielsweise: «Ich bin vollkommen ruhig und entspannt», «Lärm ganz gleichgültig», «Zigaretten ganz gleichgültig», «Ich halte durch» oder «Gedanken strömen ganz frei und leicht.» In der tiefen Entspannung sickern diese positiven Gedanken tief in unser Unbewußtes ein und stärken von dort aus die Tendenz zu dem erwünschten Verhalten.

Ähnlich geht man bei der Methode *Psychocybernetics* von dem Amerikaner Maxwell Maltz vor. Vor dem theoretischen Hintergrund, daß unser Selbstbild, das geistige «Bild», welches wir von uns selbst haben, unser Handeln beeinflußt, wird versucht, dieses oft ungeliebte, unbefriedigende, ja quälende Selbstbild durch das Einpflanzen positiver Vorstellungen in unser Unbewußtes zu verbessern. So ruft sich beispielsweise ein schüchterner Angestellter in der Entspannung eine Phantasie bildhaft vor sein inneres Auge, in der er auf betont selbstbewußte und sichere Weise seinem Chef gegenübertritt. Er wünscht sich dabei nicht etwa bloß, am nächsten Tag so selbstbewußt zu sein, sondern er *erlebt sich jetzt* als selbstbewußt und sicher. Er übt dieses Verhalten in seiner Phantasie.

Der französische Psychologe Desoilles arbeitet nach einer ähnlichen Methode, die er *«Rêve éveillé dirigé»* nennt. In diesem «gelenkten oder gezielten Tagtraum» besteigt der Übende in seiner Phantasie einen hohen Berg, erlebt rauschhafte Freiheit, weite Horizonte, den offenen Himmel und erfährt erhebende, spirituelle, religiöse Gefühle und Visionen, die ihm Vertrauen und Stärkung einflößen.

Aber diese Methoden bergen eine Gefahr. Wissen wir denn wirklich, welche Ziele für uns angemessen sind? So kann eine Frau in einer unbefriedigenden und krisenreichen Ehebeziehung durch die Selbstsuggestion «Ich bleibe ganz gelassen und ruhig» zu einer verdrängenden Übertünchung des Konfliktes beitragen, und so den unglücklichen Zustand zementieren helfen. Sie kann durch stoische Haltung, durch ihre scheinbar unerschütterliche Ruhe das Wachsen der Partnerbeziehung ersticken. Aus Angst vor Streit, Krach, Wut, Geschrei, kurz: aus Angst vor mächtigen Gefühlsausbrüchen (bei ihrem Mann *und* bei sich selbst!) vermeidet sie jede kleine Verstimmung, jeglichen Konflikt, redet sich in eine Scheinharmonie hinein und läßt durch Betäubung der partnerschaftlichen Wachstums*krisen* überhaupt das *Wachstum* der Zweierbeziehung verkümmern.

Nun haben die allermeisten Menschen irgendwelche «blinden Flekke»: bestimmte Seiten ihrer Persönlichkeit, vor denen sie die Augen verschließen, um sie dadurch wegzuzaubern. Die positiv-aufbauend, verganzheitlichend gemeinten Methoden der Autosuggestion können natürlich auch mißbraucht werden, indem man sie in den Dienst der Selbstnegierung, des Abspaltens und Verdrängens stellt. Und das lassen starke Emotionen auf die Dauer nicht mit sich machen. Der Versuch, sie zu ignorieren, zu verniedlichen, hinauszukomplimentieren, endet regelmäßig damit, daß die Abgewimmelten zurückkehren.

Die Methode der Selbstsuggestion ist eigentlich ein künstliches Verfahren, das einem natürlichen Geschehen bei der Entspannung abgeguckt worden ist, welches die eben geschilderte Gefahr nicht in sich birgt. Je tiefer wir entspannen, desto stärker geraten wir in einen Zustand der Gelöstheit und Wohligkeit, der ganz allgemein als ein Zustand von «Positivität» beschrieben werden kann. Sorgen, Angst und Probleme fallen von einem ab, der Körper fühlt sich unbeschwert und angenehm an, man erlebt sich als sicher, geborgen und geschützt. Ein Gefühl der Harmonie durchströmt einen, und man ist erfüllt von positiven Gefühlen wie Zuneigung, Liebe und Geliebtwerden.

Wenn dieses Gefühl nun in tiefer Entspannung in uns eindringt, dann beeinflußt es unsere ganze Persönlichkeit und ebenso unsere Gedanken und Phantasien. Planmäßig suggerierte Suggestionen werden dann überflüssig, weil sie in diesem Gefühl immer schon enthalten sind. Dieser tief entspannte Zustand ist die Suggestion: «Ich bin liebenswert. Ich kann lieben. Ich habe Vertrauen.» Deswegen haben wir diesen Vorgang die Stärkung des Grundvertrauens genannt. Es ähnelt dem Gefühl eines kleinen Kindes, das geborgen in dem Arm der Mutter liegt, satt und zufrieden und ohne Sorgen, Ängste oder Gedanken an die Zukunft.

In der tiefen Entspannung haben wir Zugang zu diesem Gefühl des Grundvertrauens, von dem die meisten Menschen als Kinder nicht genug erhalten haben. Und das kann Ruhe und Kraft geben, die noch viele Stunden nach dem Auftauchen aus der Entspannung anhalten können. Die Bereitschaft zur Stressreaktion wird geringer durch einen Zustand der Ausgeglichenheit und inneren Sicherheit.

## 6. Die Wirkung von Meditation

Fassen wir das bis jetzt Gesagte noch einmal zusammen, damit deutlich wird, worin die Wirkung von Meditation besteht.

1. Wir alle sind angefüllt mit alten Stressen, alten, unangenehmen und angstbesetzten Informationen. Diese sind häufig unbewußt.

2. Die alten Stresse versetzen unseren Organismus in erhöhte Alarmbereitschaft. Innere Reize wie äußere Reize werden leichter zur Bedrohung und müssen deswegen abgewehrt werden. Diese doppelte Belastung führt zu Schädigungen der Psyche wie des Körpers.

3. Durch Meditation gelangen wir in einen Zustand der Tiefenentspannung, in dem der Körper sich erholen kann und wir dennoch nicht schlafen.

4. Während der Meditation werden alte Stresse gelöst, das heißt durch den Vorgang der Desensitivierung werden verdrängte innere Reize von der mit ihnen assoziierten Angst abgekoppelt und damit dem Bewußtsein wieder zugänglich.

5. Außerdem wird während der Meditation ein Gefühl der Geborgenheit, Selbstakzeptierung und angenehmen Gelöstheit erfahren, das als Stärkung des Grundvertrauens heilsam wirkt.

6. Ergebnis ist größere Selbstakzeptierung, geringere Belastung durch alte Stresse, klarere Bewußtheit; es muß weniger Energie zur Verdrängung unangenehmen Materials verbraucht werden, also bleibt mehr Energie übrig zur konstruktiven Auseinandersetzung mit der Umwelt.

Wir haben die Meditation als Beispiel gewählt, weil nur bei dieser

Methode alle sechs Aspekte zur Wirkung kommen, während andere Verfahren sich auf Teilprozesse beschränken. Beim autogenen Training zum Beispiel fehlt die Desensitivierung gegen alte Stresse. Und dort, wo das mit Hilfe des autogenen Trainings geschieht, nämlich im katathymen Bilderleben, ist dies nur in Zusammenarbeit mit einem Therapeuten oder nach sehr langer Übung möglich.

Die Meditation bewirkt die Entstressung wie auch die Stärkung des Grundvertrauens. Das geschieht hier auf vollkommen selbstregulative Weise. Beide Wirkungen wechseln sich ab, der Meditierende schaut diesem Wechsel passiv zu und versucht nicht, den Meditationsprozeß in eine der beiden Richtungen zu lenken. Und damit ist die Meditation eines der natürlichsten Verfahren. Wir bieten unserem Organismus den Rahmen der Tiefenentspannung und lassen ihn darin schalten und walten, wie er es für richtig hält. Damit wächst das Vertrauen zu unserem eigenen Organismus, der am besten «weiß», was für uns richtig ist. Auch unsere Verdauung und Blutbildung lenkt er ja selbstregulativ.

Technisch gesehen vollzieht sich während der Meditation ein dauernder Wechsel zwischen Entspannungsvertiefung und Desensitivierung. Ist eine bestimmte Entspannungstiefe erreicht, kann neues Material aus dem Unbewußten aufsteigen und desensitivierend bearbeitet werden. Ist das geschehen, kann die Entspannung noch weiter vertieft werden. So ergibt sich keine systematische, sondern eine unsystematische, selbstregulative Desensitivierung, zu der weder Angsthierarchie noch Verhaltenstherapeut notwendig ist. Um bildhaft deutlich zu machen, was das auf der Gefühlsebene heißt, können wir sagen, in der Meditation werden negative Gefühle von Angst, Ärger, Haß und Mißtrauen ausgeschwemmt, während wir mit Gefühlen von Liebe, Vertrauen und Freude angereichert werden. Durch Meditation lösen wir uns von Erfahrungen unter der Überschrift «Ich werde nicht geliebt, und das tut weh» und füllen uns an mit dem Gefühl «Ich bin liebenswert».

Damit setzt die Meditation als Methode zur Veränderung an einem der *zentralsten* Orte der menschlichen Existenz an. Das bedeutet auch, daß ihre Wirkungen unspezifisch sind und auf den verschiedensten Ebenen wahrnehmbar werden können. Körper, Fühlen, *intrapersonelle Kommunikation*, die Kommunikation mit anderen Menschen, intellektuelle Leistungen wie auch künstlerische Inspiration – auf all diesen Ebenen ergeben sich positive Veränderungen, wenn wir uns langsam von alten Stressen befreien. Aber solche Veränderungen kommen nicht von heute auf morgen, und der Vorgang der Entstressung zieht sich über Jahre hin. Selbstentfaltung ist ein lebenslanger Prozeß. Aber auch nach wenigen Monaten Meditation sind doch schon erstaunliche Effekte zu erreichen, die häufig die Effekte von Psychotherapie übertreffen. Bis jetzt liegen leider nur solche Untersuchungen vor, die die Effekte der «Transzendentalen Meditation» zum Gegenstand hatten, einer Meditationsart, die der in diesem Buch geschilderten Mantra-Meditation ähnlich ist.

Die Untersuchungen entstammen dem Buch «TM Book» von Denise Denniston und Peter McWilliams, die dort zahlreiche Untersuchungen über die Effekte von Transzendentaler Meditation zusammengefaßt haben. Wir selbst halten die persönliche Erfahrung mit Meditation immer für wichtiger als wissenschaftliche Untersuchungen – aber für den, der sich die Untersuchungen, die benutzten Meßinstrumente und die genaue statistische Auswertung zur kritischen wissenschaftlichen Betrachtung anschauen möchte, haben wir zitiert, wo die Originaluntersuchungen nachzulesen sind.

1. Meditierende haben über ein Jahr einen größeren Zuwachs an Intelligenz als Nicht-Meditierende. Dabei ist der Zuwachs bei regelmäßig Meditierenden sehr viel größer als der bei unregelmäßig Meditierenden. Intelligenz ist gemessen worden mit verschiedenen psychologischen Intelligenztests.

   André S. Tjoa, «Meditation, Neuroticism and Intelligence: A Follow Up», Gedrag, Tijdschrift voor Psychologie 3 (the Netherlands: 1975): 167–182

2. Meditierende, hier im Durchschnitt Praxis von 28 Monaten, sind Nichtmeditierenden in Erinnerungstests überlegen. Dies kann als Verbesserung der Lernfähigkeit interpretiert werden.

   Allen I. Abrams, «Paired-Associate Learning and Recall: A Pilot Study of the Transcendental Meditation Technique», (University of California, Berkeley, California, USA)

3. Die Fähigkeit zur Lösung arithmetischer Probleme verbessert sich durch Meditation. Dabei ist die Verbesserung bei Meditierenden größer als bei einer Kontrollgruppe, die zweimal täglich eine Entspannungsübung durchführt.

Donald E. Miskiman, «The Effect of the Transcendental Meditation Program on the Organization of Thinking and Recall (Secondary Organisation)», (University of Alberta, Edmonton, Alberta, Canada)

4. Durch Meditation verbessert sich die akademische Leistung von Studenten.

Dennis O. Heaton and David W. Orme-Johnson, «The Transcendental Meditation Program and Academic Achievement», (Maharishi International University, Fairfield, Iowa, USA)

5. Meditierende Angestellte schätzen ihre Beziehung zu den Mitarbeitern positiver ein als nichtmeditierende.

David R. Frew, «Transcendental Meditation and Productivity», Academy of Management Journal 17, No. 2 (USA: 1974): 362–368

6. Meditierende haben bessere Leistungen in motorischen Geschicklichkeitstests als nichtmeditierende.

Karen S. Blasdell, «The Effects of the Transcendental Meditation Technique upon a Complex Perceptual-Motor Task», (University of California, Los Angeles, California, USA)

7. Hoher Blutdruck wird geringer bei einer Versuchsgruppe von Menschen mit hohem Blutdruck, die über ein Jahr meditieren.

Herbert Benson and Robert Keith Wallace, «Decreased Blood Pressure in Hypertensive Subjects Who Practied Meditation», Supplement II to Circulation 45 and 46 (USA: 1972)

8. Meditierende erhöhen ihre *innere Kontrolle* stärker als eine nichtmeditierende Kontrollgruppe. *Die Verringerung* von Angst *ist ebenso größer.*

Larry A. Hjelle, «Transcendental Meditation and Psychological Health», Perceptual and Motor Skills 39 (USA: 1974): 623–628

9. Eine andere Untersuchung bestätigt die Verringerung von Angst bei Meditierenden verglichen mit einer Kontrollgruppe Nichtmeditierender. Dabei nimmt das Angstniveau der Meditierenden mit weiterer Praxis immer mehr ab (vgl. Grafik auf S. 55).

Zoe Lazar, Lawrence Farwell and John T. Farrow, «The Effects of the Transcendental Meditation Program on Anxienty, Drug Abuse, Cigarette Smoking and Alcohol Consumption», (Harvard University, Boston, Massachusetts, USA)

10. Schlaflosigkeit verringert sich durch Meditation. Die mittlere Minutenzahl bis zum Eintritt des Schlafes verringert sich bei der Experimentalgruppe über 30 Tage von ca. 80 Minuten auf ca. 15 Minuten.

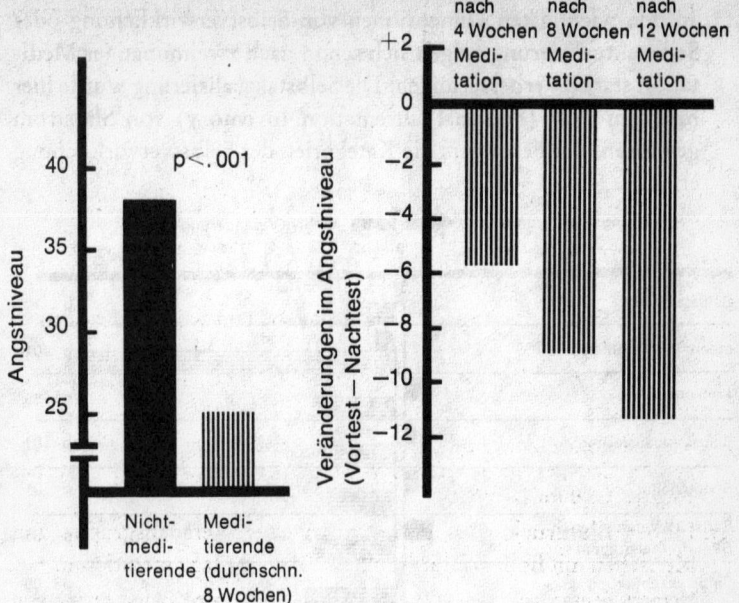

Donald E. Miskiman, «The Treatment of Insomnia by the Transcendental
Meditation Technique», (University of Alberta, Edmonton, Alberta, Canada)

11. Durch Meditation verbessert sich die Feldunabhängigkeit der
Wahrnehmung, d. h. störende Reize beeinflussen die Wahrnehmung eines Objektes in geringerem Maße. Das Maß der Feldunabhängigkeit ist ein gutes Maß für die Güte der neurologischen Organisation.

Kenneth R. Pelletier, «The Effects of the Transcendental Meditation Program
on Perceptual Style: Increased Field Independence», (University of California
School of Medicine, San Francisco, California, USA)

12. Nach eineinhalb Monaten Meditation zeigen die Meditierenden
bessere Werte für das Ausmaß der *Selbstaktualisierung*, gemessen
an der Northridge Developmental Scale.

Philipp C. Ferguson and John C. Gowan, «Psychological Findings on Transcendental Meditation», (Paper presented to the California State Psychological
Association, Fresno, California, USA, 1974). Journal of Humanistic Psychology (in press)

13. In den wichtigsten Dimensionen von Selbstverwirklichung oder Selbstaktualisierung zeigen sich schon nach zweimonatiger Meditation starke Verbesserungen. Die Selbstaktualisierung wurde hier mit dem POI (Personal Orientation Inventory) von Shostrom gemessen, der besonders die Kategorien der Selbstverwirklichung erfaßt.

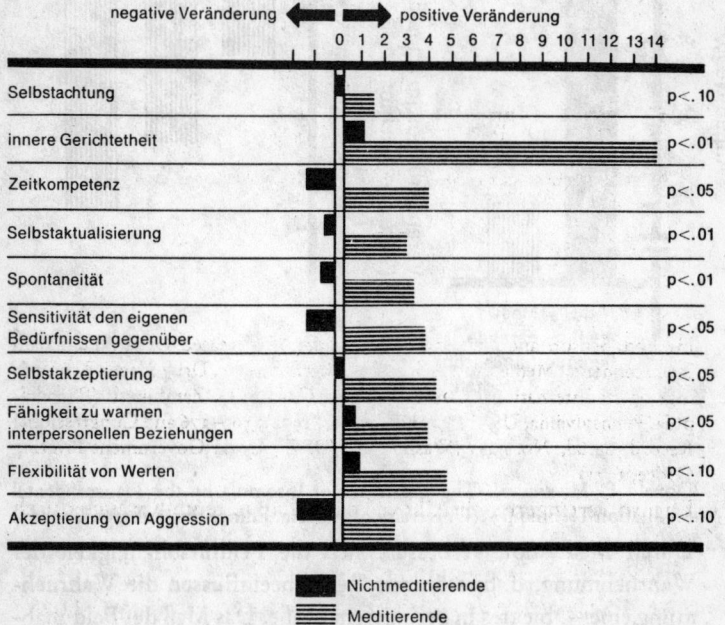

negative Veränderung ⟷ positive Veränderung

| |  |
|---|---|
| Selbstachtung | p<.10 |
| innere Gerichtetheit | p<.01 |
| Zeitkompetenz | p<.05 |
| Selbstaktualisierung | p<.01 |
| Spontaneität | p<.01 |
| Sensitivität den eigenen Bedürfnissen gegenüber | p<.05 |
| Selbstakzeptierung | p<.05 |
| Fähigkeit zu warmen interpersonellen Beziehungen | p<.05 |
| Flexibilität von Werten | p<.10 |
| Akzeptierung von Aggression | p<.10 |

Nichtmeditierende
Meditierende

Sanford Nidich, William Seeman and Thomas Dreskin, «Influence of Transcendental Meditation: A Replication», Jounal of Counseling Psychology 20, No. 6 (USA: 1973): 565–566
William Seeman, Sanford Nidich and Thomas Banta, «Influence of Transcendental Meditation on a Measure of Self-Actualization», Journal of Counseling Psychology 19, No. 3 (USA: 1972): 184–187

14. Drogenmißbrauch wird durch Meditation drastisch reduziert. Die hier zitierte Untersuchung von Herbert Benson und Robert Keith Wallace erregte wegen ihres Ergebnisses in Fachkreisen großes Aufsehen. 1862 Versuchspersonen meditierten im Durchschnitt 20 Monate, wobei der Prozentsatz der Versuchspersonen, die Drogen einnahmen, drastisch geringer wurde (vgl. Grafik auf S. 58).

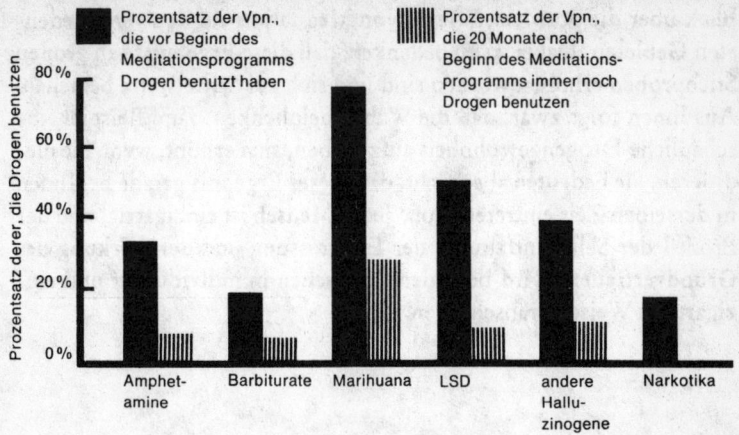

Prozentsatz der Vpn.,
die vor Beginn des
Meditationsprogramms
Drogen benutzt haben

Prozentsatz der Vpn.,
die 20 Monate nach
Beginn des Meditations-
programms immer noch
Drogen benutzen

Prozentsatz derer, die Drogen benutzen

80 %
60 %
40 %
20 %
0 %

Amphet-amine | Barbiturate | Marihuana | LSD | andere Hallu-zinogene | Narkotika

Herbert Benson and Robert Keith Wallace, «Decreased Drug Abuse with Transcendental Meditation: A Study of 1862 Subjects», Drug Abuse: Proceedings of the International Conference, ed., Chris J. D. Zarafonetis (Philadelphia, Pennsylvania, USA: Lea and Febiger, 1972): 369–376 and Congressional Record, Serial, No. 92-1 (Washington, D. C., USA: Government Printing Office, 1971)

15. Ebenso verringert sich Alkohol- und Zigarettenmißbrauch durch Meditation. Dies Ergebnis wurde in der Studie 14 an den gleichen 1862 Versuchspersonen erhoben.

16. Eine Untersuchung der Wirkung von Meditation auf Gefängnisinsassen zeigt eine starke Verringerung der Angst, Abnahme von Gewalttätigkeiten und eine Zunahme von positiven Aktivitäten.

David W. Orme-Johnson, John Kiehlbauch, Richard Moore and John Bristol, «Personality and Autonomic Changes in Prisoners Practicing the Transcendental Meditation Technique», (La Tuna Federal Penitentiary, New Mexico and University of Texas at El Paso, El Paso, Texas, USA)

17. Eine besonders für Psychotherapeuten und andere Personen in helfenden Berufen interessante Arbeit zeigt, daß Meditation das Einfühlungsvermögen in andere Menschen verbessert. Hier war als Methode die Zen-Meditation benutzt worden.

«Zen Meditation And The Development of Empathy in Conselors», in: T. Barger u. a. (Hg.): Biofeedback and Self-Control, 1970

Diese 17 Untersuchungen geben Ihnen vielleicht einen kleinen Überblick über die positiven Effekte von Meditation auf den verschiedensten Gebieten. Dabei ist zu bedenken, daß diese Ergebnisse an großen Stichproben erhoben worden sind und sich auf Mittelwerte beziehen. Aus ihnen folgt zwar, daß die Wahrscheinlichkeit, zum Beispiel eine schädliche Drogengewohnheit aufzugeben, sich erhöht, wenn Sie meditieren. Sie bedeuten aber nicht, daß dieses Ergebnis gerade bei Ihnen in derselben Zeit eintreten muß. Jeder Mensch ist einzigartig, und der Prozeß der Selbstentfaltung, der Entstressung und der Stärkung des Grundvertrauens wird bei jedem Menschen in individueller und einzigartiger Weise voranschreiten.

# III. Praktische Meditationsanleitung

In diesem Kapitel zeigen wir Ihnen ganz konkret, wie Sie selbst meditieren können. Wir zeigen Ihnen eine Form der *Mantra*-Meditation, die ursprünglich aus Tibet kommt und die wir als gerade für den Anfänger besonders günstig ansehen. Am Schluß des Buches werden wir Ihnen noch andere Meditationsformen zeigen und auch auf weitere praktische Fragen eingehen. Für den Anfang ist es aber das Beste, wenn Sie genau so zu meditieren beginnen, wie wir es Ihnen hier beschreiben.

## 1. Das Mantra

Konzentrationsgegenstand unserer Meditation ist das Mantra «OM AH HUM» (offenes o wie in «Koch», a wie in «Aal», u wie in «Kuh»), welches mit dem Atmen verbunden wird. Und zwar wird beim Einatmen die Silbe «OM» gedacht, beim Ausatmen die Silbe «AH» und am Ende des Ausatmens und während der kleinen Pause nach dem Ausatmen die Silbe «HUM».

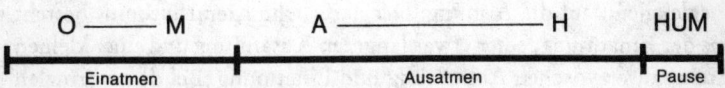

Obwohl für die Meditation grundsätzlich die verschiedensten Silben in unterschiedlichster Art und Weise benutzt werden können, obwohl also die meditative Haltung des Übenden und nicht der Meditationsgegenstand, hier das Mantra, von ausschlaggebender Wichtigkeit ist, haben wir dieses Mantra doch bewußt gewählt, weil es uns als besonders geeignet erscheint auch für den westlichen Menschen.

Dieses Mantra besitzt Tradition, es stammt aus dem tibetischen Buddhismus, wo es eines der wichtigsten Mantren darstellt. Obwohl Mantren mehr durch ihren Schwingungscharakter beeinflussen und nicht durch ihren Sinn, wollen wir am Schluß des Buches auf die durch dieses Mantra ausgedrückte universelle Weisheit eingehen, die wahrscheinlich gegen Ende der Lektüre und nach ersten praktischen Erfahrungen in der Meditation besser verstanden werden kann.

Mantren wirken durch ihre Vibrationen. Wenn Sie ein «i» summen, singen, murmeln oder auch nur denken, werden Sie andere Räume in Ihrem Körper fühlen, als wenn Sie ein «u» summen oder denken. Dieser Zusammenhang zwischen den Vokalen und den verschiedenen Teilen des Körpers ist auch in Europa von atemtherapeutischen Schulen erkannt worden und wird dort in der sogenannten «Vokalraumarbeit» zur Lösung des Körpers benutzt.

Was unser Mantra betrifft, kann gesagt werden, daß es vokalraummäßig eine universale Wirkung besitzt. A, O und U sind drei kräftige Vokale, die den gesamten Körper beeinflussen und durch das M verstärkt werden. Das Mantra bringt den ganzen Organismus in feinste Schwingungen und beeinflußt so das gesamte Gewebe. Das Denken von Vokalen schickt Wellen durch den ganzen Körper, was zu einer Vibrationsmassage für Organe und Muskeln wird. Der Amerikaner Dr. Bernard Glueck nimmt an, daß durch das mentale Wiederholen des Mantras eine Synchronisation der Gehirnwellen entsteht, die den Alphawellen-Rhythmus verstärkt und auf diese Weise eine geistige wie körperliche Entspannung bewirkt.

Außer durch seinen Schwingungscharakter wirkt unser Mantra auch ausgleichend auf die Atmung. Der natürliche Atemrhythmus besteht aus der Einatmung, einer etwas längeren Ausatmung und einer kleinen Atempause zwischen Ausatmung und Einatmung. Bei dem normalen Europäer ist nun meist der Akzent des Atemvorgangs zu stark auf die Einatmung gesetzt. Gierig wird die Luft eingeholt, aber nicht richtig herausgelassen. Dadurch fällt die entspannte Atempause ganz weg, und da die Lungen nicht richtig geleert sind, ist zu wenig Raum für neue Atemluft vorhanden. Hinter diesem falschen Atmen steht eine

Fehlhaltung, die wir folgendermaßen in Worte fassen können: «Ich habe Angst, nicht genug zu bekommen (*gierig einatmen*) und mag nichts weggeben. Ich muß das, was ich habe, festhalten, weil ich Angst habe, sonst gar nichts mehr zu haben (*festgehaltenes Ausatmen*).» Resultat dieser Haltung und dieses Atmens ist tatsächlich Atemnot und damit eine Verstärkung des Teufelskreises.

Wenn wir unser Mantra mit unserem Atem verbinden, indem wir «OM» beim Einatmen denken, «AH» beim Ausatmen und «HUM» am Ende des Ausatmens und während der kleinen Atempause, dann wird die ursprüngliche gesunde Atemform wieder freigelassen. Der Akzent liegt auf der Ausatmung: dadurch vertieft sich die Einatmung ganz von selbst, ohne unser bewußtes Dazutun. Durch diesen Atemrhythmus stärken wir die dahinterliegende Haltung von Vertrauen und Sich-hingeben-Können. Je mehr wir abgeben, loslassen und aufgeben, desto mehr kommt uns hinterher wieder zu. Die Verlängerung der Ausatmung durch unser Mantra hat also eine positive Wirkung auf die Psyche wie auch auf unseren Körper.

Das sind einige Vorzüge von «OM AH HUM», aber wir wollen hier gar nicht weiter über das Mantra nachdenken. Es ist eben unser Konzentrationsgegenstand, es gibt viele andere. «OM AH HUM» im Rhythmus unseres Atems ist das Vehikel, das uns helfen soll, in den meditativen Zustand zu gelangen.

## 2. Der äußere Rahmen für die Meditation

Sie benötigen zur Meditation einen ruhigen und störungsfreien Ort. Mit zunehmender Übung wird man immer unabhängiger von Lärm oder anderen Störungen und kann sogar in der U-Bahn oder auf einer Parkbank meditieren. Aber am Anfang kann doch manchmal schon ein kleines Geräusch zur Plage und Störung werden. Deswegen ist es günstig, wenn Sie zunächst einen verdunkelten Raum zur Verfügung haben, der gegen Straßenlärm abgeschirmt ist und in dem Sie während Ihrer Meditationszeit nicht gestört werden können.

Als Sitzgelegenheit benutzen wir einen Stuhl oder einen Sessel. Wir sollen bequem sitzen, so daß wir 20 Minuten in gleichbleibender Stellung verharren können. Wir können uns anlehnen, sollten aber darauf achten, daß das Rückgrat nicht zu krumm ist. Ideal wäre schon ein gerader Sitz, aber der wird den meisten Menschen soviel Rückenschmerzen bereiten, daß sie nicht in den meditativen Zustand geraten. Der Sitz soll beides sein: aufrecht und bequem. Hier muß jeder seinen eigenen Kompromiß zwischen Lässigkeit und Aufrichtung finden. Zu Anfang sollte aber die Bequemlichkeit entschieden den Vorrang erhalten.

Es ist wichtig, daß wir sitzen und *nicht liegen*. Denn es geht ja in der Meditation darum, einen Zustand mit noch tieferer Entspannung als im Schlaf bei gleichwohl vollkommen wacher und klarer Bewußtheit zu erleben. Im Liegen ist die Gefahr zu groß, daß wir dösen oder einschlafen. Das kann zwar im Sitzen auch mal vorkommen und ist dann nicht tragisch zu nehmen. Das Ziel ist aber ein wacher und zugleich tief entspannter Zustand. Menschen, die gewohnt sind, im Schneidersitz oder gar halbem Lotussitz zu sitzen, können gern diese Sitzhaltungen einnehmen. Für denjenigen, der darin nicht geübt ist, bleibt aber zunächst der Stuhl oder Sessel vorteilhafter.

Als Zeiten für die Meditation eignen sich am besten der Morgen und der Abend, aber vor den Mahlzeiten. Es sollte nie mit vollem Magen meditiert werden, weil das dem Zustand der Tiefenentspannung nur abträglich wäre. Der beste Effekt ergibt sich, wenn zweimal am Tage 20 Minuten meditiert wird. Aber wir wissen von vielen Menschen, daß es ihnen schwerfällt, zweimal am Tag die Zeit zu finden, und schlagen ihnen dann vor, täglich nur einmal 20 bis 30 Minuten zu meditieren. Denn Meditation soll keine lästige Pflicht sein, sondern etwas, worauf wir uns freuen wie auf eine Belohnung.

20 Minuten sind die durchschnittliche Meditationszeit. Aber der einzelne muß entscheiden, ob das für ihn eventuell zuviel ist. Wenn die Sensibilisierung durch die Meditation zu groß wird – darüber sprechen wir später noch –, dann sollte die Meditationszeit verkürzt werden. Das ist manchmal ratsam gerade bei Jugendlichen, die besonders stark auf die Meditation ansprechen.

Wie merken Sie nun beim Meditieren, wann die 20 Minuten vorüber sind? Eine Möglichkeit ist, daß Sie mit einem Tonband arbeiten, wie wir es Ihnen in diesem Kapitel vorschlagen. Es geht aber auch folgendermaßen: Sie schauen vor der Meditation auf die Uhr und prägen sich zum Beispiel bewußt ein: «Jetzt ist es sechs Uhr, und ich werde um sechs Uhr zwanzig aus der Meditation auftauchen.» Dabei stellen Sie sich die Zeigerstellung «zwanzig Minuten nach sechs» vor. In den ersten Tagen werden Sie vielleicht fünf Minuten früher oder später auftauchen. Dann machen Sie sich bitte jedesmal die Abweichung von dem vorgenommenen Zeitpunkt bewußt. Spätestens nach einer Woche gelingt es den meisten, genau 20 Minuten «weg zu sein». So schnell können wir unsere innere Uhr stellen und uns für sie sensibilisieren.

Vor der Meditation ist es besser, für eine gewisse Zeitspanne (wenigstens ein paar Stunden) nicht zu rauchen, da Nikotin wie ein Störsender auf die Alphawellen im Gehirn wirkt. Ebenso ist natürlich der Genuß von Alkohol, der Konsum von Tabletten oder anderen Rauschmitteln abträglich für die Meditation. Viele Menschen genießen es, sich während des Meditierens mit einer Decke einzuhüllen, die dann über den Schultern liegt. Das erhöht das Gefühl der Geborgenheit und Behütetheit. Aber all diese Dinge werden nur für die erste Zeit der Meditation wichtig sein. Mit zunehmender Übung werden Sie unabhängiger von der äußeren Ruhe und Ungestörtheit, obwohl Ruhe und Stille die Meditation immer begünstigen.

## 3. Die Entspannungsanweisung

Wir meditieren, indem wir 20 Minuten lang ununterbrochen zusammen mit dem Atmen «OM AH HUM» denken. Wenn wir durch andere Gedankeninhalte oder Phantasien abgelenkt werden, dann nehmen wir einfach Notiz von ihnen und gehen dann wieder zurück zum Mantra.

Damit aber Ihre ersten Meditationen angenehm werden und Sie zunächst den entspannten Zustand kennenlernen, empfehlen wir Ihnen jetzt eine Vorentspannung vor der eigentlichen Meditation.

Wir haben gute Erfahrungen gemacht mit einem Text, der Ihnen zunächst zur Entspannung verhilft und dann in die Meditation überleitet. Das Beste wäre, diesen Text auf ein Tonband zu sprechen und zu Beginn der Sitzungen anzuhören – seine suggestive Wirkung könnte sich so auf bequemste Weise am effektivsten entfalten. Dann könnte während der Meditationszeit das Tonband leer weiterlaufen und nach 20 Minuten eine Anweisung zum Wiederaufsteigen aus der Versen-

kung folgen. Wenn Sie das Tonband mit Kopfh
den zusätzlichen Vorteil einer Abdämpfung vo
auch während der Meditation.

Es ist aber genausogut möglich, sich den Tex
gen und ohne Tonband auf diese Weise vorzug
werden dann leise gedacht.

Beim Erstellen der Tonbandaufnahme sollt
den, daß der Text langsam und in großer Ruhe
hat, kann auch ganz persönlich erwünschte S
Entspannung in die Aufnahme einarbeiten oder einige Minuten ihn
entspannende Musik aufnehmen.

### Entspannungs-Text

Ich spanne alle Muskeln meines Körpers zur gleichen Zeit an.
So fest, wie ich nur kann.
Fester.
Und noch fester.

Und nun lasse ich alle meine Muskeln los.
Ich sitze aufrecht, habe meine Augen geschlossen und fühle die Entspannung und Schwere in allen meinen Muskeln.
Ich werde innerlich ganz gesammelt und ganz ruhig.
Ich lege alle Gedanken ab und vergesse alles, was vorher war.
Nur dieser Moment ist wichtig.
Ich spüre meinen Körper, und ich fühle, wie mein Atem in diesem Moment ein- und ausfließt.
Meine Gedanken werden immer gleichgültiger, und ich werde ruhig und entspannt.
Ich fühle jetzt meinen Körper durch und versuche alle Muskeln loszulassen,
nichts festzuhalten,
ganz nachzugeben.
Die Stirn
die Augen
der Mund
Hals und Nacken

beide Schultern
beide Arme und Hände
Rücken
Bauch
Gesäß
beide Oberschenkel
beide Unterschenkel
beide Füße.
Alle meine Muskeln sind jetzt locker und weich.
Ich fühle mich immer gelassener und wohliger.
Ein angenehmes Gefühl der Wohligkeit und Geborgenheit umfängt
mich.
Ich lasse geschehen.
Nicht ich atme:
es atmet mich.
Ich fühle meinen Atem ein- und ausströmen
und sage mir dabei innerlich dreimal:
Ein und aus, ruhig und entspannt
ein und aus, ruhig und entspannt
ein und aus, ruhig und entspannt
im Rhythmus des Ein- und Ausatmens.
Nun hauche ich dreimal den Atem durch den Mund,
so daß ich mich ganz von der Atemluft entleere:
Huh.
Huh.
Huh.
Ich nehme gleich das Mantra «OM AH HUM» auf und wiederhole es
ununterbrochen.
Ich denke beim Einatmen «OM»,
beim Ausatmen «AH»
und am Ende des Ausatmens
und während der kurzen Atempause
denke ich «HUM».
Wenn Gedanken oder Phantasien kommen,
dann nehme ich kurz Notiz von ihnen,
und gehe wieder zurück zum Mantra.
Möge ich glücklich sein, mögen alle Wesen glücklich sein.

Möge ich glücklich sein, mögen alle Wesen glücklich sein.
Möge ich glücklich sein, mögen alle Wesen glücklich sein.

*(20 Minuten Pause)*

Ich komme jetzt langsam aus meiner Meditation wieder zurück.
Ich hauche dreimal den Atem durch meinen Mund aus:
Huh.
Huh.
Huh.
Und öffne gleich frisch und gestärkt meine Augen.
Ich bin wieder in der Welt und bereit für Aktivität.

Hiernach Recken, Strecken und Gähnen nach Herzenslust.

## 4. Atem und Mantra

Beim Denken des Mantras im Rhythmus des Atmens ist es wichtig, Atem wie Mantra «geschehen zu lassen». Der Atem kommt und geht, wie er will. Manchmal ist er stärker, manchmal schwächer, manchmal spüren wir ihn mehr unten in der Bauchgegend, manchmal mehr oben, im Inneren der Nase. Wir lassen all das geschehen und folgen diesem Atemprozeß. Wir sind mehr Beobachter als Handelnde und versuchen nicht, den Atem zu manipulieren, zu kontrollieren oder zu beeinflussen.

Das gleiche trifft für das Mantra zu. Auch das denken wir in einer passiven Weise. Das fühlt sich fast so an, als ob wir es nicht selbst denken, sondern mehr auf das Mantra in unserem Kopf horchen und lauschen. Halb denken wir es also, und halb erlauschen wir es – in dieser Haltung sind wir aktiv und passiv zugleich. Das Mantra mag sich manchmal leiser, manchmal lauter, das eine Mal voller und das andere Mal feiner anfühlen. Auch solche Prozesse lassen wir einfach geschehen und folgen ihnen. Wir versuchen also nicht, das Mantra in einer von uns vorher festgelegten Weise zu denken.

Durch die Koppelung des Mantras an den Atem wird aber mit zunehmender Übung der ganze Prozeß automatisiert, so daß Mantra und Atem wie von selbst aus uns herauskommen und wir dem ganzen Prozeß zuschauen und ihn geschehen lassen. Das alles kommt von selbst – wir müssen nur versuchen, Beeinflussung und Kontrolle so stark, wie es geht, einzuschränken.

Häufig wird es während der Meditation geschehen, daß das Mantra wie auch der Atem «feiner» werden, daß nämlich die Bewußtheit sich auf viel kleinere und feinere Reize einstellt.

OM  AH HUM

OM  AH  HUM

OM AH HUM

OM  AH  HUM

OM  AH  HUM

OM  AH  HUM

OM  AH  HUM

# OM AH HUM

Auch diese Verfeinerung der Wahrnehmung lassen wir geschehen. Die Bewußtheit erhöht sich, körperliche wie geistige Prozesse werden immer minuziöser wahrgenommen, und schließlich kann der Wahrnehmungsgegenstand so «fein» werden, daß er gar nicht mehr vorhanden ist: unser Bewußtsein existiert dann ohne Bewußtseinsinhalt, wir schweben ohne Mantra, Atem, Gedanken und Körpergefühl und erleben vollkommene Ruhe und Stille.

Aber all diese Prozesse versuchen wir nicht absichtlich einzuleiten. Wir steuern uns nicht darauf zu. Wir lassen geschehen und folgen unseren sich ent-wickelnden Prozessen während der Meditation.

# 5. Störungen

Wenn wir unseren Konzentrationsgegenstand, das Mantra, als Linie zeichnen, die sich über die Zeit erstreckt, dann müssen wir auch Linien mit einzeichnen, die von dieser Geraden abzweigen. Denn schon nach kurzer Zeit werden bei Ihnen Gedanken, Phantasien und Körpergefühle auftreten, die Ihre Aufmerksamkeit vom Mantra ablenken.

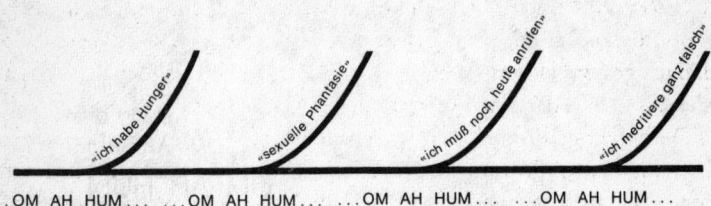

...OM AH HUM... ...OM AH HUM... ...OM AH HUM... ...OM AH HUM...

Wie gehen wir nun mit diesen Störungen um? Auf keinen Fall dürfen wir sie unterdrücken. Denn diese Störungen haben ihren Grund in früheren Verdrängungen, die unseren Geist in Spannung versetzen und ihn unruhig machen. Um den Prozeß der Desensitivierung zu ermöglichen, ist es wichtig, solche Störungen auftreten zu lassen und dies nicht zu verhindern. Das Auftreten von Störungen ist wichtig für den Vorgang der Entstressung.

In unserem gezeichneten Beispiel treten vier typische Störgedanken auf, Gedanken, die nach weitverbreiteter Meinung ganz gewiß nicht zur Meditation gehören. Aber alles gehört zur Meditation! Diese Gedanken kommen eben, und damit sind sie existent – Verdrängung und Verleugnung helfen da nicht weiter. Wir müssen sie annehmen – und das Klügste ist, sie als Freunde anzunehmen, als alte Bekannte, die man wiedertrifft.

Diese Störungen können bei verschiedenen Menschen unterschiedliche Inhalte haben. Der eine bekommt nur banale Alltagsgedanken, ein anderer wiedererlebt Szenen aus seiner frühesten Kindheit, noch ein anderer stößt auf (scheinbar?) sinnlose Wortreihen, während manche in die wundervollsten Phantasietrips ausschweifen.

All diese Störungen sind gleichrangig, sie haben alle ihren Sinn und ihre Ursache, und es wäre falsch, sie miteinander zu vergleichen und zu werten. Sie alle sind einfach da, stellen sich ein und müssen akzeptiert werden, so wie sie sind.

Aber ebenso wie wir die Unterdrückung der Störungen vermeiden, fördern wir eine weitere Beschäftigung mit ihnen nicht. Unser Gehirn funktioniert ja so ähnlich wie eine Echohalle: wenn irgendwo ein Gedanke losschießt, hängt sich eine Assoziation an die andere, und das ohne Ende. Zum Beispiel: «Ich habe solchen Hunger – Wie kann ich das jetzt nur denken – Ich will doch meditieren – Ich sollte jetzt nicht weiterdenken, sondern zurück zum Mantra gehen – Dabei fällt mir ein, daß ich gestern vergessen habe . . .» usw. usw. Wir bleiben im Getummel unserer Gedanken und verrennen uns in unserer Echohalle.

Der wichtige Prozeß, den wir immer wieder lernen müssen, ist das Loslassen dieser Störungen. Das bedeutet, sobald wir sie wahrnehmen, gehen wir zurück zum Mantra. Wir analysieren sie nicht, interpretieren sie nicht und versuchen nicht, sie zu begreifen. Wir nehmen sie einfach wahr, lassen sie so, wie sie sind und lassen sie dann los, indem wir das Mantra vorziehen.

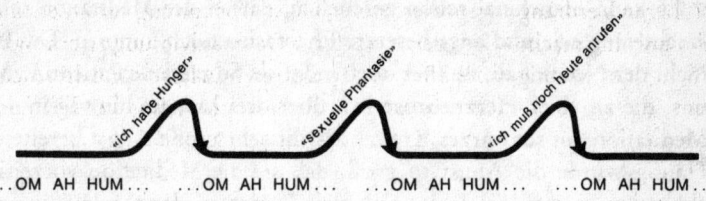

Auf diese Weise lernen wir, unseren inneren Prozessen zuzuhören, ohne sie zu bewerten. Und diese Fähigkeit zur nichtwertenden Wahrnehmung ist eines der bedeutendsten Kennzeichen von Selbstverwirklichung. Das ist Einübung der Selbstakzeptierung: wir lernen das, was in uns ist, einfach stehenzulassen und nichts von unseren Bewertungen und Kategorien hinzuzutun.

Auf diese Weise verlernen wir auch langsam die Bewertung unserer inneren Prozesse mit «positiv» und «negativ». Die schönsten Phantasien können ebenso wie die schrecklichsten Höllenvisionen auftreten.

Die angenehmen Phantasien sind erwünscht, sie machen uns gute Gefühle – *und ebenso* sind die quälenden Phantasien erwünscht, weil wir uns in der Meditation von ihnen lösen können und so ein Stückchen Angst abbauen. Aber weder an den positiven noch an den negativen Störungen dürfen wir kleben bleiben – sobald wir sie wahrnehmen, lassen wir sie los und gehen zum Mantra zurück.

Die *amerikanische Psychologin* Ruth Cohn hat eine Gruppenmethode entwickelt, deren Hauptregel lautet: «Störungen haben Vorrang». Das bedeutet, wenn in einer Diskussionsgruppe oder Arbeitsgruppe ein Gruppenmitglied eine Störung hat (sich ärgerlich fühlt, unkonzentriert ist, Gefühle von Traurigkeit bemerkt), die es von dem Arbeitsthema ablenkt, so wird zunächst die Störung behandelt und dann wieder zum Arbeitsthema übergegangen. Mit dieser Formel «Störungen haben Vorrang» kommt man am weitesten. Sind die Störungen beseitigt, ist man wieder vollständig frei für den Konzentrationsgegenstand. Man bleibt dabei eins mit sich und dem eigenen Prozeß und kommt nicht in einen Zustand der Spaltung, wie es geschehen würde, wenn wir die Störungen nicht annähmen und sie als etwas behandelten, was bekämpft werden muß.

Es kann manchmal schon geschehen, daß in der Meditation sehr furchterregende und angstbesetzte Phantasien hochkommen. Das ist nicht der Normalfall, ist aber doch möglich. So sah eine Patientin von uns, die an einer Herzneurose litt, über drei Monate hinweg in der Meditation ein schwarzes Kreuz, das ihr sehr große Angst bereitete. Häufig wurde die Angst so groß, daß sie die Meditation vorzeitig abbrechen mußte. Sie setzte sich aber immer wieder regelmäßig zur Meditation hin, und nach drei Monaten gab es in ihrer Meditation eine Art von Explosion. Danach erschien das Kreuzbild nie wieder, ihre herzneurotischen Symptome verschwanden für immer.

Gerade das Auftreten von solchen stark angsterregenden Störungen zeigt an, daß mächtige alte Stresse durchgearbeitet werden, und im Grunde ist ein solcher Vorgang zu begrüßen. Werden die Störungen aber so stark, daß über längere Zeit kaum noch Entspannung und positive Gefühle während der Meditation erreicht werden, dann ist es angeraten, sich mit Freunden oder mit einem Psychologen über die Inhalte dieser Störungen auszusprechen. Damit ist nicht gesagt, daß es falsch ist, wenn so starke Stresse hochkommen. Nur ist für diese zusätzliche Hilfe zu ihrer Lösung angebracht.

Aber normalerweise wird man gegen negative Störungen durch die Tiefenentspannung in der Meditation desensitiviert, die Angst vor ihnen wird abgebaut, und man kann sich von ihnen lösen. Das wären dann die subjektiven Begleiterscheinungen des Entstressungsvorgangs in der Meditation.

Halten wir fest: Wenn in der Meditation Gedanken, Phantasien oder Körpergefühle als Ablenkungen vom Mantra auftreten, dann nehmen wir Notiz von ihnen und gehen wieder zurück zum Mantra. Die Störungen werden nicht interpretiert, analysiert, erklärt oder zur Erinnerung aufgehoben. Wenn sie wirklich wichtig sind, werden sie sich nach der Meditation schon von selbst in Erinnerung bringen.

Ebenso verfahren wir, wenn wir husten müssen, uns kratzen wollen oder beim Sitzen vornüber fallen. Wir ärgern uns nicht über diese Störungen, sagen nicht: «Das sollte nicht sein», sondern nehmen sie nichtwertend wahr und gehen zurück zu unserem normalem Sitz und zu unserem Mantra.

In diesem Sinne ist Meditation eine Übung darin, zu sehen, was *ist*, und die eigene Meinung über das, was sein *sollte*, zurückzustellen. Außerdem bringt Meditation, wie auch die meisten anderen Verfahren zur Selbstentfaltung, nichts Neues oder Fremdes in Sie hinein, sondern macht nur sichtbar, was schon immer in Ihnen drin war. Sich nichtwertend wahrzunehmen heißt, sich so zu sehen, wie man wirklich ist – und nicht so, wie man sein möchte.

## 6. Entstressungssymptome

In der Meditation lösen sich alte Stresse, und wir müssen mit Symptomen dieser Entstressung rechnen. Durch den Meditationsprozeß werden unerledigte Konflikte erledigt und alte Stresse ausgeschwemmt. Manchmal geschieht das während der Meditation, und man fühlt sich hinterher im Leben befreiter und besser. Manchmal erlebt man aber auch eine sehr schöne Meditation mit sehr entspannten und guten Gefühlen und stößt hinterher im sozialen Kontakt plötzlich auf neue Gefühle der Gereiztheit oder des Ärgers, die vorher unterdrückt worden waren und durch die Meditation sichtbar geworden sind.

Obwohl also Meditation über längere Zeit Sie von negativen Gefühlen befreit, steht doch am Anfang das deutlichere Wahrnehmen und Erleben von negativen Gefühlen. Das kann während der Meditation geschehen oder auch nach der Meditation im täglichen Leben – auch hier vertrauen wir der selbstregulativen Kraft unseres Organismus.

Das Lösen alter Stresse bezieht sich also nicht nur auf die Zeit der Meditation, sondern auch auf die Zeit zwischen den Meditationen. Zum besseren Einfühlen können wir uns vorstellen, daß in der Tiefenentspannung ein Strom von guten Gefühlen oder Energie durch uns hindurchgeht und unsere physischen wie psychischen Schlacken ausschwemmt. Manchmal erleben wir zuerst das positive Gefühl, und hinterher kommt die Ernüchterung und die Wahrnehmung der Negativität. Ein anderes Mal sehen wir erst das Negative, lösen uns davon und werden dann offen für positive und befreiende Gefühle. Dieser Vorgang wird bei einigen während der Meditation in lebhaften Bildern geschaut, während andere während der Meditation sehr wenig erleben, dafür aber starke Nachwirkungen im Alltag verspüren. In jedem wird genau der Prozeß geschehen, der gerade für ihn richtig ist – und auch hier gilt es, an diesem Prozeß nicht «herumzudrehen», sondern ihm nichtwertend zu folgen.

Als Zeichen der Lösung alter Stresse können viele Symptome auftreten, von denen wir einige hier nennen wollen:

□ Schwitzen, Fieber, Zucken der Muskeln oder Zittern
Diese Symptome sind Zeichen der Lösung von Körperspannungen. Das Beste ist, sie einfach geschehen zu lassen, sie sind harmlos und bleiben nicht über längere Zeit bestehen. Zuckungen und Zittern der Muskeln bedeuten, daß unser Festhalten der Muskeln geringer wird, wir lassen sie los, und in dieser Lösung bewegen sie sich. Es kommt wieder Leben in sie hinein.

□ Kopfschmerzen, Müdigkeit, Dösigkeit
Auch dies sind Zeichen der Entstressung. Bei der Ausspülung von Schlacken kommt es gelegentlich zu einer Überschwemmung des Blutes mit Giften, und bevor der Organismus sie ganz ausgeschieden hat, sind Müdigkeit und Abgeschlagenheit die Folgen. Auch das sind positive Zeichen einer Lösung von vorher chronisch Festgesetztem.

□ Jucken der Haut, Nervosität und Gereiztheit
Dies sind häufig die körperlichen Auswirkungen der Ablösung von

vorher unterdrückter Aggressivität.

- Schmerzen aller Art, besonders Schmerzen alter Operationsnarben
Verdrängung unangenehmer Gefühle bedeutet meist auch Verdrängung von Schmerz, der beim Entstressungsvorgang dann wieder wahrnehmbar wird. Alles was nicht bewußt erlebt worden ist, wird zu einem unerledigten Stress. So auch der nichtgefühlte Schmerz bei einer Operation unter Narkose. Wenn diese Narben wieder zu schmerzen beginnen, ist das ein positives Zeichen: der alte Stress löst sich. Ein solcher Schmerz bleibt meist nur für einige Tage und verschwindet dann.

- Angst, Traurigkeit, Einsamkeit, Wut, Ärger, Depression
Auch diese Gefühle können im Verlauf der Entstressung stärker zum Vorschein kommen. Häufig genügt die Desensitivierung während der Meditation nicht, um uns von diesen irgendwann einmal unterdrückten Gefühlen zu lösen. Meist erleben wir sie auch nach der Meditation um so bewußter im Alltag, wo der Entstressungsvorgang über das aktive Erleben und Ausdrücken dieser Gefühle abläuft.

Bitte bekommen Sie nun angesichts dieser Liste von Symptomen keine Angst vor der Meditation. Bei den meisten Menschen kommen diese Folgeerscheinungen nur selten und nur in schwachen Graden vor, so daß sie von den positiven Gefühlen der Ruhe und Entspannung durch die Meditation überwogen werden. Wir wollten ihnen nur zeigen, was auch geschehen *kann*, und klarmachen, daß diese Symptome positiv zu werten sind. Denn das, was unterdrückt war und chronisch störte, wird nun gelöst und ausgeschwemmt. Die Alternative zu diesem Prozeß des Geschehenlassens wäre nur die weitere Unterdrückung von alten Stressen. Und das ist keine hilfreiche Alternative, weil dies nur zu chronischem Unwohl- und Unfreisein führen kann. Wir müssen uns von den alten Stressen befreien, und um dieses Zieles willen wird zunächst durch die Meditation chronisches Kranksein in akutes Kranksein verwandelt, um dann losgelassen zu werden. Das erweist sich also als Wachstumsschmerzen auf dem Weg der Selbstentfaltung, in die wir uns ergeben müssen. Und je mehr wir uns in sie hineinfühlen, desto schneller lösen sie sich auf. Widerstand gegen Schmerz chronifiziert den Schmerz, Hineinfühlen baut ihn ab.

# 7. Ihr eigener Prozeß

Für Ihre Praxis ist es wichtig, Ihre einzelnen Meditationen nicht miteinander zu vergleichen und auch nicht mit denen anderer Menschen. Es geht gerade darum, unsere Wertungen zu verlernen und das zu akzeptieren, was uns im Moment zukommt. Jeder Mensch ist verschieden und jeder Zeitpunkt ist verschieden von einem anderen, und das, was Ihnen zu einem bestimmten Zeitpunkt in der Meditation geschieht, ist o. k. einfach deswegen, weil es *ist*.

Die tief entspannte wohlige Meditation ist keineswegs besser als die in abgründigen Gefühlen wühlende – und umgekehrt. Einer, der jedesmal strahlend und begeistert aus der Meditation auftaucht, meditiert keineswegs besser als Sie, der Sie vielleicht nicht so strahlende Erlebnisse haben. Aber Sie meditieren auch nicht besser als er. Das stimmt ebenfalls.

Wir können uns nur entfalten, wenn wir unserem eigenen Prozeß folgen, wie er geschieht. Er wird über Berg und Tal gehen und nach rechts und links ausscheren – unsere Aufgabe ist es, diesem Prozeß so zu folgen, wie er abläuft. Es gibt keine guten und keine schlechten, keine richtigen und keine falschen Meditationen. Zwar benutzen wir einen positiven Konzentrationsgegenstand in unserer Meditation – aber die Abweichungen davon machen nur deutlich, was *ist*. Und das ist ja gerade unser Ziel: zu lernen, das, was ist, nichtwertend wahrzunehmen.

Vielleicht sind Ihnen noch einige Punkte zur Meditation unklar, und Sie fühlen sich unsicher. Aber das ist wie mit dem Sprung ins Wasser. Das Wissen über die Strömungsphysik des Wassers und die beste Beschreibung des Schwimmvorgangs können den Sprung in die Flut nicht ersetzen. Es wäre gut, wenn Sie alle Fragen und auch Ihre Unsicherheit nichtwertend wahrnehmen könnten und sich dann einfach hinsetzen zum Meditieren. Am besten wäre es, wenn Sie jetzt das Buch aus der Hand legen, sich hinsetzen und anfangen zu meditieren.

Noch einmal zur Erinnerung: Wir setzen uns hin, schließen die Augen, entspannen uns und beginnen dann zusammen mit dem Atemrhythmus das Mantra «OM AH HUM» zu denken, und zwar OM beim Einatmen, AH beim Ausatmen und HUM am Ende des

Ausatmens und in der kleinen Atempause. Wenn Störungen in Form von Gedanken, Bildern, Phantasien oder Körpergefühlen auftreten, dann nehmen wir nur kurz Notiz von ihnen und kehren zurück zum Mantra.

# IV. Der Entstressungsprozeß

Der Lösungsprozeß alter unerledigter Stresse durch die
Meditation geschieht auf zweierlei Weise: zum einen während
der Meditation selbst und zum anderen als Nachwirkung in der
Zeit zwischen den Meditationen im Alltag. Mit letzterem beschäftigen wir uns im übernächsten Kapitel, während wir in
diesem Kapitel an Hand der Erfahrungen verschiedener
Therapierichtungen die möglichen Gedanken, Gefühle,
Phantasien und Körpergefühle, die während der Meditation
entstehen können, beleuchten wollen.

## 1. Ein allgemeines tiefenpsychologisches Persönlichkeitsmodell

Wie wir in der Anleitung schon beschrieben haben, treten während der
Meditation Gedanken und Phantasien auf, die parallel zur Lösung alter
unerledigter Stresse geschehen. Die Zurückführung dieser mentalen
Erscheinungen auf die eigene Lebensgeschichte, die Erklärung dieser
Phänomene also als früher verdrängte Informationen beruht auf der
Entdeckung Sigmund Freuds, daß psychoneurotischen Symptomen
unbewußte traumatische Erlebnisse zugrunde liegen, die verdrängt
worden sind, d. h. dem bewußten Denken nicht mehr zugänglich sind.

Freud versuchte zunächst die Heilung des psychisch Kranken durch
das Erinnern und Wiedererleben des alten Traumas in der Hypnose. So
berichtet 1881 Freuds Lehrer Joseph Breuer bei der Behandlung der an
hysterischen Symptomen leidenden Patientin Anna O.: «Es war im
Sommer eine Zeit intensiver Hitze gewesen, und die Patientin hatte
sehr arg durch Durst gelitten; denn ohne einen Grund angeben zu
können, war ihr plötzlich unmöglich geworden zu trinken ... Als das
etwa sechs Wochen gedauert hatte, räsonierte sie einmal in der Hypnose über ihre englische Gesellschafterin, die sie nicht liebte, und erzählte

dann mit allen Zeichen des Abscheues, wie sie auf deren Zimmer gekommen sei, und da deren kleiner Hund, das ekelhafte Tier, aus einem Glas getrunken habe. Sie habe nichts gesagt, denn sie wolle höflich sein. Nachdem sie ihrem steckengebliebenen Ärger noch energisch Ausdruck gegeben, verlangte sie zu trinken, trank ohne Hemmung eine große Menge Wasser und erwachte aus der Hypnose mit dem Glas an den Lippen. Die Störung war damit für immer verschwunden.»

Freud verließ später die Technik der Hypnose und versuchte durch die Traumanalyse, die freie Assoziation und die Übertragungsanalyse an die unbewußten Konflikte des Patienten heranzukommen. Träume sind die Sprache unseres Unbewußten und bilden somit einen hervorragenden Zugang dorthin. Bei der Methode der freien Assoziation liegt der Patient auf der Couch und spricht alles aus, was ihm in den Sinn kommt – ähnlich wie wir alle Gedanken, die während unserer Meditation aufsteigen, zulassen. Mit Übertragungsanalyse ist folgendes gemeint: Der Patient neigt dazu, seine z. T. verdrängten Gefühle den eigenen Eltern in der Kindheit gegenüber auf den Analytiker zu übertragen. Alter verdrängter Haß kann beispielsweise in der Psychoanalyse dem Analytiker gegenüber auftreten – und die Analyse dieser Empfindungen bildet einen Zugang zu den alten Gefühlen den Eltern gegenüber.

In der weiteren Entwicklung der Psychotherapie entstanden nun die verschiedensten Theorien über den Aufbau des Unbewußten und die grundlegenden Traumen, die die Entwicklung des Individuums beeinflussen. In der klassischen Psychoanalyse waren das vor allem Störungen in der oralen Phase (Störungen bei Ernährung und Geborgenheitsbedürfnissen des Säuglings), in der analen Phase (überstrenge Sauberkeitserziehung und Beschneidung der Unabhängigkeitswünsche des Kindes) und in der ödipalen Phase (Bindungswunsch an den gegengeschlechtlichen Elternteil und Haß und Rivalität gegen den gleichgeschlechtlichen Elternteil). Andere analytische Schulen haben dann den Akzent auf andere Aspekte gelegt:

□ Carl Gustav Jung erweiterte die Konzeption des Unbewußten, das nach ihm über das individuelle hinausging und kollektive archetypische Inhalte, wie sie in den Sagen und Mythen der Völker vorkommen, beinhaltete.

- [ ] Alfred Adler legte das Hauptgewicht auf Gefühle von Minderwertigkeit, die für ihn der Hauptgrund neurotischer Entwicklung waren, und ihre Ursachen in konkreter Erfahrung von minderwertigen Gefühlen in der Kindheit und deren Kompensation hatten.
- [ ] Wilhelm Reich entdeckte, daß die Verdrängung alter Traumen ebenso ein körperlicher wie ein psychischer Vorgang ist. Er sprach dabei von einem Muskelpanzer, verhärteten und chronisch verspannten Muskeln, die das physische Korrelat zur psychischen abwehrenden Panzerung darstellt.
- [ ] Otto Rank sah als das Grundtrauma das Ereignis der Geburt an und entsprechend deren Wiedererleben und Durcharbeiten als Hauptziel seiner Therapie.

Alle diese Beobachtungen der verschiedenen Richtungen haben eine Existenzberechtigung, sie beschreiben verschiedene Aspekte der psychischen Struktur des Menschen. Eine klassische Psychoanalyse führt auch zur körperlichen Lösung, die Arbeit an den verhärteten Muskeln z. B. in einer Reichschen Analyse führt zum Wiedererleben des psychisch Verdrängten. Die Erfahrungen mit der LSD-Therapie von Stanislav Groff, die wir auf den nächsten Seiten schildern, zeigen ebenso, daß sowohl die Elemente des Freudschen wie des Jungschen Unbewußten im Verlaufe der Therapie sichtbar werden.

Es ist eigentlich unerheblich, welcher Theorie über die Psyche man anhängt. Denn entgegengesetzt zum Verständnis des «gebildeten» Laien ist zur Veränderung und Heilung nicht die Erklärung der Ursache notwendig, sondern das Wiedererleben und die Integration der traumatischen Gefühle. Die Interpretation «Du bist so unsicher, weil deine Mutter dich abgelehnt hat» bringt den Betroffenen um keinen Schritt weiter – ja, wird ihn eher zurückwerfen. Zur Heilung ist es wichtig, daß dieses Gefühl, nämlich der Schmerz, abgelehnt zu werden, wiedererlebt wird. Auf dieses Wiedererleben des alten Schmerzes legt besonders die Urschrei-Therapie von Arthur Janov Wert, wo die alten Gefühle in ihrer ganzen körperlichen Dimension wiedererfahren werden.

Auf das Wiedererleben der verdrängten Gefühle kommt es an, nicht auf das Material, an dem sie erlebt werden. So kann der Schmerz der Ablehnung von seiten der Mutter wiedererlebt werden durch
- [ ] das Erleben von Kindheitsszenen,

□ das symbolisierte Erleben in einer Phantasie (z. B. Verfolgung durch eine Hexe),

□ das Erleben von Geburtserlebnissen,

□ durch Erfahrungen mit der Ehefrau, durch deren Verhalten die alten Gefühle von Ablehnung aktiviert werden.

Dieses letzte Beispiel zeigt, daß wir nicht einmal unbewußtes Material produzieren müssen, um unerledigte Gefühle noch einmal zu erleben und durchzuarbeiten. Unseren Organismus drängt es in Situationen, die alte unerledigte Gefühle aktivieren, so daß wir sie durch bewußteres Erleben unserer Gegenwart integrieren und so erledigen können. Auf diese Weise geschehen z. B. die Heilung und der Prozeß der Selbstentfaltung bei der Gesprächspsychotherapie von Carl Rogers, wo der Klient seine Gefühle in seinem täglichen Leben immer tiefer erforscht und erlebt.

Für den eigenen Weg der Selbstentfaltung, gerade wenn die Meditation benutzt wird, scheint uns der letzte Weg der günstigste zu sein. Bei vielen Menschen sind die subjektiven Prozesse während der Meditation so konfus, daß Analyse und Verstehen dieser Prozesse nicht sehr sinnvoll sind. Als Ergebnis der Meditation erhöht sich aber die Sensibilität im Alltag, wo dann das Wiedererleben der alten verdrängten Gefühle stattfinden kann. Und unabhängig von ihrer spezifischen Theorie und ihrem Material sind die Erfahrungen aller psychotherapeutischen Schulen identisch, daß fast in jedem Menschen Gefühle von Schmerz, Angst, Haß, Wut und Traurigkeit in frühester Zeit verdrängt worden sind. Diese Gefühle werden uns durch die Meditation wieder zugänglich, wir erleben sie dann meist im Alltag, während in der Meditation Prozesse sichtbar werden, die mit der Lösung dieser alten Gefühle zu tun haben und sie begleiten: Gedanken, Bilder und Körperwahrnehmungen. Denn Gefühle sind mit psychischen Inhalten wie auch mit Muskelspannungen verbunden.

Das Wiedererleben alter negativer Gefühle im Alltag und die dadurch geschehende Erledigung dieser unerledigten Gefühle behandeln wir später. In diesem Kapitel beschreiben wir einzelne therapeutische Verfahren, die die möglichen Formen der alten Stresse bei ihrem Wiederauftauchen deutlich machen, damit der Entstressungsvorgang *während* der Meditation besser verstanden werden kann. Im Grunde kann es uns aber gleichgültig sein, ob nun unsere frühkindlichen Erfahrungen, Erlebnisse aus unserem kollektiven Unbewußten oder Erfahrungen früherer Leben, so wie die indische Philosophie alte Stresse erklären würde, unser psychisches Funktionieren beeinträchtigt haben. Ausschlaggebend ist, daß unerledigte Konflikte in uns vorhanden sind, und wichtiger als deren Erinnerung ist das Wiedererleben der mit ihnen verbundenen Gefühle.

Den Entstressungsvorgang während der Meditation können wir uns nun folgendermaßen vorstellen: Wir nehmen an, daß wir wie ein Kreis aufgebaut sind – außen sind wir zur Welt gerichtet und im Austausch mit ihr, innen sind wir ganz bei uns, in unserem Zentrum. Genauso wie der Kreis auf unserem Umschlagbild aufgebaut ist, sehen wir hier die menschliche Persönlichkeit. In der Meditation bewegen wir uns nun von der Peripherie her immer mehr zur Mitte hin, wobei unsere Wahrnehmungen immer feiner werden. Dieser Prozeß geschieht ganz automatisch durch das Wiederholen des Mantras. Auf diesem Weg nach innen stoßen wir nun auf Sperren und Barrikaden, auf alte Stresse, die wie eingekapselte Krankheitskeime den Weg zu unserem Kern undurchlässig machen. Wir bleiben «hängen» an Unruhe, Körperspannungen, Phantasien, Befürchtungen, Unzufriedenheiten usw. und befreien uns wieder von diesen Beeinträchtigungen, indem wir zum Mantra zurückkehren.

der Weg mit dem Mantra

alte Stresse

Auf diese Weise wird bei jeder Meditation ein Teil alter Stresse auf dem Weg nach innen gelöst. Ziel von Selbstentfaltung in diesem Bilde ausgedrückt wäre dann ein durchlässiger Kreis ohne alte Stresse, in dem mühelos und ohne Hindernis von außen nach innen und von innen nach außen gegangen werden kann.

Das Durcharbeiten und die Lösung der alten Stresse bedeuten meist die Konfrontation mit der eigenen Negativität, d. h. mit all den Gefühlen, die man selbst als negativ bewertet und die einen bedrohen. Wir legen in diesem Buch besonders viel Wert auf diesen Aspekt, weil es etliche Meditierende gibt, die Meditation nicht auf diese Art als Weg zu sich selbst benutzen, sondern für ein oberflächliches «High»-Sein und Sich-gut-Fühlen. Jede Methode kann dafür benutzt werden, sich vor sich selbst zu drücken. So kann sogar die Urschreitherapie dazu benutzt werden, die Augen davor zu schließen, wie man wirklich ist. Carl Gustav Jung schreibt dazu:

«Durch die Erhellung des Unbewußten nämlich gerät man zunächst in die Sphäre des chaotischen persönlichen Unbewußten, in welchem sich alles findet, was man gerne vergißt und was man unter allen Umständen weder sich selber noch einem anderen eingestehen und überhaupt nicht für wahr haben möchte. Man glaubt daher am besten wegzukommen, wenn man möglichst nicht in diese dunkle Ecke schaut. Allerdings, wer so verfährt, wird auch um diese Ecke nie herumkommen. Keinesfalls wird er auch nur eine Spur von dem erreichen, was der Yoga verspricht. Nur wer diese Dunkelheit durchschreitet, kann hoffen, irgendwie weiterzukommen. Ich bin darum prinzipiell gegen die kritiklose Übernahme von Yogapraktiken durch Europäer, denn ich weiß zu genau, daß sie sich damit um ihre dunkle Ecke herumzudrücken hoffen. Ein solches Beginnen ist aber völlig sinn- und wertlos.

Hier liegt auch der tiefere Grund, warum wir im Westen nichts entwickelt haben, das sich mit dem Yoga vergleichen ließe. Wir haben eine abgrundtiefe Scheu vor der Scheußlichkeit unseres persönlichen

Unbewußten. Daher zieht es der Europäer vor, lieber den anderen zu sagen, wie sie es zu machen hätten. Daß die Besserung des Ganzen beim einzelnen, ja bei mir selber anfängt, das will uns schon gar nicht in den Kopf. Viele denken sogar, es sei krankhaft, einmal ins eigene Innere zu blicken, man werde davon melancholisch, wie mir sogar einmal ein Theologe versicherte.»

## 2. Penfields Untersuchungen

In allen tiefenpsychologischen Therapien wird die Erfahrung gemacht, daß in der Therapie Szenen aus der Kindheit bis in die kleinste Einzelheit erlebt werden, so daß einfach davon ausgegangen werden muß, daß jede unserer Erfahrungen in unserem Gehirn gespeichert sein muß. Ein Vergessen im Sinne von Verlieren einer Erfahrungsaufzeichnung in unserem Gehirn gibt es also nicht. Es kann nur vorkommen, daß wir eine Information nicht mehr abrufen können – aber dennoch bleibt sie als eine Speicherung in unserem Gehirn bestehen.

Wilder Penfield, ein bekannter Neurochirurg an der Universität Montreal, konnte diese Erfahrung an Hand seiner empirischen Untersuchungen bestätigen.

Im Verlaufe von Operationen am Gehirn experimentierte Penfield einige Jahre damit, die Großhirnrinde des Schläfenlappens durch schwachen elektrischen Strom zu reizen. Die Versuchspersonen waren dabei nur örtlich betäubt, im übrigen bei klarem Bewußtsein und konnten Aussagen über die Wirkung der elektrischen Reizung machen. Die Versuchspersonen berichteten jedesmal von lebendigen Erinnerungen an Szenen, die sie früher schon einmal erlebt hatten. Dabei wurden diese minuziös beschrieben, Bilder, akustische Wahrnehmungen und selbst Gerüche wurden bei der elektrischen Reizung wahrgenommen, während sie sofort aufhörten, wenn die elektrische Reizung unterbrochen wurde.

Eine besondere Stütze für die psychotherapeutische Praxis boten diese Experimente durch das Ergebnis, daß nicht nur die früheren objektiven Ereignisse erinnert und erlebt wurden, sondern gleichzeitig die mit ihnen verbundenen und durch sie ausgelösten Gefühle. Was gespeichert wird, ist also nicht das objektive Geschehen in der Außenwelt, sondern das subjektive Erleben des Menschen von dieser Welt. Penfield schreibt dazu: «Der Patient empfindet wieder die Emotion, die ursprünglich die Situation in ihm bewirkt hat, und er ist sich der gleichen Interpretationen bewußt, ob sie nun falsch oder richtig waren, die er zuerst auf das Erlebnis anwandte. Darum ist eine hervorgerufene Erinnerung nicht die genaue photografische oder phonografische Reproduktion vergangener Ereignisse. Sie reproduziert das Ganze: was der Patient sah, hörte, fühlte und verstand.»

Alles, was wir also in unserem Leben von der Geburt an, und sogar noch davor, erlebt haben, ist in unserem Gehirn gespeichert. In der Psychotherapie wird für diesen Prozeß häufig das Bild des Tonbandes benutzt. Unser Gehirn wird verglichen mit einem Tonbandgerät, das alle unsere Erlebnisse aufzeichnet. Traumatische unverarbeitete Situationen sind in diesem Bild zu vergleichen mit verzerrten und undeutlichen Aufnahmen, die sich immer wieder in uns abspielen und unser tägliches Erleben und unser Lebensgefühl «übertönen».

Thomas A. Harris, der sich in dem Buch «Ich bin o. k., Du bist o. k.» mit Penfields Untersuchungen auseinandersetzt, schildert als Beispiel das Erleben einer Patientin: «Eine vierzigjährige Patientin berichtete, daß sie eines Morgens eine Straße entlangging und aus einem Geschäft ein paar Takte Musik hörte, die in ihr eine überwältigende Melancholie auslösten. Sie fühlte, wie sie von einer Traurigkeit übermannt wurde, die sie nicht verstehen konnte und deren Intensität ‹fast unerträglich› war. Mit ihren bewußten Gedanken konnte sie sich das nicht erklären. Nachdem sie mir das Gefühl beschrieben hatte, fragte ich sie, ob es etwas in ihrem früheren Leben gegeben habe, woran das Lied sie erinnerte. Sie sagte, sie könne keinen Zusammenhang zwischen dem Lied und ihrer Traurigkeit sehen. Ein paar Tage später rief sie mich an und erzählte mir, daß sie das Lied immer wieder vor sich hingesummt hatte und dabei plötzlich von einer Erinnerung überfallen worden war, in der sie ‹ihre Mutter am Klavier sitzen sah und hörte, wie sie dieses Lied spielte›. Die Mutter war gestorben, als die Patientin fünf Jahre alt gewesen war. Damals hatte der Tod der Mutter eine tiefe Depression ausgelöst, die über einen längeren Zeitraum anhielt, obwohl ihre Angehörigen sie immer dazu bringen wollten, ihre Zuneigung auf eine Tante zu übertragen, welche die Mutterrolle übernommen hatte. Die Patientin hatte sich bis zu dem Tag, an dem sie an dem Laden vorbeigegangen war, nie an das Lied erinnert oder daran, daß ihre Mutter es gespielt hatte. Ich fragte sie, ob die Erinnerung an dieses frühe Erlebnis sie von ihrer Depression befreit habe. Sie sagte, ihre Gefühle hätten dadurch eine andere Färbung bekommen. Wenn sie sich an den Tod ihrer Mutter erinnerte, hatte sie immer noch ein melancholisches Gefühl, doch sie empfand nicht mehr wie zuerst die ursprüngliche überwältigende Verzweiflung. Es sah aus, als erinnerte sie sich jetzt bewußt an ein Gefühl, das anfänglich das *Wiedererleben* eines Gefühls war. In der zweiten Phase erinnerte sie sich, wie es gewesen war, als sie die ursprünglichen Empfindungen gehabt hatte. In der ersten Phase dagegen brach in ihr *dasselbe* Gefühl mit unverminderter Wucht hervor, das sie beim Tod ihrer Mutter überschwemmt hatte und nun seit ihrem fünften Lebensjahr unverarbeitet in ihrem Innern eingekapselt lagerte.»

In der Psychotherapie werden nun unsere alten Bänder noch einmal abgehört und erledigt. Sie werden nicht gelöscht, sondern der gefühlsmäßige Druck wird von ihnen genommen, und die Bänder können eingelagert werden. In der Meditation geschieht ähnliches, nur daß wir hier subjektiv häufig nur Tonbandschnipsel und alten Bandsalat wahrnehmen und nur manchmal ganze Sendungen anhören.

## 3. Unerledigte Konflikte

Wenn wir uns zur Meditation hinsetzen und uns auf unser Mantra konzentrieren, wird unsere Aufmerksamkeit zunächst immer wieder abgelenkt werden. Wir denken an etwas, was wir noch erledigen müssen, wir spüren plötzlich eine körperliche Verkrampfung, oder wir beschäftigen uns mit Bildern, die in uns aufsteigen.

Dieser Vorgang entspricht einem Geschehen, das uns auch im normalen Leben immer wieder begegnet, auch wenn wir dieses Phänomen im Alltag meist nicht so deutlich wahrnehmen können, wie in der Meditation. Wir haben uns vorgenommen, ein Buch zu lesen, und bemerken nach einer Weile, daß wir gar nicht mehr bei der Sache sind. Oder wir liegen abends im Bett, und plötzlich steigt eine unerklärliche Unruhe in uns auf. Diese aufsteigenden Impulse oder Gefühle bestimmen manchmal unser Erleben so stark, daß wir uns kaum noch auf unsere gegenwärtige Situation beziehen können. Was geht in diesen Momenten in uns vor? Die *Gestalttherapie* von Fritz Perls erklärt das mit dem Drang von «unerledigten Handlungen», sich immer wieder in das Bewußtsein vorzudrängen. Die Gestalttherapie geht davon aus, daß alle Impulse, Gefühle und Bedürfnisse, die nicht abgeschlossen sind, unterschwellig in uns weiterbestehen und unsere Aufmerksamkeit auf sich ziehen.

Ein Mensch, der Hunger hat, doch nichts mehr essen kann, weil er zu einer geschäftlichen Besprechung muß, wird in dieser Besprechung immer wieder abgelenkt von den Gedanken an eine leckere Mahlzeit. Ein anderer, der dringend eine Rechnung bezahlen wollte und aus irgendwelchen Gründen nicht dazu gekommen war, wird bei allen möglichen Gelegenheiten wieder an seine unbezahlte Rechnung erinnert.

Unerledigte Handlungen erzeugen einen Druck, der unser vollständiges Erleben der Gegenwart im «Hier-und-Jetzt» verhindert. Im Extremfall kann es dazu führen, daß ein Mensch unfähig wird, seine Realität zu erleben, und diese immer wieder nur wahrnimmt als Auslöser für alte unerledigte Gefühle, Impulse und Bedürfnisse.

Jemand erlebt, daß sein Ehepartner im Moment kein Bedürfnis hat, mit ihm im Kontakt zu sein. Diese Situation kann für ihn ein Signalreiz sein und in ihm alte Gefühle von Einsamkeit und Alleingelassen-Werden wiederbeleben. Er reagiert mit tiefer Traurigkeit oder vehementem Ärger. Jemand sieht auf einer Party, daß andere Leute ihn ansehen. Dies aktiviert in ihm Gefühle aus Situationen, in denen er sich mit übertriebenen Erwartungen seiner Eltern konfrontiert sah. Er reagiert mit panischer Angst.

Diese alten unerledigten Konflikte gilt es, in der Gestalttherapie durchzuarbeiten, um so die Situationen zu beenden, die «Gestalt zu schließen». Resultat ist dann, daß wir fähiger werden, uns auf unsere jeweilige gegenwärtige Realität zu beziehen und in ihr zu leben. Unsere Kräfte und Empfindungen sind dann nicht mehr in Anspruch genommen und bestimmt von vergangenen unbewältigten Situationen, sondern wir können uns ungetrübter auf das «Hier-und-Jetzt» beziehen. Das Leben in der Gegenwart ist eine Fähigkeit des selbstentfalteten Menschen, während der größte Teil der Menschen meist in der Vergangenheit oder in der Zukunft lebt.

Ein zentraler Begriff der Gestalttherapie ist der Begriff der Bewußtheit. Bewußt erleben zu können, was in mir und um mich herum geschieht, ist die Voraussetzung dafür festzustellen, wo wir durch unerledigte immer wiederkehrende Konflikte blockiert sind. Um besser zu verstehen, was mit dieser Bewußtheit gemeint ist, können Sie einmal folgende gestalttherapeutische Übung durchführen, die Sie mit dem gegenwärtigen Augenblick in Kontakt bringen soll.

Setzen Sie sich irgendwo hin und sprechen sie laut Sätze, die alle beginnen mit: «Jetzt nehme ich wahr . . .» Dabei soll keine Pause zwischen den Sätzen entstehen. Sie fangen immer wieder an mit «Jetzt nehme ich wahr . . .» und beenden den Satz mit der Wahrnehmung, die Ihnen gerade bewußt wird. Sprechen Sie dabei so spontan, daß nicht jede Wahrnehmung zunächst von ihrem kritischen Verstand zensiert werden kann. Wenn Sie nichts wahrnehmen, dann sagen Sie: «Jetzt nehme ich wahr, daß ich nichts wahrnehme.»

Beispiel: «Jetzt nehme ich wahr, daß in meinem Oberschenkel ein Kribbeln zu spüren ist. Jetzt nehme ich den gelben Fensterrahmen wahr. Jetzt sehe ich die grüne Gardine. Jetzt höre ich das Auto auf der Straße. Jetzt spüre ich, wie ich meinen Nacken verkrampfe. Jetzt fühle ich einen Stich, der vom Nacken in meinen Kopf hochzieht. Jetzt spüre ich, daß mein Atem schneller geht. Jetzt nehme ich wahr, daß ich an gestern abend denke, wie ich mit meiner Frau gestritten habe . . .»

Bei dieser Übung werden Sie wahrscheinlich erleben, daß Sie nur begrenzte Zeit bei Ihren sinnlichen Wahrnehmungen bleiben können. Plötzlich tritt in Ihr Bewußtsein ein Gedanke oder eine Phantasie, die sich zunächst nicht auf das «Hier-und-Jetzt» bezieht, sondern aus der Vergangenheit stammt. Wenn es sich hierbei um stärkere unerledigte Konflikte handelt, kann es sein, daß Sie völlig von dieser Phantasie gefangengenommen werden und unfähig werden, zur gegenwärtigen Situation zurückzukehren. Einen solchen unerledigten Konflikt heißt es in der Gestalttherapie durchzuarbeiten. So lernen Sie zu verstehen und nachzufuhlen, was diese Erinnerung oder Phantasie über Ihre Gefühle und Ihre Situation in der Gegenwart aussagt. Dadurch lernen Sie im Verlauf der Therapie, Ihr Erleben und Handeln auf die gegenwärtige Situation zu richten und neue Verhaltensmöglichkeiten zu entdecken.

Vielleicht können Sie hier die Ähnlichkeit zwischen Gestalttherapie und Meditation wahrnehmen. In der Gestalttherapie konzentrieren wir uns auf unsere Wahrnehmungen vom «Hier-und-Jetzt» und werden dabei durch unerledigte Konflikte gestört. In der Meditation geschieht dasselbe, nur daß wir uns hier auf unser Mantra und unseren Atem konzentrieren, die ja aber auch das Geschehen im «Hier-und-Jetzt» bezeichnen. Der Unterschied ist, daß in der Gestalttherapie wie auch in anderen mehr expressiven Therapien die inneren Reize vergrößert werden, so daß z. B. unerledigte Konflikte und Gefühle ausgedrückt und ausgespielt werden können, während in der Meditation die Intensität der Reize gleichbleibt, aber unsere Wahrnehmung verfeinert wird, so daß wir das Unerledigte in tiefer Entspannung wahrnehmen. Die Bewußtheitsübung, die wir Ihnen hier gezeigt haben, wird übrigens auch von vielen meditativen Richtungen verwandt als Übung der Bewußtheit oder Achtsamkeit in der Zeit zwischen den Meditationen. Dabei versucht der Übende immer wieder sich bewußt zu sein dessen, was er gerade im Augenblick tut.

Wie kommt es nun zu diesen unerledigten Konflikten, die immer wieder unsere Erlebnisfähigkeit von unserer gegenwärtigen Realität ablenken. Zum größten Teil bestehen sie aus früher erlebten Gefühlen, die damals nicht ausgedrückt werden durften und von den Eltern und Erziehungspersonen bestraft wurden. Das Vorkommen dieser Gefühle wurde als negativ erlebt und als Folge davon unterdrückt. Das Grundproblem, in dem die Entwicklungsstörungen des Kindes ihren Ursprung haben, ist die Tatsache, daß das Kind immer wieder die Erfahrung macht, mit seinen Gefühlen und Bedürfnissen den Erwartungen seiner Eltern nicht zu entsprechen. Es wird mehr oder weniger systematisch dazu angeleitet, sich gegen seine eigenen Empfindungen zu stellen, sie zu unterdrücken oder sie zu verbergen. Hier hat der Kampf gegen sich selbst seinen Ausgangspunkt. Ablehnung, Strafe und Entzug der Akzeptierung können uns in der Kindheit in verschiedenen Formen begegnen. So häufen sich Situationen, deren Quintessenz die Erfahrung ist «Meine Gefühle sind schlecht, meine Bedürfnisse sind schlecht, meine inneren Impulse sind schlecht». Der Beginn einer solchen Entfremdung vom eigenen Selbst kann durch die verschiedensten Verhaltensweisen der Eltern eingeleitet werden: körperliche Strafen, Ermahnungen, Vorschriften, Blicke und Gesten – alles, was dem Kind vermittelt: «Sei anders, als du gerade bist.»

«Sei nicht so unverschämt; schrei nicht so; tob nicht so; nun heul doch nicht; setz dich ordentlich an den Tisch; sei nicht so feige» – Sätze wie diese sind vielen Menschen aus ihrer Kindheit bekannt. Doch nicht nur in der Kindheit treffen wir auf solche Zurechtweisungen – dieser Prozeß setzt sich auch später fort: «Sei nicht so egoistisch; reiß dich zusammen; versuch, dich in den Griff zu bekommen; zeig doch mal ein bißchen Mitgefühl; ärgere dich doch nicht immer; nimm doch alles nicht so schwer.» In all diesen Sätzen begegnen uns die Erwartungen unserer Umwelt. Es ist ihr gutes Recht, von uns alles mögliche zu erwarten – aber es wird für uns zum Problem, wenn wir uns gegen diese Erwartungen nicht mehr behaupten und zur Wehr setzen können. Wir nehmen sie in uns auf, sie werden ein Teil von uns, und von diesem Moment an tragen wir zwei unterschiedliche Bereiche in uns: die Vorstellung, wie wir sein sollten, und die Erfahrung, wie wir wirklich sind. Wir verlieren unsere innere Harmonie und versuchen, die innere Zerrissenheit abzubauen, indem wir uns immer weiter von unseren Gefühlen und Bedürfnissen entfernen, unsere inneren Impulse immer weiter aus unserem Bewußtsein verdrängen. In der Gestalttherapie heißt es, wir haben Teile unserer Persönlichkeit abgespalten. Das Ziel der Therapie ist es, diese Persönlichkeitsanteile wieder zu integrieren. Kurz gesagt bedeutet dies, wieder fähig zu werden, Gefühle zu empfinden. Das geschieht durch das Erledigen unserer unerledigten Konflikte, durch das vollständige Ausdrücken von Gefühlen, die wir früher nicht mehr ausgedrückt haben: Schmerz, den wir in unserer Kindheit gefühlt haben, aber nicht ausdrücken konnten. Tränen, die wir nicht weinen konnten. Angst, die wir nicht haben durften. Haßgefühle, die wir «heruntergeschluckt» haben. Alles, was an Impulsen in uns lebendig war und was wir nicht herauslassen konnten.

Bei der Aufarbeitung dieser unerledigten Szenen können verschiedene Ereignisse von Wichtigkeit sein. Der eine erlebt noch einmal Gefühle aus seiner zerrütteten Ehe, mit denen er nicht fertig geworden ist, ein anderer demütigende Erfahrungen aus seiner Schulzeit, sexuelle Angst während der Pubertät, bittere Erfahrungen mit Krankheiten, Trennungen oder den Tod von Familienangehörigen.

Doch die wichtigsten unerledigten Konflikte sind bei den meisten Menschen nichtausgedrückte Gefühle den eigenen Eltern gegenüber. Erst beim Ausdrücken dieser alten Gefühle, das eine nachträgliche

Verarbeitung unverarbeiteter Situationen ermöglicht, wird deutlich, wie stark wir durch solche Erfahrungen auch in unserer Gegenwart geprägt werden. Die Unfähigkeit, als Mädchen dem Vater gegenüber die Enttäuschung und Wut wegen seiner mangelnden Zuwendung auszudrücken, kann der Ausgangspunkt sein für die Unfähigkeit, als Ehefrau dem Partner gegenüber die eigenen ärgerlichen Gefühle auszudrücken. Aber auch wenn der Ärger nicht bewußt ist und nicht ausgedrückt ist, so ist er keineswegs verschwunden. Der unbewußte Ärger kommt indirekt zum Vorschein. Er kann sich auf verschiedene Weise äußern, vielleicht wandelt er sich in körperliche Symptome, oder er schwingt unterschwellig in dem Verhalten mit. Die Ehefrau beispielsweise, die ihren Ärger gegenüber ihrem Mann nicht bewußt wahrnehmen kann, wird vielleicht bei nichtigen Anlässen ihren Mann kritisieren und an ihm herumnörgeln. Vielleicht signalisiert ihre Stimme – für sie kaum bemerkbar – unbewußt ihren Ärger, oder sie bekommt plötzlich eine Migräne, wenn er mit ihr etwas unternehmen möchte.

Hier wirken sich also die in der Kindheit geschehene Bestrafung und die Verdrängung des eigenen Ärgers so aus, daß später eigener Ärger nicht bewußt wahrgenommen und ausgedrückt werden kann, aber auf vielerlei Arten indirekt herauskommt. Dabei geht die Möglichkeit verloren, für die eigenen Interessen in reifer Form bewußt einzutreten. Erst wenn die Fähigkeit wieder hergestellt ist, diese Gefühle wieder bewußt zuzulassen, sie zu akzeptieren und auszudrücken, können sie sich verändern.

In gestalttherapeutischen Sitzungen geschieht es manchmal, daß die Klienten während der Sitzung beispielsweise die Hände zu Fäusten ballen. Hier zeigt sich ein Gefühl in der Körpersprache, und um mit diesem inneren, häufig nicht bewußten Impuls wieder in Kontakt zu kommen, versucht der Klient weiter in den Impuls hineinzufühlen und ihn eventuell zu verstärken. Während normalerweise die Aufmerksamkeit von solchen unangenehmen Selbstwahrnehmungen abgelenkt wird, wird jetzt versucht, die Bedeutung und den emotionalen Hintergrund zu erforschen. Der Klient kann sich beispielsweise mit seiner geballten Faust identifizieren, indem er ihr eine Stimme gibt und sie sprechen läßt: «Ich bin meine geballte Faust. Ich ziehe mich zusammen. Ich möchte etwas zusammenpressen . . .»

Durch die Konzentration auf die bewußten Wahrnehmungen im «Hier-und-Jetzt», durch das Verbleiben im «Bewußtheitskontinuum» und durch die Identifikation mit den inneren Prozessen wie auch mit den körperlichen Signalen wird in der Gestalttherapie «Unerledigtes» erledigt, werden alte Stresse gelöst, um freier in der Gegenwart sein zu können und diese ohne die Eintrübungen aus früherer Erfahrung wahrnehmen zu können.

Und eben das geschieht auch während der Meditation, in der auf körperlicher oder psychischer Ebene unerledigte alte Stresse gelöst werden.

## 4. Der Urschmerz

Ähnlich wie in der Gestalttherapie geschieht Selbstentfaltung in der *Urschrei- oder Primärtherapie von Arthur Janov* durch das nochmalige Erleben von unterdrückten Gefühlen, wobei Janov davon ausgeht, daß das Wiedererleben des unterdrückten frühkindlichen Schmerzes automatisch die Fähigkeit zurückbringt, alle anderen Gefühle zu erleben.

Janov sagt, daß jede neurotische Störung oder Fehlentwicklung die Funktion hat, den Menschen vor Schmerzen zu bewahren, die er einmal als unerträglich erlebt hat. So wie wir unsere Hand vom heißen Ofen zurückziehen, wenn wir den Schmerz in der Hand spüren, so gestalten wir unsere Persönlichkeit so, daß sie uns vor seelischen Schmerzen bewahrt. Wir entwickeln eine Persönlichkeit, die verhindern soll, daß wir unsere innersten Gefühle von Ungeliebtsein und Einsamkeit spüren. Hauptziel unseres Verhaltens wird es dann, uns beliebt zu machen und uns geborgen zu fühlen – doch wir sind ständig getrieben von Angst vor dem inneren latenten Schmerz.

Da das Fühlen jedoch ein Gesamtprozeß des Organismus ist, verhindern wir, indem wir den Urschmerz in uns abschließen, daß wir überhaupt zu fühlen vermögen. «Urgefühle sind wie ein Riesenbehälter, aus dem wir schöpfen. Die Neurose ist der Deckel dieses Behälters. Sie dient dazu, fast alle Gefühle niederzuhalten, Freude ebenso wie Schmerz . . .» schreibt Janov.

Janovs Formulierung deckt sich so ziemlich mit den Erfahrungen der Gestalttherapie, der Psychoanalyse und auch von Körpertherapien und ist nicht qualitativ neu, aber dennoch wollen wir ihn hier in einigen Zitaten sprechen lassen, vor allem weil Janov vollständig auf eine Theorie von traumatisierenden Erlebnissen verzichtet. Wichtig ist, daß jedes Kind seelische Schmerzen erlebt hat, die so stark waren, daß das Kind sie einfach nicht fühlen konnte und verdrängen mußte. Durch welche Ereignisse diese Schmerzen hervorgerufen worden sind, ist in jedem Einzelfall verschieden. Zwar werden auch in der Urschreitherapie immer wieder ähnliche traumatisierende Erfahrungen sichtbar, wie beispielsweise das Geburtstrauma und die erlebte elterliche Ablehnung – aber in jeder Therapie erlebt der Patient seinen eigenen Prozeß, wobei der Therapeut mehr Begleiter und Zuhörer ist und wie in der nondirektiven Gesprächstherapie von Carl Rogers auf theoretische Erklärungen und Interpretationen vollständig verzichtet. Darum scheint uns das Janovsche Modell ein sehr allgemeines und einfaches zu sein, das die Unterdrückung von unangenehmen Gefühlen als Ursache psychischen Fehlfunktionierens sehr gut deutlich machen kann.

Janov schreibt über die Wirkung der unerledigten Gefühle in der Gegenwart: «Häufiger wird dieser Urschmerz hineinverwoben in das Persönlichkeitssystem, so daß er nicht mehr gespürt wird und weitgehend unerkannt bleibt. Das neurotische System agiert den Urschmerz dann aus. Das tut es automatisch, weil der Urschmerz eine Befreiung irgendeiner Art haben muß, ob er erkannt ist oder nicht. Die Befreiung mag in dem ständigen Lächeln bestehen, das besagt: ‹Sei nett zu mir›, oder in dem körperlichen Leiden, das verlangt: ‹Sorge für mich›, oder in lautem aufdringlichem Benehmen als Salonlöwe, um zu sagen: ‹Schau mich an, Pappi!› Welche Stellung ein Mann im Leben auch errungen haben mag, wie nüchtern oder ‹reif› seine Abwehr auch ist, wenn man etwas tiefer eindringt, findet man unter der Tünche ein verletztes Kind» (Der «Urschrei», S. 36).

Die kindliche Verletztheit und deren Unterdrückung bilden für Janov einen Ausgangspunkt für die Entwicklung neurotischer Fehlhaltungen. Hier werden quasi die Weichen gestellt für eine Entfremdung und Verdrängung der eigenen Emotionalität. Diese Abspaltung des Gefühlsbereiches, die im Einzelfall mehr oder weniger total vollzogen wird, ist jedoch identisch mit der Abtötung unserer kreativen Impulse, unserer Lebensenergie und unserer Vitalität. Lassen wir noch einmal Arthur Janov zu Wort kommen. Er schreibt in seinem Buch

«Anatomie der Neurose» (S. 17f), wie es zu dieser Spaltung der Persönlichkeit kommt:

«Wir alle werden mit bestimmten Grundbedürfnissen geboren. Wir wollen gefüttert werden, wenn wir Hunger haben, wir brauchen Wärme, wir wollen Ruhe haben, angeregt und gehalten werden und uns in Übereinstimmung mit unseren natürlichen Fähigkeiten entwickeln dürfen. Sie stellen essentielle menschliche Forderungen dar. Wenn irgendeines dieser Bedürfnisse nicht erfüllt wird, wenn ein Kind nicht genügend aufgenommen wird oder nach einem Leitplan gefüttert wird, statt eben dann, wenn es hungrig ist, dann bedeutet dies, daß ein Urbedürfnis geleugnet und Schmerz hervorgerufen wird. Ich bezeichne den Schmerz, der durch die Versagung eines Urbedürfnisses entsteht, als Urschmerz. Urschmerzen entstehen auf vielerlei Weise, und zwar immer dann, wenn es dem Kind nicht erlaubt ist, so zu sein, wie es ist. Sie entstehen, wenn man ein Kind zu früh zum Laufen zwingt oder wenn man es zum Sprechen anspornt, bevor es dazu bereit ist, oder später, wenn es die Fähigkeit, sich zu artikulieren, entwickelt und man ihm nicht erlaubt, Gedanken und Gefühle auszusprechen. Diese Gefühle werden zu Bedürfnissen von ähnlicher Dringlichkeit wie die biologischen, bis sie gefühlt, ausgedrückt und aufgelöst werden. Jedes frühe Bedürfnis, das unerfüllt bleibt, erzeugt eine zurückbleibende Spannung, die ihn antreibt, Befriedigung und letztlich Ruhe oder Entspannung zu suchen. Wenn das Bedürfnis oder das Gefühl, ein Bedürfnis zu haben, nicht befriedigt oder aufgelöst werden kann, wenn das Kind z. B. nicht schreien darf, dann bleibt es als Spannung bestehen. Man kann sich über ungestillte Bedürfnisse ebensowenig hinwegsetzen, wie über die Schmerzen, die bei der Versagung von Bedürfnissen entstehen. Diese Schmerzen bleiben abgekapselt im Menschen bestehen und rufen Schichten von Spannung hervor (die dem entsprechen, wie der Schmerz erlebt wurde), die sich fortschreitend aufeinander lagern und sich auf die eine oder andere Weise Luft schaffen. Aber die Entladung von Spannung bedeutet nicht auch ihre Vernichtung. Egal, wieviel man trinkt oder wie oft man masturbiert, der Urschmerz wird sich dadurch nicht auflösen. Frühe Urbedürfnisse werden nicht ununterbrochen empfunden, falls sie unbeachtet bleiben. Eher wird ein Punkt erreicht, an dem durch den Schmerz der chronischen Unbefriedigtheit gerade die Empfindung des Bedürfnisses oder Gefühls in dem jungen und zerbrechlichen Organismus stillgelegt wird. Wenn das Ausdrücken von Gefühlen Bestrafung oder Gleichgültigkeit nach sich zieht, dann wird diese Ausdrucksweise früher oder später unterdrückt werden. Jahre solcher Unterdrückung können einen Zustand erzeugen, in dem die Gefühle nicht mehr erkannt werden. Wenn sie sich trotzdem bemerkbar machen, dann werden sie so tief vergraben, daß sie durch keinen Akt von Willensanstrengung mehr empfunden werden können. Wir sehen also, daß der junge Organismus exsessiven Schmerz beseitigt, indem er automatisch alles, was unerträglich geworden ist und den Weiterbestand des Systems bedroht, aus dem Bereich bewußten Wahrnehmens heraus und weg vom unmittelbaren körperlichen Erleben schafft. Da der Schmerz sich in dem Maße steigert, wie es verboten wird, etwas zu untersuchen, zu sagen und zu tun, muß das Kind sich selber von seinen Bedürfnissen abspalten oder trennen. Dies bedeutet, daß es zu einer gespaltenen Persönlichkeit wird – gespalten in sein reales Selbst und die Fassade, die es vor seinen Eltern aufrechterhalten muß, indem es z. B. freundlich und respektvoll ist. Der Spaltungsvorgang entwickelt sich, falls nicht frühzeitig einige katastrophale Ereignisse stattfinden, langsam und macht das Kind zunehmend unzugänglich und irreal, und eines Tages, wenn etwas geschieht, was an und für sich nicht notwendigerweise traumatisch ist, vollzieht sich eine Wandlung: aus einem Kind mit gewissen Hemmungen wird eines, das einen großen Teil seiner selbst wirkungsvoll ausgeschaltet hat. So ereignet sich der Sprung vom unterdrückten zum neurotischen Kind. In diesem Zustand hat sich das Gleichgewicht derartig verlagert, daß das irreale Selbst vorherrscht, und das Kind sein reales Selbst nicht mehr zurückholen und erleben kann.»

Soweit Arthur Janov. Obwohl diese Erfahrungen aus der Therapie von Menschen stammen, die unter starken psychischen Schwierigkeiten litten, zeigt doch die Erfahrung aus Encounter- und Sensitivitygruppen «normal angepaßter» Menschen, daß wir alle einen dicken Sack von frühkindlichem Schmerz mit uns herumtragen. Die meisten von uns sind durch nicht kindgemäße Säuglingserziehung hindurchgegangen, und unsere Eltern konnten aus ihrer neurotischen Entwicklung heraus uns nicht die Akzeptierung geben, die wir benötigten. Wir wurden nicht dafür geliebt, was wir waren, sondern dafür, was wir sein sollten.

Dieses Erlebnis ist wohl für das Kind der größte Schmerz: daß die Eltern von ihm erwarten, jemand zu werden, der man nicht ist. Damit die unbefriedigten Bedürfnisse der Eltern gesättigt werden können, soll das eine Kind artig und lieb, das andere mutig und draufgängerisch und wieder ein anderes Kind stolz und angstlos sein. Wenn das Kind bemerkt, daß es nur Liebe bekommt, wenn es so ist, wie seine Eltern es wünschen, gibt es auf, es selbst zu sein, und spielt vor, derjenige zu sein, den seine Eltern haben wollen.

Während in der Urschreitherapie nun all diese frühen Schmerzen noch einmal mit voller Intensität wiederempfunden werden, gehen wir in der Meditation einen weicheren und auch langsameren Weg, den Weg der kleinen Schritte. Da wir alte Stresse während der Meditation in der Tiefenentspannung lösen, erleben wir den alten Schmerz so, daß wir ihn aushalten können und daß er geringer ist als die positiven Gefühle durch die Entspannung. Zwar kann Wachstum nicht ganz ohne Schmerzen geschehen, aber wir können versuchen, sie so niedrig zu halten, daß der Wachstumsprozeß optimal ablaufen kann. In der Urschreitherapie geschieht die Entstressung zwar schneller und kräftiger, aber dafür muß der Klient auch meist für die Zeit der Therapie seine Arbeit aufgeben, und die Kosten belaufen sich auf rund 20000 Mark. Uns scheint das Wachstumstempo, wie es die Meditation bringt, organischer zu sein. Wachstum benötigt Zeit, und eine zu schnelle Entwicklung kann auf Kosten der Persönlichkeitssubstanz gehen.


## 5. Das Geburtstrauma

Von Arthur Janov in seiner Urschreitherapie, von Stanislav Groff in der LSD-Therapie wie auch von mehreren Psychoanalytikern wird immer wieder das Durcherleben des eigenen Geburtsvorganges in der Therapie berichtet. Dieses sogenannte Geburtstrauma erhielt seine Wichtigkeit und Bedeutung zuerst von Otto Rank, einem Schüler von Sigmund Freud, der sich gerade wegen dieser Geburtstraumatheorie von Freud später trennte. Nach Rank ist das Erlebnis der Geburt das einschneidendste und gravierendste schmerzvolle Erlebnis des Säuglings, dessen Art und Weise alle späteren psychischen Schmerzen und Traumen bestimmt.

In der Primär-Therapie erleben die Klienten immer wieder den mühsamen Vorgang des Hinauspressens aus dem Uterus mit allen Details. Obwohl die moderne Psychologie den Informationsspeicherungsprozeß des Säuglings auf dieser Entwicklungsstufe seines Gehirns noch nicht erklären kann, zeigen die subjektiven Schilderungen der Klienten doch, daß der Geburtsvorgang wie auch Erlebnisse im Mutterleib noch vor der Geburt vom Fetus erlebt und gespeichert werden. Nachforschungen bei den Müttern, Ärzten und Hebammen dieser Klienten zeigen verblüffende Übereinstimmungen, und die Erfahrungen von Geburtstraumen in der Psychotherapie sind so häufig von verschiedenen therapeutischen Richtungen gemacht worden, daß an ihrer Existenz kein Zweifel mehr bestehen kann.

Die Geburt stellt auf der einen Seite eine enorme Stressbelastung auf der körperlichen Ebene dar, weil der ganze Organismus mit seiner Atmung und mit seinem hormonellen Gleichgewicht einer totalen Veränderung unterzogen wird. Aber ebenso traumatisch ist dieses Erlebnis auf der psychischen Ebene: der Säugling muß sein «Paradies» verlassen, in dem er vollständig passiv sein kann, für Ernährung und Atmung nicht selbst sorgen muß. Hier erlebt er im Normalfalle keine Entbehrungen und Frustrationen, sondern eine totale Umhüllung und Geborgenheit.

Arthur Janov schreibt dazu: «Die psychologische Literatur übersieht die Tatsache, daß der Geburtsvorgang eine Beziehung zwischen Mutter und Kind darstellt, eine Beziehung, in der das Kind etwas ‹lernt›. Eine schwierige Geburt ‹lehrt› das Kind, daß es hilflos ist gegen übermächtige Dinge, daß es machtlos ist, Dinge zu ändern, daß das Leben gefährlich und ein Kampf ist. Das sind emotionale Lernprozesse, aber sie werden zur Matrix für künftiges Lernen; so kann ein Mensch zur Überzeugung kommen, daß der Kampf eine Notwendigkeit und eine unerläßliche Bedingung des Lebens ist. Derjenige rationalisiert unbewußt sein Bedürfnis nach Kampf, um leben zu können, da dies seine Geburtserfahrung war. Die Tatsache, daß dies unbewußt geschieht, ändert nichts daran, daß es eine persönliche Erfahrung war, die die Vorstellungen und Einstellungen formte. Der Versuch, die Lebensphilosophie eines solchen Menschen zu ändern, würde dem Versuch gleichkommen, ihm seine Lebensgeschichte ausreden zu wollen. Eine Bestätigung für die Art, wie Geburtstraumen späteres Verhalten formen, wurde eindrücklich durch das Geburtsprimat eines Patienten gegeben, dessen Kopf bei der Geburt steckenblieb und der unter der bei der Geburt erzwungenen Rotationsbewegung innerhalb des Geburtskanals litt. Nachdem er dieses Trauma noch einmal durchlebt hatte, hörte sein leichter Tick, den Kopf beim Sprechen hin und her zu bewegen, auf» («Anatomie der Neurose», S. 112).

Der Säugling kommt hinein in eine Welt, in der er Schritt für Schritt seine Individualität entwickelt. Die Einheit mit der Mutter wird geringer, zunächst muß er selbst atmen, später auch selbst essen, und irgendwann muß er auf seinen eigenen Beinen stehen. Wenn bei einem Menschen dieser Vorgang mit zu starken Schmerzen und Komplikationen abläuft, wird er später bei all seiner Aktivität in der Welt nie richtig «da sein», er ist nie richtig geborgen. Die Sehnsucht zurück zur Geborgenheit des Mutterleibes und ein Groll gegen die Welt, die er nicht wollte, können ihn daran hindern, sich ohne zusätzlichen Schutz in der Welt geborgen zu fühlen und so aktiv tätig und erwachsen sein zu können. Beziehungen, Beruf, Behausung dienen in einem solchen Fall alle dem übergroßen Bedürfnis nach Schutz und Geborgenheit und werden so eigentlich mißbraucht. Solch ein Mensch bleibt immer bedürftig, sichernd und unzufrieden, er fühlt sich niemals «satt». Erich Fromm schreibt dazu: «Wenn wir von der Geburt sprechen, meinen wir gewöhnlich die physiologische Geburt, die beim Menschenkind ungefähr neun Monate nach der Empfängnis stattfindet. Vielfach wird die Bedeutung dieser Geburt jedoch überschätzt. Noch eine Woche nach der Geburt gleicht das Leben des Kindes in wichtigen Punkten mehr dem Leben im Mutterleib als dem Leben eines Erwachsenen. Die Geburt hat jedoch einen einzigartigen Aspekt: die Nabelschnur wird durchtrennt, und das Kind beginnt seine erste Aktivität: atmen. Von da an ist jede Durchtrennung ursprünglicher Bindungen nur so weit möglich, wie eine eigene Aktivität darauf folgt. Die Geburt ist nicht ein augenblickliches Ereignis, sondern ein dauernder Vorgang. Das Ziel des Lebens ist es, ganz geboren zu werden, und seine Tragödie, daß die meisten von uns sterben, bevor sie ganz geboren sind. Zu leben bedeutet, jede Minute geboren zu werden. Der Tod tritt ein, wenn die Geburt aufhört. Physiologisch gesehen, befindet sich unser Zellsystem in einer fortwährenden Geburt; psychologisch gesehen, hört die Geburt der meisten von uns an einem bestimmten Punkte auf. Manche sind Totgeburten; sie leben physiologisch weiter, während sie sich geistig danach sehnen, in den Mutterschoß, die Erde, die Dunkelheit, den Tod zurückzukehren; sie sind tatsächlich oder beinahe geisteskrank. Viele andere schreiten auf dem Pfad des Lebens weiter und können doch die Nabelschnur sozusagen nicht vollständig zerreißen; sie bleiben symbiotisch mit Mutter, Vater, Familie, Rasse, Staat, Stand, Geld, Göttern usw. verknüpft; niemals werden sie ganz sie selbst und sind daher niemals ganz geboren.»

Bei dem Wiedererleben seiner Geburt in der Therapie erlebt der Patient häufig einen Kampf auf Leben oder Tod, so daß schon in dem Geburtsvorgang eine Konfrontation mit der eigenen Todesangst enthalten ist. Gefühlsmäßig ähneln sich Geburt und Tod auf vielerlei Weise, so daß mit der Bearbeitung des Geburtstraumas meist die Angst vor dem Tode verlischt.

Es ist erstaunlich, in wie vielen Kulturen der Tod und die eigene Wiedergeburt in Mythen und Ritualen dargestellt werden, wobei dem Erleben dieser Rituale zweifellos ein katarthischer psychotherapeutischer Effekt zukommt.

## 6. Erfahrungen aus der LSD-Therapie

Einen umfassenden Einblick in mögliche Konfliktherde unseres Unbewußten gibt Stanislav Groff, dessen Erfahrungen und Beobachtungen die Erklärungssysteme verschiedener psychotherapeutischer Schulen integriert. Stanislav Groff, ein tschechischer Psychiater, arbeitet heute am Esalen-Institut in Kalifornien und ist wohl einer der bedeutendsten Kenner der Therapie mit Hilfe von LSD. Seine Beobachtungen in unzähligen LSD-Therapien geben reichhaltige Aufschlüsse über die Gesetzmäßigkeiten des menschlichen Unbewußten. Er hat bei seinen Therapien herausgefunden, daß das unbewußte Material und die unbewußten Konflikte in einer immer wiederkehrenden Reihenfolge auftauchen und bearbeitet werden.

Seine Erfahrungen zeigen, daß es bei dem Entstressungsvorgang einen bestimmten zeitlichen Ablauf gibt. Während in der Therapie zunächst die traumatischen Erlebnisse der Kindheit auftauchen und bearbeitet werden, verändern sich die Inhalte im weiteren zeitlichen

Ablauf. Im Anschluß an diese psychodynamisch erklärbare Phase folgen zunächst Erlebnisse der eigenen Geburt, während anschließend Bilder und archetypische Symbole auftauchen, die am besten mit den Beschreibungen des kollektiven Unbewußten von Carl Gustav Jung zu erklären sind. Am Ende dieses zeitlichen Ablaufs stehen mehr religiöse Erlebnisse mit einem mystisch-kosmischen Gefühlscharakter. Auf diese Erlebnisse werden wir später noch ausführlich eingehen.

Diese zeitliche Reihenfolge bei dem Vorgang der Entstressung ergibt sich ganz von selbst, wenn der Therapeut den Klienten ohne vorgefaßte Theorien oder Interpretationsschemata den durch LSD bewußtseinserweiterten Zustand erleben läßt und die Erlebnisse nach den Sitzungen mit dem Klienten diskutiert. Dabei kann sich die Entwicklung über mehr als 100 Sitzungen in meist wöchentlichen Abständen hinziehen. Dieser Verlauf vom Freudschen Unbewußten über das Ranksche Geburtstrauma zum Jungschen Unbewußten und zu transpersonalen Erlebnissen ist unabhängig von mehreren LSD-Forschern gefunden worden, z. B. auch von Rel Masters und Jean Houston, zwei bekannten amerikanischen LSD-Forschern.

Die Reise durch das Unbewußte ist durch einen theoretischen Ansatz allein nicht erklärbar, und Groffs Ergebnisse scheinen eine Lösung des Widerspruchs zwischen den verschiedenen Schulen aufzuzeigen.

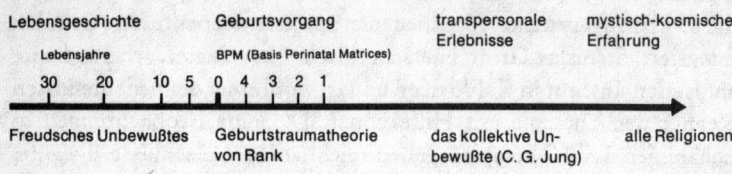

In den ersten Sitzungen einer LSD-Therapie herrscht meist die psychodynamische Ebene vor, also die Ebene, in der verdrängtes Material aus der Jugend und Kindheit erinnert und wiedererlebt wird. Dabei wird hier wie in der Gestalttherapie, in der Urschreitherapie und auch im Psychodrama die Erfahrung gemacht, daß bestimmte Gefühlsmuster auf verschiedenen Ebenen und an verschiedenem Material wiederkehren können. So kann bei nächtlichem Aufwachen und Erleben eines Bombenalarms das Grundgefühl des Babies «Ich habe panische Angst, und keiner ist da, der mich beschützt» ebenso als Erlebnisse in der Schule wie als spätere Verlassenheitsängste in einer Partnerschaft wiederkehren.

Die in der Therapie zunächst erinnerten und erlebten Ereignisse sind die biographisch jüngeren. Von diesen Erlebnissen her kann meist zu einer tieferen Ebene, d. h. zu dem Erleben des gleichen Gefühlsmusters in einem jüngeren Alter übergegangen werden, wobei am Ende meist ein sogenanntes «Haupttrauma», das grundlegende Gefühl, das hinter all diesen Ereignissen steht, zum Vorschein kommt.

In einem Fallbeispiel beschreibt Groff einen Patienten mit zwanghaften Zügen und sadomasochistischen Wünschen, bei dem zunächst traumatische Szenen wiedererlebt wurden, in denen er von Nazi-Offizieren sadistisch mißbraucht worden war. Danach wurden Szenen erinnert, in denen er von Mutter wie Vater grausam bestraft worden war, und zum Schluß erlebte er seine Geburt, wobei er die ganze brutale physische Gewalt noch einmal durcherlebte. Nach diesem Erlebnis äußerte der Patient, daß eben dieses gequälte Gefühl bei seiner Geburt sein Urgefühl sei, das hinter den späteren Erlebnissen mit den Eltern, mit den Nazi-Offizieren und seinen masochistischen Phantasien gestanden hatte. Erst nach dem Durcherleben der eigenen Geburt verschwand die Symptomatik dieses Patienten vollständig.

Ebenso wie in diesem Fall beobachtete Groff immer wieder, daß am Ursprung der psychodynamischen Ereignisse mit den von Freud beschriebenen oralen, analen und genitalen Konfliktherden regelmäßig das Erlebnis der Geburt steht. Diese Erfahrung ist in der Freudschen Terminologie nicht mehr erklärbar und wurde von Otto Rank beschrieben. Groff, ausgehend von Rank, beschreibt im Zusammenhang mit dem Geburtstrauma vier vorgeburtliche Gefühlskluster, die er «Basic Perinatal Matrices» nennt. Sie stehen für existentielle Grunderlebnisse des Menschen. Alle späteren traumatischen Erlebnisse eines Menschen gehen auf Störungen in einem dieser Gefühlsbündel zurück. Hier eine kurze Beschreibung dieser Gefühlskluster:

## Phase 1: Die primäre Einheit mit der Mutter

Diese Erfahrung beschreibt die ungestörte intrauterine Existenz, vollkommen geschützt und sorglos. Dies kann als kosmische Einheit oder als spirituelle Ekstase erlebt werden. Diese Matrix ist mit allen späteren Erlebnissen verbunden, in denen der Organismus ohne Spannung ist, relativ frei von Bedürfnissen und ungestört von negativen Reizen. Alle Störungen in dieser Phase, z. B. toxische Schäden durch Giftgenuß oder Krankheit der Mutter oder Probleme bei Zwillingen, schlagen sich später nieder in Erlebnissen, wo gerade dieser spannungsfreie Zustand gestört wird.

## Phase 2: Antagonismus mit der Mutter

Diese Matrix repräsentiert Gefühle während der ersten Phase der Geburt, wenn das Kind den uterinen Kontraktionen in dem geschlossenen Uterus ausgesetzt ist. Dies kann realistisch wiedererlebt werden oder aber symbolisiert in Bildern und Phantasien. Diese Gefühle beschreiben die Nicht-Ausgangssituation, verzweifelte Geworfenheit, die Hölle. Das Erleben und die Farben sind dunkel, man fühlt sich total hilflos und ausgeliefert und sieht keine Möglichkeit für eigenes Handeln. Die Welt ist ein Platz von Kriegen, Krankheiten und apokalyptischen Geschehnissen. Gefühle von In-der-Falle-Sitzen, grenzenlosen Schmerzen und Leiden, Sinnlosigkeit und Grauenhaftigkeit gehören zu dieser Matrix. Es ist eine Welt, wie sie manchmal von Schizophrenen geschildert wird oder wie sie von Menschen, die Drogen eingenommen haben, als «Horrortrip» bezeichnet wird. Sie wird gut getroffen in Bildern von Hieronymus Bosch oder von einigen surrealistischen Malern.

## Phase 3: Synergismus mit der Mutter

Diese Phase repräsentiert die Erlebnisse des zweiten Stadiums der Geburt, bei dem der Säugling aus dem Geburtskanal herausgepreßt wird. Auch dies kann biologisch-körperlich wiedererlebt werden oder aber symbolisiert als Todes-Wiedergeburts-Kampf. Hier werden vulkanische, mächtige Gefühle erlebt von Verzweiflung, Kampf, Angst und Sieg. Wildheit, Sexualität, Sadismus und Haß, Bewegung und orgastische Ausbrüche repräsentieren diese Matrix und alle späteren Erlebnisse, die auf ihr beruhen.

Diese Matrix ist verbunden mit der dritten Phase der Geburt, mit der endgültigen Trennung vom Geburtskanal und Durchschneiden der Nabelschnur. Spirituell hat dieses Erlebnis häufig die Form des Todes- und Wiedergeburtserlebnisses, wobei hier die beglückende Errettung im Vordergrund steht. Der eigene Körper wird als weit und ausgedehnt empfunden, Gefühle von Freiheit, Sieg nach einem Kampf und Entspannung nach einem Leiden bestimmen diese Phase, wie auch hellstes Licht und wunderbare Farbvisionen.

Nach dem Durcherleben dieser Gefühle, die während der Geburt geschehen können, und nach dem Erleben des eigenen Todeskampfes und der eigenen Wiedergeburt geht nach Groff mit den meisten Menschen die stärkste Veränderung während der Therapie vor sich. Es entsteht eine größere Verinnerlichung und selbst bei sehr verstandesgelenkten Menschen wächst danach ein starkes Interesse an sogenannten religiösen Fragen. Während der LSD-Sitzungen dominieren dann transpersonale Erlebnisse, die im persönlichen Leben des Individuums nicht vorgefallen sind: Schilderungen von alten Völkern und deren Bräuchen, kollektive Erlebnisse, Erfahrungen bei der Phylogenese des Menschen, Identifizierungen mit Reptilien, Fischen oder Säugetieren, frühere Leben, Reisen durch Zeit und Raum, Erlebnisse außersinnlicher Wahrnehmung usw.

# 7. Die symbolisierten Gefühle

In der Meditation kann es geschehen, daß der Meditierende durch bildhafte Vorstellungen vom Mantra weggeführt wird, die nicht aus seiner Kindheit stammen. Dies können abstrakte Bilder wie geometrische Figuren sein, Licht- und Farbeindrücke oder aber gegenständliche Bilder wie Landschaften, Menschen, Tiere usw.

Das Lösen von alten Stressen kann an Hand solchen Bildmaterials ebenso geschehen wie an Hand biographischer Erinnerungen. Denn es kommt ja nicht auf das erlebte Material an, sondern auf die damit verbundenen subjektiven Gefühle.

Das Aufsteigen dieser Bilder ist vom Willen unabhängig und ähnelt in vielem den Traumbildern. Diese Bilder sind also keine bildhaft-konkreten Erinnerungen an Vergangenes, sondern es sind eher symbolische Verdichtungen unserer Gefühlswelt, die uns in solchen Bildern begegnen. Das Erleben solcher Bilder kann unterschiedlich stark von Gefühlen begleitet sein, sie können von beunruhigender oder erfreulicher Art sein.

Dieses Bilderleben, das auch in der Oberstufe des autogenen Trainings wie auch in einigen Techniken der Gestalttherapie eine entscheidende Rolle spielt, ist Grundlage einer Therapieform, die von dem Göttinger Professor Hans-Carl Leuner entwickelt wurde und als *«Katathymes Bilderleben»* oder *«Symboldrama»* bezeichnet wird. Hier wird der Klient in eine tiefe Entspannung versetzt, die bei den meisten Menschen nach einiger Zeit fast automatisch zu solchen Bildeindrükken führt. Diese aufsteigenden Bilder sind keine gewollten Vorstellungen, sondern Ausdruck unterbewußter emotionaler Vorgänge. Mit zunehmender Übung entwickelt und verfeinert sich diese Bilderwelt, sie wird farbiger und plastischer.

Die Sitzungen des katathymen Bilderlebens verlaufen nun so, daß der Klient lernt, in dieser Bilderwelt zu erleben, sich zu bewegen und zu handeln. Er unternimmt Wanderungen in dieser Welt seiner symbolisierten Gefühle und begegnet auf diese Weise erschreckenden, beglückenden, ängstigenden und fröhlichen Motiven und Symbolen. Er kann furchterregenden Tieren begegnen, kann voller Zufriedenheit und Glück bei strahlendem Sonnenschein durch eine farbenfrohe Landschaft gehen, er kann sich eingeschlossen oder bewegungsunfähig in einem Gewirr von Stacheldraht sehen, oder er kann sich ausgelassen in einem klaren Fluß baden.

Der Klient kann sich in dieser Phantasiewelt nach allen Richtungen hin bewegen, er kann die Landschaft durchwandern und dabei anderen Personen begegnen. Oft tauchen bei solchen Phantasiereisen ähnliche Fabelwesen auf, wie wir sie aus Sagen, Mythen oder Märchen kennen. Jemand, der ohne irgendwelche Vorkenntnisse in diese Bilderwelt eingeführt wird, kann zunächst dazu neigen, sie als sinnlose, zufällige Erscheinungen anzusehen, die mit ihm selbst nichts zu tun haben. Erst allmählich mit wachsender emotionaler Beteiligung wird er bereiter, diese Bilder als Produkte seiner innerseelischen Verfassung und Stimmung anzuerkennen. In der therapeutischen Einzelsituation ist der

Klient ständig im Kontakt mit seinem Therapeuten, dem er während des Erlebens seine Eindrücke schildert. Der Therapeut übernimmt dabei die Funktion eines Reisebegleiters, er versucht, den Patienten zu schützen und Hilfestellung zu geben, falls diese benötigt wird.

Er kann ihn behutsam an angsterregende Situationen heranführen, kann in bedrohlichen Situationen unterstützend eingreifen oder bei Blockierungen den Fluß des Geschehens wieder in Gang bringen. Bei diesem Verfahren geschieht eine Desensitivierung, wie wir sie für die Verhaltenstherapie beschrieben haben. Die angstauslösenden Reize sind in diesem Falle die Bilder, die die verschiedenen Gefühle des Klienten symbolisieren. Der Klient verliert auf dieser symbolischen Ebene allmählich die Angst vor seinen eigenen unbewußten Bereichen und Gefühlen. Auf dieser symbolischen Ebene kann er lernen, sich diesen Gefühlen zu stellen, die Auseinandersetzung nicht länger zu vermeiden und allmählich seine Handlungsfähigkeit zu erweitern.

So kann ein Klient beispielsweise bei einer Phantasiereise an einen Tümpel gelangen, der ihm unerklärliche Angst macht. Er hat das Gefühl einer unbestimmten Bedrohung. Wahrscheinlich wird er zunächst automatisch versuchen, diese Bedrohung zu umgehen, indem er sich von dem Tümpel fernhält. Da diese Bedrohung jedoch Ausdruck eines jetzt vorhandenen Gefühls ist, wird er dieser Bedrohung auf seiner Reise in anderer Form wiederbegegnen. Vielleicht nimmt die Bedrohung die Gestalt eines Löwen an, der ihn angreift. Im Umgang mit diesen Symbolen kann er allmählich lernen, diese Form der Bedrohung zu erforschen und Verhaltensmöglichkeiten finden, mit ihr umzugehen. Es ist hierbei nicht unbedingt nötig zu wissen, was der Tümpel oder der Löwe in der realen Welt des Klienten bedeuten. Die Konfrontation auf der Bilderebene und die symbolische Bewältigung genügt häufig zur Lösung von alten Stressen und zur Beseitigung von psychischen Störungen.

Eine weitere Beobachtung bei dieser Therapieform ist, daß die innere Welt, die Welt des Erlebens und der Bereich der Gefühle erweitert und vertieft werden. In dem Maße, wie Klienten fähig werden, die Erlebnisse und Gefühle auf dieser Bilder- und Vorstellungsebene zuzulassen, intensivieren sich auch im Alltag ihre Fähigkeiten zum intensiven Erleben und Fühlen. Überraschend ist es auch zu sehen, wie Menschen, die sich für ausgesprochen wenig schöpferisch und kreativ halten und sich nie zugetraut hätten, ein Bild zu malen oder eine Geschichte zu schreiben, in der Darstellung und Schilderung ihrer inneren Bilder eine fesselnde und stark künstlerische Ausdruckskraft erreichen. Das Lösen von alten Stressen kann hier auch in der Konfrontation mit abstrakten Symbolen geschehen. So erlebte beispielsweise einer unserer Klienten im katathymen Bilderleben wie auch in seinen Meditationen immer wieder eine Spirale, deren Anblick ihn zunächst in Angst versetzte. Erst durch das wiederholte Erleben verlor er langsam die Angst, bis die Spirale schließlich angstfrei erlebt wurde und dann nicht mehr auftrat. Auch hier sind Begreifen und Erklären nicht nötig. Allein die Konfrontation mit diesem Angstsymbol, der Spirale, reichte aus, um diese Angst im entspannten Zustand zu verlieren.

Ein anderes Beispiel ist die von uns schon vorher geschilderte Klientin, die über drei Monate in ihren Meditationen ein stark angstbesetztes Kreuz wahrnahm und dann zusammen mit der Angst vor diesem Kreuz auch ihre symptomatischen Herzbeschwerden verlor.

Auch im ungelenkten katathymen Bilderleben gibt es immer wieder Erlebnisse, die an die von Groff geschilderten Gefühle des Geburtstraumas erinnern, so beispielsweise das Kriechen durch enge Gänge, Eingeschlossensein in unterirdische Höhlen, Gepreßtwerden durch Röhren usw. Am Ende solcher Bildsequenzen stehen meistens beglückkende Licht- und Freiheitserlebnisse (Groffs 4. Phase).

## 8. Entstressung auf der Körperebene

Das bisher Gesagte macht deutlich, wie Gedanken, Bilder und Phantasien, die während der Meditation aufsteigen, den Lösungs- und Entstressungsvorgang unerledigter Konflikte unseres Organismus anzeigen. Aber der Entstressungsvorgang muß nicht auf diesen Ebenen erscheinen. Viele Menschen haben kaum Gedanken und Bilder, und bei ihnen erfolgt der Entstressungsprozeß mehr über die Lösung von Körperspannungen. Denn jede psychische Verdrängung und Verspannung geht einher mit einer muskulären Verspannung, so daß die Lösung der letzteren eine Veränderung im psychischen Bereich bewirkt. So kann beispielsweise während der Meditation ein Kribbeln, ein leises Zittern, ein Ziehen oder ein warmes Strömen und Pulsieren in verschiedenen Körperteilen wahrgenommen werden. Oder wir können mit vermehrter Meditationsübung feststellen, daß während der Meditation und später auch im alltäglichen Leben unser Körper eine andere, aufrechtere Haltung bekommt und daß unsere Atmung sich auf natürliche Weise normalisiert. Kurzfristig lassen sich oft diese beiden Veränderungen schon im Verlauf einer Meditationssitzung beobachten. Während wir zunächst meist mit einer verkrampften oder hastigen Atmung die Meditation beginnen, spüren wir nach einiger Zeit, wie unser Atem sich beruhigt. Meist atmen wir dann verstärkt mit dem Unterbauch (Zwerchfellatmung), was sehr gesundheitsförderlich ist und die Phase des Ausatmens wird länger als die des Einatmens. Was die Haltung betrifft, so beginnen viele Meditierende mit einer aufrechten, etwas verkrampften Haltung, fallen dann mit zunehmender Entspannung etwas zusammen, während mehr zum Ende der Meditation oder nach einigen Meditationen die Haltung wieder aufrecht wird. Dies ist dann aber eine natürliche Aufrichtung des Körpers, die ohne Mühe und Anstrengung geschieht, sozusagen von innen heraus.

Aber nicht nur auf diese positive kurzfristige Weise wird der Körper durch die Meditation beeinflußt, sondern auch durch eine allmähliche Lösung der chronischen Muskelspannungen, die normalerweise den positiven Zustand des Körpers verhindern. Neuere Therapierichtungen betonen immer wieder die Ganzheitlichkeit des Menschen. Der Mensch wird nicht mehr in einen psychischen und einen physischen Teil getrennt, sondern als Einheit wahrgenommen. Alles, was sich an seelischen bewußten oder unbewußten Prozessen abspielt, hat seine Entsprechung auf der Körperebene. Der Körper ist also die Grundlage aller Lebensprozesse und ist eng verbunden mit seelischen und geistigen Abläufen. Mit unserem Körper sehen, hören, fühlen und schmekken wir, körperliche Prozesse liegen dem Entstehen von Gefühlen und Gedanken zugrunde, und der Körper ist das Instrument, mit dem wir in der Welt handeln.

*Wilhelm Reich*, ein Schüler Freuds, war einer der ersten Psychotherapeuten, der die Körperdimension konsequent in seine Therapie einbezogen hat. Er erkannte den Zusammenhang zwischen muskulärer Verspannung und frühkindlicher traumatischer Erfahrungen. In seinen Therapien machte er die Erfahrung, daß die Lockerung bestimmter Muskelgruppen bestimmte emotionale Verdrängungen aufhob und alte Situationen und Gefühle, die aus dem Bewußtsein ausgeklammert waren, wieder zugänglich wurden. Technisch ging Reich dabei so vor, daß er seine Patienten während der Analysestunde ständig ausatmen ließ, wobei das Ausatmen laut geschah. Dieses Vorgehen zusammen mit der Massage bestimmter Muskelgruppen endete häufig in katarthischem Wiedererleben alter Traumen. Reich nannte das die Auflösung des «Muskelpanzers», der rigiden panzernden und abwehrenden Muskulatur, die parallel zur psychischen Abwehr entwickelt wurde.

In der *bioenergetischen Analyse*, einem neoreichianischen Verfahren, das von Alexander Lowen und John Pierrakos in New York entwickelt wurde, versucht man, durch Streckpositionen, Übungen zur körperlich-emotionalen Aktivierung und durch Druck auf bestimmte Muskelgruppen chronische Verkrampfungen zu lösen und altes Konfliktmaterial zugänglich zu machen. Die Erfahrungen mit dieser Körpertherapie zeigen ebenso deutlich den Zusammenhang zwischen früh unterdrückten Empfindungen und chronischen Muskelverkrampfungen. Dabei hängen die am stärksten unterdrückten Gefühle mit Muskelgruppen zusammen, die so chronisch verspannt sind, daß auf ihnen ausgeübter Druck nicht einmal Schmerz auslöst – sie sind gefühllos. Solche Muskelblocks zeigen an, daß dieser Teil des Körpers und die damit verbundenen Gefühle von der eigenen Person abgespalten sind. Sie gehören nicht zu einem, sind gefühllos, hart und ohne Leben. Die Regionen dieser Muskelblocks sind dann auch am ehesten anfällig für Krankheiten und Belastungen.

In der bioenergetischen Analyse wird der Schmerz nun als Mittel genommen, um wieder Gefühl und Leben in die verspannten Bereiche hineinzubekommen. Reichsche Therapie und bioenergetische Analyse, ebenso wie die Urschreitherapie, sind sehr effektive Therapien, wobei starke Veränderungen am Körper wahrnehmbar sind. Dabei wird der Klient aber in starkem Maße mit Schmerz konfrontiert, und besonders die bioenergetische Analyse betont die Rolle des Schmerzes bei der Lösung des Körpers. Alexander Lowen vergleicht dies gern mit einer erfrorenen Hand im Winter. Befindet man sich noch an der kalten Luft, schmerzt die Hand nicht, sie ist leblos und wie tot. Erst wenn man in die warme Stube kommt und die Hand auftaut, wenn also wieder Leben in die Hand hineinkommt, beginnt sie zu schmerzen.

*«Es ist vernünftiger...*

...eine Kerze anzuzünden, als über Dunkelheit zu klagen.» Das Motto dieses Buches stammt von Kung fu tse, und sein Sinngehalt läßt sich auf viele Bereiche und Fragen unseres Lebens anwenden.

Auch was finanzielle Probleme anbetrifft, könnte man in Abwandlung von Kung fu tse sagen: «Es ist vernünftiger, etwas zu tun, als dauernd darüber zu klagen, daß man kein Geld hat.»

# Pfandbrief und Kommunalobligation

**Meistgekaufte deutsche Wertpapiere - hoher Zinsertrag - bei allen Banken und Sparkassen**

Verbriefte Sicherheit

Und so beginnt auch im Prozeß der Selbstentfaltung der Schmerz dann, wenn in abgespaltene körperliche wie psychische Bereiche wieder Gefühl und Leben hineinkommt.

Eine ebenso große, wenn nicht noch stärkere Konfrontation mit dem Schmerz erleidet der Klient, der sich «rolfen» läßt. Diese von Ida Rolf entwickelte Methode, die *Strukturelle Integration*, kurz «Rolfing» genannt, zielt darauf ab, den Körper wieder so aufzurichten, daß er besser mit der Schwerkraft harmoniert. Dabei wird die Struktur des Körpers durch Streckung verkürzter Muskeln und der Muskelhäute so verändert, daß er optimal vertikal aufgerichtet ist. Bei dieser oft sehr schmerzhaften Tiefenmassage werden von dem Klienten häufig alte traumatische Erlebnisse berichtet und wiedererlebt, obwohl das nicht das Hauptziel des Rolfens ist. Rolfing geschieht in 10 genau vorbestimmten Sitzungen und verändert den Körper sehr stark. Man fühlt sich hinterher leichter, beschwingter, geht automatisch aufrechter und erlebt auch psychisch die Welt anders. Nur muß dieser Zustand in das alltägliche Leben integriert werden, wozu häufig ein Jahr benötigt wird. Untersuchungen zeigen, daß durch das Rolfen die Zusammensetzung des Blutes, des Bindegewebes wie auch des Urins sich verändern. Es ändern sich also nicht nur die Haltung und die seelische Verfassung des Körpers, sondern gemeinsam hiermit vollzieht sich eine tiefergreifende Wandlung seiner bio-physischen Prozesse.

Körpertherapien legen großes Gewicht auf die Funktion des Atems. Da sich jede chronische Muskelverspannung, und sei sie am Bein oder am Fuß, in einer Störung der Atembewegung bemerkbar macht, wirkt sich die Lösung von Muskelspannungen direkt auf die Atmung günstig aus. Außerdem sind Gefühle und Gedanken sofort an einer veränderten Atembewegung erkennbar, so daß der Atem eine zentrale Stelle ist, an dem Seelisches mit Körperlichem zusammen wahrnehmbar ist.

So spielt auch der Atem eine besondere Rolle bei verschiedenen europäischen Körperverfahren, die dasselbe Ziel wie Reichsche Therapie und bioenergetische Analyse anstreben, dabei aber meist behutsamer und «weicher» vorgehen. Zu diesen Verfahren gehören die *Eutonie* von Gerda Alexander, die *Atemtherapie* nach Prof. Middendorf und nach Schaarschuch-Haase, wie auch die *funktionelle Entspannung* nach Marianne Fuchs und die *konzentrative Bewegungstherapie*. Allen diesen Verfahren, wie auch dem amerikanischen Pendant dazu, dem *Sensory awareness training* von Charlotte Selver, ist gemeinsam, daß der Klient lernt, durch behutsames Hineintasten und Hineinfühlen in seinen Körper, diesen wieder bewußt wahrzunehmen und in Besitz zu nehmen. Dabei ist das Ziel, einen Körper zu erhalten, der man *ist*, und nicht einen, den man *hat*, wie man ein Objekt besitzt.

Jeder Mensch hat seine speziellen muskulären Verspannungen, wovon ihm zunächst viele gar nicht bewußt sind. Die meisten von uns sind zu sehr «im Kopf» und besitzen kein Rückgrat, kein Becken und keine Hüfte, ihre vitalen sexuellen Kräfte sind blockiert. Die Beine sind meist wenig durchlässig und hart – der Kontakt zum haltenden Boden ist schlecht, und Halt muß an anklammernden sozialen Beziehungen gesucht werden.

Diese muskulären Verspannungen werden nun in der Meditation auf selbstregulative Weise Schritt für Schritt gelöst, wobei solch ein Prozeß natürlich nicht von heute auf morgen abgeschlossen ist, sondern Jahre in Anspruch nimmt. Und mit immer weiterer Durchlässigkeit des Körpers verändert sich die Psyche, während sich umgekehrt in der Folge der psychischen Entstressung während der Meditation auch der Körper verändert.

# 9. Physiologische Entstressung

Unsere alten Stresse werden bei ihrer Lösung nicht nur auf der gedanklichen, bildlichen und muskulären Ebene sichtbar, sie machen sich auch auf der physiologischen Ebene bemerkbar. Bei massierten Meditationsübungen (8 bis 10 Meditationen am Tag) kann es zu starken physiologischen Reaktionen kommen. Fieber, Mundgeruch, Müdigkeit und Kopfschmerzen zeigen an, in welch starkem Maße der Körper in Aufruhr und Bewegung ist.

Obwohl bei unserer Form der Meditation derartige Prozesse kaum wahrnehmbar sein werden und die physiologische Beeinflussung in kleinen unmerklichen Schritten vor sich geht, wollen wir hier den Prozeß dieser physiologischen Entstressung schildern, um verständlicher zu machen, welche Veränderung durch die Meditation eingeleitet wird.

Was während dieses Prozesses geschieht, wird am deutlichsten an den Auswirkungen des *Heilfastens*. Das Fasten ist eine alte Naturheilmethode, die eine überraschend große Wirkung bei der Heilung von Krankheiten und der Stärkung einer natürlichen Gesundheit hat und häufig die «Operation ohne Messer» genannt wird.

Über die physiologische Entstressung beim Fasten schreibt der deutsche Fastenarzt Dr. Buchinger: «Nun, unser Patient befindet sich jetzt beim Fasten. Es setzt jetzt eine Ausschwemmung des Gewebes ein, der eine Entschlackung auf dem Fuß folgt. Diese können wir, um nur ein beweiskräftiges Beispiel zu wählen, an einem auf das 10fache des normalen Wertes angestiegenen Gehalt des Blutes an Schlackenstoffen aufzeigen. Die – hauptsächlich aus dem Bindegewebe erfolgende – Entgiftung und Entrümpelung ist in ihrem größten Umfang etwa nach 14 Tagen beendet.»

Die Fastenkur kann also angesehen werden als ein Prozeß einer allgemeinen körperlichen Reinigung. Wenn der Körper vom normalen Verdauungszyklus befreit wird, verlegt er sich auf die Ausschwemmung und Verbrennung von Schlacken. Bei diesem Entstressungsvorgang können alte Krankheiten wieder aufflackern, die nicht vollkommen auskuriert und mit Medikamenten unterdrückt worden sind, alte Operationsnarben können für kure Zeit wieder zu schmerzen beginnen, und manchmal entsteht eine Überschwemmung des Blutes mit Giftstoffen, was zu Kopfschmerzen und Abgeschlagenheit führt. Häufig zu beobachtende Erscheinungen sind eine belegte Zunge, fauliger Mundgeruch, manchmal entstehen Furunkel und Pickel, und in Extremfällen ist das Bettuch am Morgen braun von durch die Haut ausgeschiedenem Schmutz, wenn die Ausscheidungsfunktion der Nieren die Entschlackung nicht mehr schafft. Dieser Reinigungsprozeß dauert im allgemeinen 14 Tage, und die beschriebenen Symptome verschwinden nach dieser Zeit wieder von selbst.

Eine weitere Erscheinung des Fastens ist, daß parallel zu diesem Reinigungsprozeß alte psychische Konflikte und Grundgefühle aktiviert werden können. So ist es häufig zu beobachten, daß Empfindungen wie Traurigkeit, Aggressionen, Einsamkeitsgefühle und Depressionen auftreten. Am besten ist es daher, wenn neben der Fastenkur auch auf der psychischen Ebene mit den Klienten gearbeitet wird, damit die auftretenden Gefühle ausgedrückt und integriert werden können. Gerade mit der Kombination von Fasten und therapeutischer Arbeit hat einer der Autoren (Martin Siems) gute Erfahrungen gemacht. Die hier beschriebenen Erscheinungen treten übrigens nur beim freiwilligen Fasten auf, nicht beim unfreiwilligen Hungern in Not- oder Krisenzeiten. Das Heilfasten sollte nur unter Aufsicht eines erfahrenen Arztes geschehen, z. B. in einer Fastenklinik, in der die Kur etwa zwei bis drei Wochen dauert. Zwar kann man es für einige Tage auch allein machen, sollte dazu jedoch auf jeden Fall Erfahrungen und eingehende Kenntnisse besitzen.

Das Fasten besitzt in zweierlei Hinsicht eine Ähnlichkeit mit der Meditation. Zum einen ist beides anzusehen als ein Rückzug von den alltäglichen Funktionen des Lebens, und zum anderen zeigen sich – wie schon erwähnt – bei massierter Meditation ähnliche Begleiterscheinungen wie beim Fasten. Während beim Fasten der Organismus befreit wird vom normalen Verdauungsvorgang, bedeutet die Meditation eine Befreiung vom alltäglichen Handeln und den vielfältigen Sinneswahrnehmungen in der Welt. Diese Freistellung des Organismus von der alltäglichen Routine schafft ihm die Möglichkeit, sich auf der psychischen wie auf der physiologischen Ebene auf die Beseitigung von Erscheinungen zu verlegen, die seine natürliche Balance und Harmonie stören.

Wahrscheinlich werden Sie, wenn Sie nach unserer Anleitung regelmäßig meditieren, keine der hier beschriebenen Erscheinungen an sich wahrnehmen können. Allenfalls können einige Phänomene in sehr abgeschwächter Form auftreten, und dennoch scheint es uns wichtig zu sein, auch über diese Form der Entstressung zu informieren. Besonders denjenigen, die dennoch einige der hier beschriebenen Symptome an sich feststellen, soll durch die Schilderung des Fastenvorgangs gezeigt werden, daß diese Phänomene keine neu einsetzenden Krankheiten signalisieren, sondern als positive Anzeichen der Entstressung zu werten sind und nach einiger Zeit von allein wieder verschwinden.

## 10. Bedeutung für die Meditation

Was bedeutet nun all diese Information für unsere meditative Praxis? All die Prozesse, die wir Ihnen an Hand spezifischer therapeutischer

Verfahren geschildert haben, können während der Meditation auftreten. Und wenn sie auftreten, dann können wir sie als Erscheinungen der Entstressung begrüßen. Dabei können Gedanken, Bilder, Phantasien, muskuläre und physiologische Prozesse auftreten und, wie Sie aus den verschiedenen Unterabschnitten ersehen können: Entstressung kann auf allen diesen Ebenen geschehen. Welche Ebene vorrangig erlebt wird, ist individuell verschieden. Der eine erlebt mehr Bilder, der andere mehr Körpergefühle.

Wichtig für die Erledigung dieser alten unerledigten Konflikte sind für uns nur die Gefühle, die während der Meditation gelockert werden – nicht das Material, mit dem zusammen sie vorkommen. Ob Ärger zusammen mit einem Schmerz im Rücken, mit dem Gedanken an eine Belästigung durch einen Kollegen oder zusammen mit dem Bild eines zähnefletschenden Wolfes oder ohne jeden Inhalt auftaucht, ist vollständig gleichgültig. Durch das nochmalige Durcherleben dieses alten Gefühls während der Meditation oder danach im Alltag, kann es gelöst und integriert werden.

Das heißt, daß wir die Begleiterscheinungen des Entstressungsvorganges während der Meditation ganz unbeachtet lassen. Wir nehmen sie kurz wahr und gehen zurück zum Mantra. Die Lösung der alten Stresse geschieht von ganz allein, auch ohne unser Dazutun. Wichtig ist aber auch, daß wir vor diesen auftretenden Störungen keine Angst bekommen und dieses Kapitel sollte Sie darauf vorbereiten, was alles geschehen kann.

Unabhängig davon, ob in Ihren Meditationen Störungen auftreten, oder ob Sie während der ganzen Meditation beim Mantra bleiben – es geschieht ein körperlicher Entstressungsprozeß, der sich in einer Sensibilisierung im Alltag bemerkbar macht. Den Effekt von Meditation sollten wir nicht an den Prozessen während der Meditation messen, sondern an dem, was an Veränderung in der Zeit *zwischen* den Meditationen im Alltag geschieht.

Durch die Meditation geschieht eine Sensibilisierung oder eine Deautomatisierung, wie wir es auch nennen können, d. h., unsere Wahrnehmung wird unabhängiger von unseren alten Konditionierungen und Erfahrungen. Wir können die Wirklichkeit vorurteilsloser wahrnehmen, so daß wir uns selbst, unsere Sozialpartner und unsere Beziehungen «frischer» und «neuer» sehen können – und das bewirkt eine

Änderung unseres Selbstbildes und unseres Verhaltens. Entscheidend für den Prozeß der Selbstentfaltung ist, daß wir jetzt ganz von selbst durch die Meditation die eigenen Gefühle im Alltag stärker bemerken, wobei zunächst viele negative Gefühle auftreten mögen wie Ärger, Traurigkeit, Einsamkeit und Angst. Da auch die Expressivität durch die Meditation ansteigt, können nun diese Gefühle ausgedrückt und dadurch in die eigene Person integriert werden.

Dies geschieht normalerweise ganz von selbst, wir wollen hier dennoch darauf hinweisen, wie wichtig es ist, den Entstressungsvorgang im Alltag durch den Ausdruck aller unserer Gefühle weitergehen zu lassen, auch unserer sogenannten negativen Gefühle. Durch den Dreierschritt «Wahrnehmen der Gefühle – Ausdruck der Gefühle – Loslassen der Gefühle» lösen wir uns am schnellsten von unerledigten Konflikten aus der Vergangenheit. Hier gilt es, die meditative Haltung in unserem Alltag beizubehalten, indem wir unsere auftretenden inneren Prozesse nicht werten und zensieren, sondern ausdrücken, wobei ein schützender Rahmen, in dem dies geschehen kann, natürlich hilfreich ist.

Anders vorzugehen, halten wir für gefährlich. So kennen wir zum Beispiel einige Meditierende, die durch die Meditation sensibilisiert worden sind – dann aber die auftretende Negativität für so unvereinbar mit ihrem Selbstbild hielten, daß unmerklich die eigene Abwehr und Kontrolle der inneren Gefühle und Impulse größer wurden. Meist wird dann noch das eigene Idealbild «erhöht» durch spirituelle und religiöse Vorstellungen, und es kommt zu einer unüberwindlichen Kluft zwischen Idealbild und dem im Schach gehaltenen und verdrängten inneren «Teufel». Bei solchen Menschen ist sozusagen der Wasserdruck erhöht worden durch die Meditation, der die Staudämme und Barrikaden im Flußbett durchbrechen soll, auf der anderen Seite ist aber der Staudamm immer fester und höher gemacht worden – ein Weg, der vom Einssein mit sich selbst wegführt.

Normalerweise geschieht der Entstressungsvorgang und Sensibilisierungseffekt der Meditation in so kleinen Schritten, daß die Integration abgespaltener Persönlichkeitsanteile im Alltag ohne großen Aufruhr und fast unmerklich geschieht. Dadurch ist dieser Weg der Selbstentfaltung meist in sich selbst befriedigend und lustvoll, und auftretender Wachstumsschmerz wird vor dem Hintergrund positiver neuer

Erfahrungen ohne Widerstand zugelassen. Wenn Sie nach einer Meditation aber doch einmal von sehr starken Gefühlen überwältigt werden, dann mag es zunächst gut sein, diese allein und auf körperliche Art auszudrücken, um sich zunächst etwas zu befreien. Da viele der auftretenden Gefühle von alten unerledigten Konflikten abstammen, werden sie in unseren sozialen Situationen manchmal unrealistisch und kindlich sein und können dadurch für unsere Sozialpartner zu einer Belastung werden. Auf der anderen Seite gehören diese Gefühle uns, wir haben ein Recht darauf, und wir müssen sie ausdrücken, damit wir uns von ihnen lösen können.

Deswegen wollen wir für sehr starke Gefühle, nehmen wir beispielsweise mörderischen Haß, das Vorgehen in folgenden drei Schritten vorschlagen:

## 1. Körperliches Abreagieren

Legen Sie sich auf Ihr Bett und versuchen Sie, alle Ihre Gefühle herauszuschreien. Falls Sie nur einen unbestimmten Druck spüren und keine Worte finden, dann beginnen Sie einfach damit, Ihr Ausatmen laut zu tönen, beispielsweise mit lautem «Ha» oder «Hu». Versuchen Sie immer lauter zu werden – falls Sie im Neubau wohnen, dürfte es angeraten sein, in ein Kissen zu schreien. Schlagen Sie mit den Fäusten aufs Bett, treten Sie mit den Füßen immer wieder aufs Bett – Sie werden bald an Trotzanfälle Ihrer frühesten Kindheit erinnert werden. Schlagen Sie auf ein Kissen ein oder nehmen Sie ein Handtuch und wringen Sie es, als ob Sie jemanden erwürgen wollen. Versuchen Sie, alle Hemmungen abzulegen, und lauschen sie einfach nach innen, was Ihr Körper im nächsten Moment tun möchte.

## 2. Ausdruck in einer geschützten Atmosphäre

Am günstigsten wäre es, wenn Sie als zweiten Schritt jemandem von all ihren Gefühlen und Gedanken berichten können, der es versteht, nichtwertend zuzuhören und Ihnen akzeptierend und aufmerksam zu lauschen. Solch ein Gespräch ist im Grunde genommen eine «laute Meditation» – Sie versuchen alles zu äußern, was Ihnen in den Sinn kommt, und versuchen es nicht zu bewerten und zu analysieren. Ein solches Ausdrücken der eigenen inneren Prozesse führt zu ihrer bewußteren Wahrnehmung und ihrer größeren Akzeptierung. Auf keinen Fall kann es uns hier nützen, uns bei jemandem auszusprechen, der uns Ratschläge gibt, uns unterbricht, unsere Schilderung interpretiert oder erklärt oder auf andere Weise seine eigenen Gedanken in unsere Schilderung hineinbringt. Am hilfreichsten wäre der Gesprächspartner, wenn er seine eigene Person ganz zurückstellen könnte und quasi unser zweites Ich werden würde, indem er einfach zu verstehen versucht, was wir sagen, und es von unserem Standpunkt aus zu betrachten.

Genau dieses Verhalten zeigt ein Therapeut der klientenzentrierten oder nondirektiven Gesprächstherapie nach Carl Rogers – aber ebenso könnte Ihnen ein guter Freund hier eine große Hilfe sein, der von Ihren Gefühlen nicht direkt betroffen ist und somit neutral sein kann und sich dadurch besser in Sie hineinversetzen kann. Eine zusätzliche Hilfe für solche Gespräche ist das Kapitel «Das partnerzentrierte Gespräch» in unserem Buch «Anleitung zum sozialen Lernen für Paare, Gruppen und Erzieher», das zum Selbsttraining von hilfreichem Gesprächsverhalten anleitet.

Solch ein Gespräch hilft, sich innerlich zu erforschen, besonders auch, weil die eigenen Gefühle einem mehr gehören als in einem Gespräch mit einem betroffenen Sozialpartner. Bringen wir z. B. unsere ärgerlichen Gefühle sofort in den Kontakt mit unserem Ehepartner ein, dann besteht immer die Gefahr, daß wir bei der Äußerung unserer Gefühle sie nicht ganz als unseren Besitz annehmen, sondern in Anklagen und Vorwürfen ausagieren und von uns wegtun.

### 3. Äußerung den betreffenden Sozialpartnern gegenüber

Nach solch einem Gespräch in einer geschützten Atmosphäre können dann die eigenen Gefühle meist so dem Sozialpartner gegenüber ausgedrückt werden, daß die Kommunikation angstfrei und ohne Abwehr erfolgt, d. h. ohne Vorwürfe, Anklagen und impulsive Ausbrüche, so daß der Gesprächspartner uns verstehen kann, ohne in eigene Verteidigungshaltungen zu geraten. Hier werden dann in einem Konflikt mit gegenwärtigen Partnern auf optimale Weise alte unerledigte Gefühle ausgedrückt und können losgelassen werden.

Aber das sind Ratschläge für den Extremfall. Normalerweise geschieht das massive Auftreten von negativen Gefühlen nicht. Einige Meditanten erleben sogar kaum Störungen in der Meditation und berichten immer nur positive Nachwirkungen. Wir vertrauen hier auf den Selbstregulationsprozeß unseres Organismus, daß uns gerade das zukommt, was im Augenblick einfach «dran» ist und wichtig für uns ist. Manchmal mag das mehr ein entstressender Vorgang sein und manchmal mehr einer, der uns mit Grundvertrauen und guten Gefühlen auffüllt, womit wir uns im nächsten Kapitel beschäftigen.

## 11. Psychotherapie und Meditation

Psychotherapie und Meditation besitzen die gleichen Ziele, wie Sie aus den in diesem Kapitel geschilderten Beschreibungen verschiedener Therapierichtungen ersehen können: Abbau von Angst, die im Grunde genommen Ausgangspunkt aller Symptome und Schwierigkeiten ist, die Auflösung alter Stresse und die Erhöhung der Bewußtheit des eigenen Selbstes. Die im II. Kapitel aufgeführten Untersuchungen über Meditation haben Ihnen gezeigt, wie Meditation sich positiv auf die verschiedenen Persönlichkeitsdimensionen auswirkt. Falls einmal durch die Meditation größere oder «dickere» Stresse hervorkommen, dann ist unserer Erfahrung nach Psychotherapie eine wunderbare Ergänzung der Meditationspraxis, wobei wir besonders die klientenbezogene Gesprächstherapie nach Carl Rogers als für den Meditierenden geeignet ansehen – gerade wegen ihrer Ähnlichkeit mit dem Meditationsprozeß durch ihre bedingungslose Akzeptierung und Nichtbewertung. Diese Therapie wird an fast allen deutschen Universitäten ausgeübt und ist für den normalen Bürger erschwinglich.

Hilft nun Meditation aber auch bei Menschen, die an neurotischen Symptomen leiden, an einer Phobie, an zwanghaftem Verhalten, an Tics usw.? Häufig ist hier die Erfahrung, daß diese Patienten es zunächst schwer haben zu meditieren, da die Gedanken, die in der Meditation als Störungen aufkommen, ihnen zuviel Angst machen und von ihnen wieder unterdrückt werden. Aber Psychotherapie und Meditation ergänzen sich hier auf ausgezeichnete Weise, und die Meditation beschleunigt den Therapieprozeß und bringt blockierte Therapieprozesse wieder in Gang. In der Therapie können die Blocks, die während der Meditation vorkommen, durchgesprochen und durchgearbeitet werden. Andersherum: die Klienten, die meditieren, profitieren sehr viel mehr durch die Psychotherapie. Die Stunden sind intensiver, die Selbstexploration (das Ausmaß der Selbsterforschung) wird tiefer und gewinnbringender, und Übertragungseffekte auf den Therapeuten werden auf ein Minimum reduziert. Die meditierenden Klienten benötigten nur halb so viele Stunden wie nicht-meditierende Klienten, ja manchmal ist der Prozeß drei- bis fünfmal so schnell. Nach unseren eigenen sehr positiven Erfahrungen mit der Kombination von Meditation und Psychotherapie, besonders auch bei stationär behandelten Alkoholikern und Rauschgiftabhängigen, raten wir unseren Klienten dringend zur Meditation, ja machen es zum Teil sogar zur Voraussetzung für Psychotherapie.

Aus Amerika kommen gehäuft Fallberichte von Therapeuten, die ebenso Meditation mit Psychotherapie kombiniert haben (meist transzendentale Meditation oder Zen-Meditation), in denen über häufig erstaunliche Verbesserungen innerhalb kurzer Zeit bei Klienten, die schon jahrelang und erfolglos mit den verschiedensten psychotherapeutischen Verfahren behandelt worden waren, berichtet wird. Zunächst erweist sich Meditation als große Hilfe für die Therapie, später dreht sich das Verhältnis um, und Meditation wird die Hauptmethode, während die Psychotherapie eine Hilfe und Stütze wird, mit der Veränderung durch die Meditation zurechtzukommen und die neuen Erfahrungen in ein neues Selbstbild integrieren zu können. Dabei hat sich Meditation als Hilfe bei fast allen möglichen psychiatrischen Symptomen erwiesen.

Robert Assagioli, der Begründer von Psychosynthesis, schreibt: «Der Therapieverlauf ist kürzer mit Meditation, weil man nicht abhängig vom Zustand der Träume ist, und man kommt schneller, diagnostisch und therapeutisch gesehen, zum psychischen Konflikt. Schließlich, mit Meditation transferiert der Patient normalerweise seine Probleme nicht auf den Therapeuten, und deswegen ist die Lösung der Übertragung nicht nötig. Meditation besitzt die gute Möglichkeit, zeitweise eine der leitenden therapeutischen Techniken zu werden.»

Dr. Bernard Glueck, der von den verschiedensten positiven Auswirkungen seit der Einführung von Transzendentaler Meditation in seinem psychiatrischen Krankenhaus berichtet, schreibt zur Kombination von Meditation mit Psychotherapie: «Wenn man in der Psychotherapie mit meditierenden Patienten arbeitet, können die gedanklichen Inhalte, die in der Meditation hochkommen, intensiv feindselig und aggressiv sein, aber es gibt geringen oder gar keinen Effekt – d. h., der Gedanke ist da, aber die Intensität der Emotion, die ihn normalerweise begleitet, ist verringert. Das ist unterschiedlich zu dem, was wir normalerweise in der Psychotherapie sehen. Die meditierenden Patienten sind sehr viel leichter fähig, in der Therapie die Gedanken zu diskutieren, die während der Meditation hochkommen. Beide, die Patienten und die Therapeuten, sind erfreut über die Hilfe bei der Psychotherapie, die stattgefunden hat. Einige Patienten haben Material in zwei bis drei Monaten durchgearbeitet, was normalerweise ein halbes Jahr bis zu einem Jahr dauern würde. Meditation scheint einen positiven Verschnellerungseffekt auf Psychotherapie zu besitzen. Dies mag sich als der signifikanteste Aspekt von dem Gebrauch von Meditation bei psychiatrisch kranken Individuen erweisen.»

Wenn wir uns anschauen, wie verheerend schlecht die Versorgung der Bevölkerung mit Psychotherapie ist und wie teuer und langwierig Psychotherapie sein kann – dann scheint uns Meditation einen wichtigen Teil zur Lösung dieses Problems beitragen zu können. Besonders weil hiermit eine Technik vorliegt, die jedermann unabhängig vom Bildungsniveau und von seiner Finanzkraft allein anwenden kann. Besonders für die großen Institutionen wie Krankenhäuser, psychiatrische Anstalten, Gefängnisse usw., in denen zumeist die Möglichkeit zur Therapie viel zu gering sind, aber viel Zeit auf seiten der Patienten vorhanden ist, scheint uns Meditation als die geeignete Methode zur Vorantreibung von Heilung und Selbstentfaltung.

# V. Die Stärkung des Grundvertrauens

Neben dem Entstressungsprozeß trägt ein anderer Prozeß zur
Wirksamkeit der Meditation bei, nämlich die Auffüllung und
Anreicherung des Meditierenden mit positiven Gefühlen der
Entspannung und Geborgenheit, was eine tiefgreifende
Veränderung der Persönlichkeit bewirken kann. Mit diesem
Geschehen wollen wir uns in diesem Kapitel beschäftigen,
wobei wir zum besseren Verständnis Erfahrungen von
sogenannten «Gipfelerlebnissen», aus der psychedelischen
Therapie und von religiösen Schilderungen zur Hilfe nehmen.

## 1. Transzendieren während der Meditation

Nehmen wir noch einmal zum besseren Verständnis der Meditation
unser Kreismodell zur Hilfe. Vielleicht werfen Sie jetzt einen Blick auf
unseren farbigen Kreis auf dem Umschlagbild. In der Meditation
gelangen wir mit unserer Bewußtheit immer mehr in unsere Mitte,
wobei auf dem Wege liegende alte Stresse gelöst werden. Je mehr wir
zur Mitte kommen, desto heller und wärmer werden die Farben – als
ob wir uns einer im Mittelpunkt liegenden Lichtquelle nähern. Das
Gefühl verlagert sich immer mehr in Richtung des Poles: Entspannung, Geborgenheit, Zufriedenheit, Glücklichkeit, Wohligkeit, und
schließlich kann eine Erfahrung erlebt werden, die wir als «Transzendieren» bezeichnen wollen.

Wir gelangen genau zu unserem Mittelpunkt und erleben dort vollständige Stille – denn ebenso wie die Nabe eines Rades auch während
der Bewegung im Ruhezustand ist, so herrschen genau in unserer Mitte
wohltuende Ruhe und Stille. Das Licht an diesem Punkt ist weiß – es ist
das Licht, das alle anderen Farben in sich birgt und deren Grundlage
ist. Die Individualität der Farben verlischt und wird aufgehoben durch

das strahlende Weiß, das aus ihnen zusammengesetzt ist und doch eine neue Qualität aufweist. Bei diesem Eintritt unseres Bewußtseins in diese weiße Mitte wird das Gefühl der eigenen Individualität verloren, und wir fühlen uns eins mit allem, was existiert. Wir transzendieren unsere Persönlichkeit und gelangen in einen Zustand, der verschieden vo unserem normalen Bewußtsein ist. Unser Bewußtsein ist erweitert, und wir verlassen für einige Momente die Identifikation mit unserer individuellen formgewordenen Persönlichkeit. In diesen Momenten ist weder Mantra noch ein Gedanke als Inhalt unseres Bewußtseins vorhanden. Wir sind vollkommen leer, sozusagen Bewußtheit ohne Bewußtheitsinhalt. Wir identifizieren uns mit unserer Bewußtheit anstatt wie normalerweise mit den Bewußtheitsinhalten. Wir sind in diesem Zustand reine Bewußtheit.

Vielleicht wird es Ihnen nicht leichtfallen, sich diesen Zustand vorzustellen. Es geht uns hier nicht darum, diesen Vorgang während der Meditation begrifflich zu erklären, sondern ihn vom subjektiven Erleben her so anschaulich wie möglich zu beschreiben. Daß es dieses Erleben der Transzendenz der eigenen Person und die Identifikation mit der reinen Bewußtheit gibt, darüber besteht kein Zweifel. Diese Erfahrung ist von Tausenden von Menschen über die ganze Menschheitsgeschichte hinweg in den verschiedensten Kulturen geschildert worden. Die einfache Betrachtung unseres farbigen Umschlagbildkreises mit der Vorstellung einer imaginären Lichtquelle, die in den Kreis eintritt und sich als farbiges Licht manifestiert und zur Peripherie hin ausstrahlt, mag das Verständnis des transzendierenden Erlebnisses vertiefen.

Folgendes Bild beschreibt diese meditative Erfahrung ebenfalls sehr schön und deutlich und ist in der meditativen Literatur häufig verwandt worden. Die Person wird mit der Welle auf dem Ozean verglichen, und während im normalen Bewußtseinszustand die Identifikation mit der Welle besteht, wird im erweiterten Bewußtseinszustand die Identifikation mit dem ganzen Ozean gefühlt – die Welle wird sich bewußt, daß ihre Individualität und Getrenntheit von der Umgebung eine Illusion ist, und sie wird sich ihrer Teilhaftigkeit und Zugehörigkeit zum Ozean bewußt. Oder anders ausgedrückt: sie *ist* der Ozean in der individuellen Ausprägung der Welle.

Und noch eine andere Metapher zur Beschreibung der transzendenten Erfahrung: Der Kosmos besteht aus Energie, die die Tendenz besitzt, sich in konkreter Form zu manifestieren und zu materialisieren. Und so besteht der eine Pol des Menschen aus seiner individuellen Form und Persönlichkeit, und an dem anderen Pol ist der Mensch reine Energie und Grundlage der konkreten Ausformung. Bei der Transzendierung der eigenen Persönlichkeit identifiziert sich der Mensch mit reiner Bewußtheit oder reiner Energie und kehrt damit zurück zu der Quelle seiner Existenz und zur Ursache alles Seienden. Er kehrt zurück in den Ozean ungeformter reiner Energie, die Ursache aller Dinge ist, und fühlt sich damit eins mit allem, was im Kosmos existiert. Er verankert sich in seinem Seinsgrund und fühlt sich «daheim» im Kosmos.

Die konkrete Beschreibung dieser «ozeanischen» Erfahrung wechselt und wird bestimmt durch individuelle und kulturelle Begriffssysteme. So wird sie von einigen als Erleben von «reiner Energie», von anderen als Erfahrung von «weißem Licht» beschrieben, und in den Religionen ist dieser Urgrund des Seins mit dem Wort «Gott» bezeichnet worden. Aber unabhängig von diesen verschiedenen begrifflichen Beschreibungen werden immer wieder die gleichen gefühlsmäßigen Erlebnisse geschildert: Einheit, Geborgenheit, Zugehörigkeit, Liebe und Geliebtsein, Zu-Hause-Sein, vollständige Selbstakzeptierung und Akzeptierung anderer Menschen, Annahme der eigenen Person einfach deswegen, weil man ist, und nicht wegen bestimmter Leistungen, Freude und Ruhe.

Zum besseren Nachvollziehen dieses ozeanischen Gefühls wollen wir Ihnen hier folgende suggestive Übung anbieten, die Ihnen ein Gefühl vermitteln kann, das sich der hier beschriebenen Erfahrung annähert. Nicht jeder wird diese positiven Gefühle durch die Übung erleben können, nicht jeder wird sofort in die dafür notwendige tiefe Entspannung gelangen – aber als Geschmacksprobe der transzendenten Erfahrung lohnt es sich, diese Übung einmal auszuprobieren. Am besten ist es, wenn Sie den folgenden Text langsam auf ein Tonband sprechen und dann in der Entspannung anhören. Sie können ihn sich aber auch sinngemäß in der Entspannung denken oder von einem anderen Menschen vorlesen lassen:

«Du sitzt bequem in deinem Stuhl, hast die Augen geschlossen und wirst jetzt immer ruhiger und entspannter. Arme und Beine werden immer schlaffer und schwerer, und alle Muskeln werden weich und entspannt. Ein angenehmes Gefühl der Müdigkeit und Entspannung breitet sich langsam im ganzen Körper aus. Du fühlst zunächst noch einmal den Körper durch und versuchst dabei, alle Muskeln loszulassen, nichts festzuhalten, ganz nachzugeben. Fühle zunächst in die Stirn hinein und lasse die Muskeln dort ganz locker und entspannt. Die Stirn wird ganz glatt. Lasse die Entspannung sich weiter ausbreiten über die Augen – die Wangen – den Mund – Hals und Nacken – die Schultern – Oberarme – Unterarme – Hände – Rücken – Brust – Bauch – Gesäß – Oberschenkel – Knie – Unterschenkel und Füße.

Du bist jetzt relativ ruhig und entspannt und fühlst dich immer harmonischer und wohliger. Die Gedanken werden immer schwerer und kommen gar nicht mehr richtig an. Ein angenehmes Gefühl der Ruhe und Geborgenheit strömt über den ganzen Körper. Um die Entspannung noch zu vertiefen, zählst du innerlich von 5 bis 1, wobei mit jeder Zahl die Entspannung noch tiefer werden wird. 5 – 4 – 3 – 2 – 1.

Sage dir dann im Rhythmus des Ein- und Ausatmens innerlich die Worte Ein und Aus, Ruhig und Entspannt.»

*(1 Minute Pause)*

«Halte jetzt inne und überlege einmal kurz, wer du im Augenblick eigentlich bist. Du sitzt da und beeinflußt dich, indem du dir sagst: ‹ruhig und entspannt›. Du bist also nicht dein entspannter Körper, ebenso nicht deine Gedanken ‹ruhig und entspannt›, sondern du bist derjenige, der die Gedanken ‹ruhig und entspannt› denkt. Du bist der Denker.»

*(1 Minute Pause)*

«Versuche nun, deine Konzentration und Gedankenkraft auf positive und liebende Gedanken zu lenken. Stelle dir eventuell eine Person vor, die du liebst, und denke mit all deiner Kraft nur liebende Gedanken.»

*(1 Minute Pause)*

«Verlasse jetzt auch die Identifikation mit demjenigen, der deine

Gedanken denkt und versuche für eine kurze Zeit nur zu beobachten und wahrzunehmen, was sich in dir tut. Du bist jetzt der Wahrnehmer deines Körpers, deiner Gefühle und deiner Gedanken. Du bist das Zentrum deiner Wahrnehmung.»

*(1 Minute Pause)*

«Du wirst jetzt auf eine Phantasiereise gehen, von der du frisch und gestärkt zurückkehren wirst. Stelle dir intensiv vor, daß du deinen Körper verläßt und dich vor dich selbst hinstellst. Du drehst dich aus deinem Körper heraus, stehst vor dir selbst und schaust dich an, wie du entspannt und still auf deinem Stuhl sitzt. Und jetzt beginnst du zu schweben, schwebst höher und höher und siehst dich jetzt von oben unter dir sitzen. Und höher und höher fliegst du, durch die Decke deines Zimmers hindurch, durch das Dach deines Hauses, und siehst von oben darauf hinab. Und höher und höher, du siehst die Straßen, die Häuser werden immer kleiner, Autos und Menschen erscheinen wie Ameisen, und du fliegst höher und höher, bis du deinen Wohnort unter dir siehst. Und höher und höher, viele Städte und Landschaften erscheinen unter dir. Und noch höher und höher, du siehst ganz Deutschland, und noch höher, ganz Europa wird unter dir sichtbar, die Nordsee, die Ostsee, der Atlantik, das Mittelmeer. Und noch höher und noch höher. Die Erde rundet sich am Horizont, Amerika erscheint, Afrika. Und noch höher und höher, die Erde sieht aus, wie man sie von Astronautenfotos kennt. Du siehst die Kontinente und die Meere unter dir und fliegst höher und höher. Die Erde wird kleiner und kleiner, und du fliegst immer weiter hinein in den dunklen ruhigen Weltenraum. Mit rasender Geschwindigkeit geht die Reise weiter, an unseren Planeten vorbei. Und noch höher und höher, an unserer Sonne vorbei. Und auch unser Sonnensystem wird kleiner und kleiner, verschwindet immer weiter in der Ferne. Und du fliegst weiter und weiter, an Millionen von Sonnensystemen vorbei, hinaus aus unserer Milchstraße, die aus unvorstellbar vielen Sonnensystemen besteht. Und weiter und weiter, vorbei an Millionen von Milchstraßen, die zusammen ganze Universen bilden. Und hier, ganz weit in unserem Weltenraum, verbleibe und ruhe aus. Stelle dir vor, daß um dich herum weißes helles Licht scheint und dich behütet und schützt. Du fühlst dich geborgen, zu Haus und so wunderbar entspannt und wohlig.»

*(1 Minute Pause)*

«Und nun willst du wieder zurück. Und mit rasender Fahrt näherst du dich wieder den Millionen von Milchstraßen – immer näher heran an unsere Milchstraße – weiter und weiter – und da kommt schon unser Sonnensystem in Sicht – näher und näher – unsere Sonne und die Planeten – und da erscheint unsere Erde, noch ganz klein. Und näher und näher. Die Kontinente erscheinen. Amerika, Afrika, Asien und Europa. Und näher und näher. Jetzt ist nur noch Europa zu sehen. Und noch näher und näher. Deutschland. Und jetzt siehst du schon ganz klein deinen Heimatort. Und noch näher und näher. Deine Straße, dein Haus. Und jetzt schwebst du wieder in deinem Zimmer, siehst dich unter dir und stehst jetzt vor dir und schaust dich an, wie du dort auf deinem Stuhl sitzt. Versuche, dich selbst ganz liebevoll anzuschauen, als ob du dich selbst in den Arm nehmen willst. Gib dir selbst alle Liebe und Akzeptierung, das fühlt sich so gut und wunderbar an. Und jetzt gehe wieder zurück in deinen Körper. Und schon bist du wieder in dir drin, fühlst deine Beine, Arme, Oberkörper – deinen ganzen Körper, und er fühlt sich so gut an.»

*(1 Minute Pause)*

«Und jetzt komme langsam wieder zurück. Du wirst gleich ganz frisch, aktiv und gestärkt aufwachen. Zähle bis drei – und bei drei bist du ganz wach und frisch. Eins – die Hände fest zu Fäusten ballen. Zwei – tief ein- und ausatmen. Und drei – Augen auf.»

Sie werden den Effekt dieser Übung nicht durch das Lesen des Textes erhalten können. Sie müssen die Übung schon richtig in selbstsuggestiver Form in der Entspannung durchführen. Die meisten Menschen fühlen sich nach dieser Übung sehr erholt, erfrischt, voller Glücksgefühl und Selbstakzeptierung. Die eigene Person und auch anstehende Probleme werden positiver wahrgenommen und dadurch mit größerer Tatkraft in Angriff genommen. Häufig fühlt sich der ganze Körper leicht, durchlässig und energetisiert an.

Vielleicht hat Ihnen diese Übung die transzendente Erfahrung als körperlich-geistigen Zustand näherbringen können. Was uns psychologisch dabei als so bedeutsam erscheint, ist die positive Ausstrahlung dieses Gefühlszustandes auf die Persönlichkeit und das Verhalten. Das Gefühl der Selbstakzeptierung steigt, man mag sich gern und kann sich so annehmen, wie man ist. Man fühlt sich akzeptiert und angenommen, nicht irgendeiner Leistung wegen, sondern einfach deswegen, weil man *ist*. Diese Stärkung des Gefühles «Ich bin o. k.», wie die Transaktionale Analyse es nennen würde, oder diese «Stärkung des Grundvertrauens», wie wir es genannt haben, ist die wichtigste Grundlage für Entfaltung und Wachstum unserer Persönlichkeit. Bewußtheit und das Gefühl der Liebe verstärken sich, und in diesem Zustand der Selbstakzeptierung ist man eins mit sich selbst. Die eigenen Impulse werden nicht gestoppt und nicht zurückgehalten, da sie akzeptiert werden und nicht bewertet werden. Der Mensch wird also spontaner, läßt alle Impulse durch und ist nicht gespalten in einen Teil, der denkt oder handelt, und in einen anderen, der diesen Teil bewertet und hemmt. Ausdruck und Bewegung werden zur «Gebärde», d. h. zu einem ästhetischen Fließen aus der Mitte heraus im Gegensatz zu einer gelernten Bewegung. In diesem Zustand strahlt der Mensch Harmonie, Schönheit und Grazie aus. Das Ganze geht einher mit einem vollkommenen Verlust von Angst und dem Gefühl der großen Verbundenheit mit den Sozialpartnern. Aus diesem Gefühl heraus ist die Kommunikation ehrlicher und offener, und auch im Konfliktfall bleibt bei unterschiedlicher Meinung und trotz Interessengegensatz ein darunterliegendes Gefühl von Gemeinsamkeit und Verbundenheit bestehen.

Diesem Gefühl und Zustand nähern wir uns nun in jeder Meditation an. Schauen wir uns noch einmal unseren farbigen Kreis an. Je näher Sie in die Mitte kommen, desto heller wird es. Dieser positive Zustand ist also genau in der Mitte am stärksten, aber auch weiter weg davon kann er in abgeschwächter Form erlebt werden. Und so geschieht es in der Meditation. Jedesmal erleben wir ein kleines Quentchen dieses Gefühls, reichern uns damit an und lassen es unsere Persönlichkeit durchströmen. Wir erleben das manchmal als ein vermehrtes Gefühl von Glück oder Liebe, als größere Ruhe und Entspannung oder auch als vermehrte Energie in unserem Körper, was wir in unseren Alltag hineintragen können und auf diese Weise «verfestigen». Mit jeder Meditation erhöhen wir sozusagen unsere Fähigkeit, diesen positiven Zustand in uns aufzunehmen und zu halten. Hier noch ein Bild, was die Erfahrung von Meditierenden bei der schrittweisen Integration der transzendenten Erfahrung beschreibt. Wenn wir uns den positiven Zustand in der Mitte als eine elektrische Stromquelle vorstellen, die zur Peripherie des Kreises hin ausstrahlt und dabei schwächer wird, dann nähern wir uns dieser Quelle in jeder Meditation gerade so weit, wie unser Organismus eine Erhöhung des Stromes vertragen kann. Wir gewöhnen sozusagen unseren Organismus an immer höhere Werte von Strom. Und je mehr wir uns von unseren alten Stressen lösen, desto schneller gelangen wir in unseren Meditationen zu diesen positiven Gefühlen, die durch Erhöhung unserer Selbstakzeptierung und unserer Bewußtheit unsere Psyche und unser Verhalten nachhaltig beeinflussen.

Dieses ozeanische Gefühl, das wir in unseren Meditationen immer nur in kleinen Beträgen erfahren, wird in größerer Deutlichkeit in sogenannten mystischen Erfahrungen, Gipfelerlebnissen wie auch Erlebnissen während der psychedelischen Therapie wahrgenommen, die wir deshalb zur Verdeutlichung dieses Poles menschlichen Erlebens beschreiben wollen.

## 2. Gipfelerlebnisse nach Maslow

Abraham Maslow, ein amerikanischer Psychologe und einer der wichtigsten Vertreter der humanistischen wie auch der transpersonalen Psychologie, hat eine Erlebniskategorie untersucht, die der oben beschriebenen transzendenten Erfahrung sehr nahesteht. Er nannte diese Erlebnisse «Gipfelerlebnisse» und erhielt deren Charakterisierung, indem er verschiedenen Versuchspersonen folgende Frage vorlegte:

«Ich möchte, daß Sie an die wunderbarste Erfahrung oder die wunderbarsten Erfahrungen Ihres Lebens denken, die glücklichsten Augenblicke, ekstatische Augenblicke, Augenblicke des Entzückens, vielleicht des Verliebtseins, eines Musikerlebnisses oder des plötzlichen ‹Getroffenseins› durch ein Buch oder ein Gemälde, irgendeinen großen kreativen Augenblick. Zuerst führen Sie diese an. Und dann versuchen Sie mir zu berichten, was Sie in solchen akuten Augenblicken fühlen, wie verschieden Sie im Verhältnis zu anderen Zeiten empfinden, wie Sie in diesem Augenblick in mancher Hinsicht ein verschiedener Mensch sind.»

Wenn Sie Lust haben, können Sie einmal für sich diese Frage von Abraham Maslow beantworten und dann mit den von ihm gefundenen Ergebnissen vergleichen. Maslows Untersuchung der verschiedenen

Antworten auf diese Frage zeigt, daß der Mensch bei diesen Gipfelerlebnissen auf eine andere Weise funktioniert, erlebt, wahrnimmt und handelt als im täglichen Leben. Verhalten und Wahrnehmung sind in diesen Zuständen keine Mittel, um bestimmte ungestillte Bedürfnisse zu befriedigen, sondern sind in sich selbst Grund genug zu ihrem Geschehen. Eine Landschaft wird bewundert – nicht weil man seine Stimmung heben will oder um die Landschaft besser in sich aufzunehmen – sondern die Landschaft wird einfach bewundert. Man liebt einen Menschen – nicht weil man Sicherheit von ihm benötigt oder um wiedergeliebt zu werden – man liebt den Menschen einfach deswegen, weil er so ist, wie er ist.

Hier ist es wieder nicht einfach, sprachlich diesen Zustand nachfühlbar zu gestalten. Maslow nennt die Seinsweise in den Gipfelerlebnissen seinsmotiviert, im Gegensatz zum normalen Zustand der Defizit-Motiviertheit. In diesem letzten Zustand hat alles, was der Mensch tut, einen Zweck und wird nicht um seiner selbst willen getan. Wir essen, um satt zu werden. Wir haben Sex, um sexuelle Spannung loszuwerden. Wir haben Beziehungen, um uns geliebt und geschützt zu wissen. Wir nehmen die Welt in Kategorien wahr, die unserer Bedürfnisbefriedigung dienen. In diesem Zustand herrschen Defizit und Mangel vor, die durch unser zielgerichtetes Handeln behoben werden müssen.

Im seinsmotivierten Zustand der Gipfelerlebnisse hingegen herrscht bereits ein Gefühl der Befriedigtheit vor. Der Mensch ist «gesättigt» – und benötigt nichts mehr von der Welt, um zufrieden zu sein. Erst aus diesem Zustand heraus kann er nun Handlungen um ihrer selbst willen vollziehen. Er malt ein Bild, nicht, um damit Geld zu verdienen, sondern einfach, weil es ihm Freude bringt. Er hat eine Beziehung zu einem anderen Menschen, nicht, weil er jenen braucht, sondern weil die Beziehung ihm Spaß bringt. Er versucht, ein wissenschaftliches Problem zu lösen, nicht so sehr des Ergebnisses wegen, sondern weil das neugierige Forschen in sich schon befriedigend genug ist. Solche Verhaltensweisen, die sich in einem bereits vorhandenen Zustand der Zufriedenheit und des Glücks herausbilden, besitzen viel größere Stärke und Effektivität als die Handlungen, die zur Befriedigung eines Mangels geschehen.

Diesen Seinszustand lernen nun Menschen in Ausnahmesituationen und Gipfelerlebnissen kennen. Dabei kann diese Erfahrung in der

Liebe zu einem anderen Menschen, in einem Naturerlebnis, in der Erfahrung der Elternschaft, in der ozeanischen oder mystischen Erfahrung, im ästhetischen und künstlerischen Schaffen wie auch in athletischer Erfüllung geschehen. Reife und besonders entfaltete Persönlichkeiten tendieren stärker zum Erleben dieser Gipfelerlebnisse als unreife Menschen, wie auch dieser Seinzustand häufiger im normalen Leben von besonders entfalteten Menschen vorkommt, dort also integriert und stabilisiert worden ist. Im Gipfelerlebnis lernt der einzelne einen Zustand kennen, der in ihm als Möglichkeit bereitliegt, aber noch nicht verwirklicht und gelebt ist. Er lernt also kurz einen Blick in den «Himmel» zu werfen, um dann, zurück auf der Erde, ein Stück von diesem Erleben zu integrieren.

Dieses seinsmotivierte Erleben geschieht außer in Gipfelerlebnissen ebenso nach besonders tiefen Meditationen oder unter gewissen Umständen auch durch die früher beschriebene Gestaltübung «Ich nehme wahr . . .», die Sie vollständig in das «Hier-und-Jetzt» führt. Denn wenn Sie vollständig eins mit Ihrem inneren Prozeß sind, ihm von Sekunde zu Sekunde folgen, dann werden Handlungen zu sich selbst genügenden Gesten, und für bewertende Gedanken ist kein Platz mehr. Durch das Verbleiben im «Hier-und-Jetzt» wachsen ebenso die Selbstakzeptierung und Bewußtheit, während umgekehrt eine Erhöhung der Selbstakzeptierung oder Bewußtheit zu einem stärkeren Erleben des «Hier-und-Jetzt» führt. Von welchen Begriffen wir uns auch nähern, in Maslows Beschreibung der Gipfelerlebnisse gelangen wir wieder zu dem positiven Zustand «X», den wir als Selbstakzeptierung, Einssein mit sich Selbst, Bewußtheit oder im «Hier-und-Jetzt»-Sein beschreiben können. In der alten chinesischen Tao-Philosophie wird dieser Zustand «Wu-Wei» genannt. Ein Zustand des Einsseins mit den eigenen inneren Prozessen und den Prozessen der Umwelt. Der Mensch im «Wu-Wei» geht «mit der Energie», besitzt in seinem Leben kaum Reibung oder Widerstand. Er ist aktiv und passiv zugleich. Er läßt geschehen und handelt dennoch aktiv. Er handelt aus dem Vertrauen heraus, daß alles, was ihm geschieht, für ihn richtig und o. k. ist. Wu-Wei ist wie Judo und Karate, man paßt sich der äußeren Energie geschmeidig an und nutzt sie für die eigene Bewegung – kein Gegenstemmen, kein Aufgeben – sondern Nachgeben und In-die-eigene-Richtung-Lenken zugleich. Der Mensch im Wu-Wei schwimmt nicht gegen den Strom seiner inneren Impulse, läßt sich auch nicht auf dem Strom treiben – sondern er schwimmt aktiv mit dem Strom.

Wenn diese Beschreibung Erinnerungen und «Aha-Erlebnisse» in Ihnen auslöst, dann ist das gut. Wenn Ihnen aber all diese Worte nebulös und unbegreiflich bleiben und Sie das Gefühl von Wu-Wei nicht nachvollziehen können – dann ist das auch o. k. Versuchen Sie dann nicht, darüber nachzugrübeln oder es logisch zu verstehen. Wu-Wei und Gipfelerlebnisse sind Erfahrungen – können also nur durch Erleben verstanden werden und nicht durch ein Nachdenken darüber. Aber vielleicht können die folgenden Phantasien Ihnen den Unterschied zwischen seinsmotiviertem und defizitmotiviertem Erleben noch näherbringen:

### 1. Nicht im Wu-Wei (defizitmotiviert)

Sie sind in den Urlaub gefahren. Das Wetter ist schön, und auch das Meer könnte zum Baden reizen – aber Sie können es nicht so recht genießen. Sie fühlen sich einsam und suchen Kontakt. Sie träumen von einem romantischen Flirt, malen sich in Ihrer Phantasie ständig Ihre Angebetete aus. Das Wasser, die Sonne und den Strand nehmen Sie kaum wahr. Da kommt eine Touristin auf Sie zu und bittet Sie um Feuer für eine Zigarette. Sie geben ihr kurz Feuer, sind aber relativ unfreundlich und abweisend – denn diese Frau entspricht nun gar nicht Ihrer Vorstellung. Sie geht wieder, und Sie sind ein weiteres Mal enttäuscht. Sollten sich Ihre Träume nie verwirklichen? Am Abend gehen Sie ins Strandcafé zum Tanz. Da fordert Sie doch tatsächlich dieses liebe Mädchen bei der Damenwahl auf, das Sie schon seit langem bemerkt und bewundert haben. Sie ist eine leidenschaftliche Tänzerin, aber es scheint mit der Harmonie zwischen Ihnen beiden nicht ganz zu klappen. Sie, da Sie sich nun endlich in Nähe Ihres erträumten Zieles wähnen, beginnen auf etwas gekünstelte Weise zu flirten und etwas vorzuspielen. Sie tun alles, um ihr zu gefallen, schaffen dadurch eine etwas klebrig anhaftende Atmosphäre – und das Tanzen bringt nur den halben Spaß. Ihre Partnerin scheint unbefriedigt und lehnt ein weiteres Gespräch und Treffen ab. Sie setzen sich unzufrieden an Ihren Tisch, sind wieder enttäuscht, mißmutig und fragen sich, ob mit Ihnen etwas nicht in Ordnung ist.

## 2. Im Wu-Wei (seinsmotiviert)

Sie sind im Urlaub, liegen am Strand und genießen den Blick auf das Meer. Sie sind glücklich und zufrieden. Sie haben Zeit, brauchen sich keine Sorgen zu machen und haben alle Gedanken an die Zukunft vergessen. Sie schwimmen, laufen am Strand und genießen die Sonne. Ihnen kommt die Idee, mit Sand und Wasser eine kleine Skulptur zu bauen, und Sie gehen ganz in Ihrer künstlerischen Arbeit auf und erinnern sich einmal kurz, daß Sie so mit 4 oder 5 Jahren waren. Da kommt eine Strandnachbarin und bittet Sie um Feuer. Da Sie nichts Besseres oder Schlechteres zu tun haben, rauchen Sie zusammen mit ihr eine Zigarette. Sie erfahren dabei von Ihrer Gesprächspartnerin interessante Dinge über den Urlaubsort, und Ihre Freude und Entspannung scheint durch den Kontakt mit ihr, die ebenso glücklich und urlaubsfreudig ist wie Sie, noch verdoppelt zu werden. Nach einer Stunde verabschieden Sie sich und freuen sich über diesen schönen Kontakt, der Ihren Nachmittag bereichert hat. Abends gehen Sie ins Strandcafé zum Tanz – und da Sie furchtbar gern tanzen, lassen Sie kaum einen Tanz aus. Sie machen dabei neue liebe Bekanntschaften, und zeitweilig kommt es Ihnen beim Tanzen so vor, als ob Sie schweben und sich von innen heraus wie von selbst bewegen. Sie sind so eins mit Ihrem Körper und Ihrer Bewegung, daß Sie alles andere darüber vergessen. Und ebenso eins mit allem, was Sie tun, sind Sie im weiteren Verlauf des Abends und Ihres Urlaubs – jede Minute wird ausgekostet und voll gelebt.

Diese simplen Beispiele zeigen Ihnen, wie verschieden die Welt aussehen kann, abhängig davon, ob Sie sich zufrieden oder unzufrieden fühlen. Und darin liegt gerade der große therapeutische Effekt der positiven Erfahrung, sei es in der Meditation, sei es ein Gipfelerlebnis. Fühlen Sie sich unzufrieden, werden Sie sich gezwungen fühlen, in der äußeren Welt nach Befriedigung zu suchen – Ihr Verhalten wird dabei defizitmotiviert und erhält einen drängenden, getriebenen und haftenden Charakter. Die Umwelt fühlt das und reagiert meist in einer Weise, die Sie noch unbefriedigter zurückläßt. Letztlich kann innere Unbefriedigtheit niemals durch äußere Mittel behoben werden. Die Befriedigung von außen wird immer nur kurz währen, so lange, bis der

Hunger sich wieder meldet. Die Erfahrung zeigt, daß Menschen noch soviel Reichtümer, Beziehungen, Karrieren und gefällige Fassaden aufrichten mögen, innerlich bleibt das Gefühl des Ungesättigt-Seins.

Echte Zufriedenheit entsteht durch eine innere Änderung, durch eine Änderung der Wahrnehmung und des eigenen Seinszustandes. Und gerade dieses Vorherrschen eines inneren Glücks, des Gesättigt-Seins und der Freude geschieht durch das Gipfelerlebnis oder auch durch die transzendente Erfahrung während der Meditation. Und obwohl wir relativ bedürfnislos sind, kommt die Umwelt auf uns zu, wenn wir aus diesem Zustand heraus handeln, und wir bekommen mehr, als wir uns überhaupt gewünscht haben. Das Gefühl der inneren Zufriedenheit bewirkt keineswegs, daß jetzt aktives Handeln und Erleben verringert werden. Ganz im Gegenteil – das eigene Handeln wird jetzt engagierter und distanzierter zugleich. Wir können ganz in einer Aktivität aufgehen, haften aber nicht vollständig an ihr und können sie ohne Schwierigkeit und Enttäuschung auch wieder aufgeben.

Soweit unsere Beschreibung des seinsmotivierten Zustandes. Maslow hat bei der Untersuchung dieses Zustandes in den Gipfelerlebnissen 19 Kriterien aufgezählt, die diesen Erlebniszustand charakterisieren und beschreiben, und obwohl sie alle miteinander zusammenhängen und nur verschiedene Beschreibungen dieses Zustandes «X» sind, wollen wir sie hier kurz anführen: Maslow beschreibt dabei die Wahrnehmung in Gipfelerlebnissen und kürzt sie als S-Wahrnehmung (Seinswahrnehmung) ab.

«1. Im S-Erkennen wird das Wahrnehmungsobjekt als Ganzes und als Einheit wahrgenommen, unabhängig von dessen Nützlichkeit und Angemessenheit.

2. Im S-Erkennen füllt das Wahrnehmungsobjekt die Aufmerksamkeit so vollständig aus, daß es daneben nichts auf der Welt zu geben scheint.

3. Der Erkenntnisgegenstand wird losgelöst von den eigenen Bedürfnissen wahrgenommen. So ist dann die Natur für sich selbst da und nicht ‹ein menschlicher Spielplatz, für menschliche Zwecke eingerichtet›.

4. Während die normale Wahrnehmung nach einiger Zeit gesättigt wird, wird die S-Wahrnehmung bei wiederholter Wahrnehmung immer faszinierender.

5. Wahrnehmung in den Grenzerfahrungen ist Ich-transzendierend, Selbst-vergessen, Ich-los, sie ist unmotiviert, unpersönlich, wunschlos, selbstlos, bedürfnislos.

6. Die Grenzerfahrung wird als sich selbst bestätigender, sich selbst rechtfertigender Augenblick empfunden, der seinen eigenen inneren Wert in sich trägt. Das bedeutet, daß sie ein Zweck an sich ist.

7. In Grenzerfahrungen besteht eine charakteristische Desorientierung in Zeit und Raum.

8. Alles wird als gut, wünschenswert und sinnvoll wahrgenommen. Das, was ist, wird akzeptiert, wie es ist, wird nicht verglichen und gewertet.

9. Grenzerfahrungen sind eine absolute Erfahrung und verhältnismäßig unabhängig vom individuellen wie auch kulturellen Bezugsrahmen.

10. S-Erkennen ist mehr passiv und rezeptiv als aktiv.

11. Die emotionale Reaktion bei Grenzerfahrungen hat einen besonderen Beigeschmack des Wunders, der Scheu, der Ehrfurcht, der Bescheidenheit und der Auslieferung an die Erfahrung als an etwas Großes.

12. Die ganze Welt wird als Einheit wahrgenommen.

13. Die Wahrnehmung ist ungefilterter durch Kategorien und damit konkreter und einzigartiger.

14. In Grenzerfahrungen werden viele Dichotomien, Polarisierungen und Konflikte verschmolzen, transzendiert oder aufgelöst. Man ist gleichzeitig egoistisch und selbstlos, dionysisch und apollinisch, individuell und sozial, rational und irrational, mit anderen eins und von anderen distanziert.

15. Der Mensch ist auf dem Gipfel seiner Grenzerfahrung gottähnlich, besonders in der vollständigen, liebenden, nicht verdammenden, mitempfindenden und vielleicht erfreuten Akzeptierung der Welt und des Menschen.

16. Die Wahrnehmung ist idiographisch und nicht klassifizierend.

17. In der Grenzerfahrung geschieht ein vollständiger, wenn auch nur augenblicklicher Verlust von Angst, Furchtsamkeit, Hemmung, Abwehr und Kontrolle – eine Preisgabe des Verzichts, des Zögerns und der Zurückhaltung.

18. Es scheint eine Art dynamischer Parallelismus oder Isomorphis-

mus zwischen dem Innen und dem Außen zu bestehen. Wenn man das wesentliche Sein der Welt wahrnimmt, kommt man gleichzeitig seinem eigenen Sein näher.

19. Es entsteht eine Fusion von Ich, Es, Über-Ich und Ich-Ideal, des Bewußten, Unbewußten und Vorbewußten, der Primär- und Sekundärprozesse, eine Synthese des Lustprinzips mit dem Realitätsprinzip, eine gesunde Regression ohne Angst im Dienst der größeren Reife, eine echte Integration der Person auf allen Ebenen.»

Diese von Maslow zusammengetragenen Kriterien werden vielleicht noch plastischer durch die folgende Beschreibung der mystischen und der psychedelischen Erfahrung. Es ist auf jeden Fall faszinierend, wie auf verschiedenen Wegen und bei verschiedenen Methoden die Beschreibungen dieses positiven Poles menschlichen Erlebens und Seins sich gleichen. So gleichen Maslows Beschreibungen der Gipfelerlebnisse der Beschreibung von religiösen Mystikern, der psychedelischen Erfahrung oder der Erfahrung in der Meditation.

Zur Wirkung von Gipfelerlebnissen schreibt Maslow folgende sieben Punkte:

«1. Grenzerfahrungen können einige therapeutische Wirkung im strengen Sinn der Symptombeseitigung haben.

2. Grenzerfahrungen können die Sicht, die man in bezug auf sich selbst hat, in eine gesunde Richtung ändern.

3. Sie können die Sicht anderer Menschen und die eigene Beziehung zu ihnen in verschiedener Weise ändern.

4. Sie ändern mehr oder minder dauerhaft die Sicht der Welt oder die Sicht von Aspekten oder Teilen der Welt.

5. Sie können größere Kreativität, Spontaneität, Expressivität und Idiosynkrasie auslösen.

6. Man erinnert sich an die Grenzerfahrung als an etwas sehr Wichtiges und Wünschenswertes und strebt die Wiederholung an.

7. Der Mensch ist fähiger, das Leben im allgemeinen als lebenswert zu empfinden, auch wenn es grau, alltäglich, schmerzlich oder unbefriedigend ist, da Schönheit, Erregung, Ehrlichkeit, Spiel, Güte, Wahrheit und Sinn ihre Existenz für ihn demonstriert haben. Das heißt, das Leben selbst wird bestätigt, Selbstmord und Todeswunsch müssen weniger wahrscheinlich erscheinen.»

# 3. Die kosmisch-mystische Erfahrung in den Religionen

In allen Weltreligionen ist immer wieder eine Erfahrung von Menschen berichtet worden, die dem geschilderten Transzendieren während der Meditation und dem beschriebenen Gipfelerlebnis ähnelt. Abhängig von der spezifischen Kultur und von der individuellen Erfahrung wird dieses Erlebnis verschieden benannt und beschrieben, aber letztlich beschreiben die verschiedenen Schilderungen die gleiche Grunderfahrung. Im Zen-Buddhismus wird sie Satori oder Kensho genannt, im Yoga Samadhi oder Moksha, im Taoismus «der absolute Tao». Sufis nennen es Fana, Gurdijieff nennt es objektives Bewußtsein, die Quäker sprechen vom «inneren Licht», die christlichen Mystiker nennen es «unio mystica», die Einswerdung mit Gott, und andere Begriffe sind «kosmisches Bewußtsein», «Erleuchtung», «kosmisch-mystische Erfahrung». Ganz egal, wie wir diese Erfahrung nennen, die Worte bezeichnen eine radikale Veränderung unseres Bewußtseins und das subjektive Erleben des Einsseins mit Gott oder dem Urgrund des Seins. Der Erlebende ist vollkommen im «Hier-und-Jetzt» und erlebt den Moment als sich selbst genügend, als Ziel des Lebens erlebt er also nicht mehr als das Leben in diesem Moment. Die Trennung von Individuum und Umwelt wird aufgehoben, der einzelne erlebt sich nicht mehr getrennt von anderen Menschen, von der Natur und vom Kosmos, sondern er fühlt sich eins mit allem, was lebt und existiert. Er erlebt sich eingebettet in ein kosmisches Geschehen, was unmittelbar als vollendet, sinnvoll und liebevoll wahrgenommen wird. Und obwohl das Prinzip des «Bösen» in der Welt und in der eigenen Person nicht geleugnet wird, hat alles den Beigeschmack von totaler Richtigkeit. Begleitet werden diese Gefühle von unendlicher Liebe, Freiheit und Glück, der Körper ist von Licht durchströmt – in vielen religiösen Schilderungen ist die Rede von Feuer und Flammen. Die ganze Welt ist durchströmt von hellem Licht, das aus jedem Lebewesen und aus jedem Gegenstand herausströmt – eine Wahrnehmung, wie sie in ähnlicher Weise von den impressionistischen Malern festgehalten worden ist.

Grunderfahrung dieses kosmisch-mystischen Erlebens ist die Einheit des Menschen mit Gott, und wir können die Beschreibung dieser

Erfahrung in allen Religionen wiederfinden. Meister Eckhart schreibt: «Der Wissende und das Gewußte sind eins. Einfache Menschen stellen sich vor, daß sie Gott so sehen sollten, als ob Er dort stehe und sie hier. Dies ist nicht so. Gott und ich sind eins im Wissen.» Und diese Erkenntnis der Sanskritformel «tat tvam asi», die die Einheit alles Seienden beschreibt, ist als praktische Erfahrung die Grundlage aller Religion, die im Grunde genommen als Konzeptualisierung und Institutionalisierung dieser Erfahrung gelten kann. Worauf es aber ankommt, ist nicht von dieser Einheit zu wissen, sondern sie persönlich zu erfahren, wie beispielsweise in der kosmisch-mystischen Erfahrung oder durch die Praxis der Meditation.

In der mystisch-kosmischen Erfahrung ist das Bewußtsein erweitert und funktioniert in einer anderen Weise als im normalen Alltag. Wir haben zwei verschiedene Bewußtseinszustände. Der eine ist entstanden für unser biologisches Überleben auf dem Planet Erde und ausgerichtet auf das Erkennen unserer Umwelt durch unsere Sinne und die Kategorisierung und Filterierung dieser Sinneswahrnehmungen durch alles, was wir gelernt und erfahren haben. Dieser Bewußtseinszustand verhilft uns zu aktivem Handeln und zur Bewältigung unserer Umwelt. Er besitzt großen praktischen Wert, denn alte Lernerfahrungen gehen sofort ein in das Erleben der Umwelt, so daß sie nicht noch einmal gemacht werden müssen. In diesem Bewußtseinszustand ist alles Geschehende zeitlich geordnet, und hier gelten die Gesetze unserer Logik, beispielsweise ist A nicht das gleiche wie B. Hier denken wir vornehmlich analytisch und betonen die Getrenntheit der Wahrnehmungsgegenstände.

Aber dieser Bewußtseinszustand ist nicht der einzig mögliche. Es ist nur eine bestimmte Welt, die wir auf diese Weise kennenlernen – die Welt unserer Sinne und unserer Konditionierungen. Wir sehen die Dinge nicht so, wie sie sind, sondern nur so, wie unser Nervensystem es uns erlaubt, sie wahrzunehmen. In der kosmisch-mystischen Erfahrung gelangen wir nun in einen anderen Bewußtseinszustand, der uns unabhängig von unserer biologischen Programmierung macht, die Filterfunktion unseres Nervensystems aufhebt und uns die Welt unabhängig von unseren alten Konditionierungen immer wieder neu und frisch wahrnehmen läßt. Hier gilt die paradoxe Logik, A ist das gleiche wie B, und im Vordergrund steht die Synthese der Wahrnehmungsgegenstände und ihre Gemeinsamkeit. In diesem Bewußtseinszustand spielt Zeit eine untergeordnete Rolle – im Vordergrund steht hier der Raum. Deswegen wird dieses erweiterte Bewußtsein häufig unser räumliches Bewußtsein genannt. Es hängt zusammen mit unserer Intuition, unseren Gefühlen, unseren Körpergefühlen. Menschen wären jedoch in nur diesem Bewußtseinszustand nicht lebensfähig. Das wäre so, als ob sie «high» oder «angeturnt» versuchten, einen Wagen im Großstadtverkehr zu fahren. Beide Bewußtseinsarten haben ihre Berechtigung, der «begriffliche» und der «intuitive», und Selbstentfaltung bedeutet auch eine Integration dieser beiden Seinszustände. Hier wollen wir uns aber weiter mit dem erweiterten Bewußtsein und dessen Extremerfahrung, der kosmisch-mystischen Erfahrung auseinandersetzen.

Manche Menschen erleben diese Erfahrung ganz spontan und wie von selbst. Im allgemeinen sind dies besonders reife, erwachsene und integrierte Personen. Besonders häufig gelangen Sterbende zu dieser Erfahrung, die sich ja in einem viel stärkeren Rahmen mit den großen Fragen des Lebens beschäftigen wie «Was ist der Sinn? Wo kommen wir her? Wo gehen wir hin?» Dr. Karlis Osis von der Parapsychologischen Gesellschaft in New York schickte Fragebögen an Ärzte und Krankenschwestern, um festzustellen, welche veränderten Bewußtseinszustände bei Menschen auf dem Sterbebett vorkommen. Er erhielt dabei über 800 Antworten, die bezeugten, daß die betreffenden Sterbenden Lichterscheinungen, visionäre Erscheinungen und andere Kennzeichen der mystischen Erfahrung hatten.

Aber schon immer haben Menschen versucht, diese Erfahrung auf künstliche Weise herbeizuführen. Eine Möglichkeit ist beispielsweise die Hypnose. Nicht alle, aber viele Menschen gelangen in der Hypnose zunächst in eine vollständig «andere Welt» von Visionen, leuchtenden Landschaften und fremdartigen Wesen. Einige Personen gelangen dann noch weiter zu tief religiösen Gefühlen und Visionen, den Lichterscheinungen und all den anderen aufgeführten Merkmalen. Gefördert werden diese Erlebnisse, wenn religiöse Vorstellungen in der Hypnose vorgegeben werden, wie beispielsweise der Gang in eine Kapelle, das Hineinversetzen in biblische Szenen oder die Besteigung eines Berges, wie es der französische Psychiater Desoille in seiner Methode «rêve éveillé dirigé» praktizierte. Natürlich sind diese Zustände nicht gleichzusetzen mit den großen mystischen Erfahrungen – dem Satori des Zen oder dem Samadhi im Yoga, und dennoch zeigen sie in verschiedener Ausprägung die Merkmale der mystischen Erfahrung.

Eine andere Methode, um das Bewußtsein zu erweitern, ist die sensorische Deprivation, die größtmögliche Verhinderung aller einströmenden Sinnesreize. Solche Versuche werden heute in verschiedenen psychologischen Laboratorien unternommen, wobei die Versuchspersonen isoliert werden und visuelle, akustische wie auch taktile Reizung verhindert wird. Nach einigen Stunden dieser vollständigen Ruhe beginnen die Versuchspersonen zu halluzinieren und in eine «andere» Welt hineinzugehen. Am weitesten ist mit dieser Methode wohl der Amerikaner Dr. John Lilly gegangen, der einen Wassertank konstruierte, in dem er über Stunden schweben konnte. Auf diese Weise konnte an keiner Stelle seines Körpers irgendeine Differenzierung von Reizen stattfinden. Solch eine sensorische Deprivation wurde von Mystikern schon immer benutzt, indem sie einsame Höhlen, karge Klosterzellen oder Wüsten aufsuchten. Und auch in unserer Meditation erleben wir diese. Wir haben die Augen geschlossen, sitzen in einem ruhigen Raum, der Körper wird in der Entspannung empfindungslos, so daß hier auch keine Aufnahme von Sinnesreizen geschehen kann.

Körperübungen, Atemübungen, Fasten und Selbstkasteiungen sind andere Methoden, in denen der Organismus auf entsprechende Weise beeinflußt wird und für eine Erweiterung des Bewußtseins bereit wird. Nicht zu vergessen sind die Trancetänze, durch die sich die sibirischen Schamanen ebenso wie die persischen Sufis, die «tanzenden Derwische», in einen veränderten Bewußtseinszustand hineinversetzten.

Ein anderes Mittel zur Bewußtseinserweiterung ist in vielen Kulturen die Droge gewesen. In Sibirien war es der Fliegenpilz, im alten Indien das Soma, im Orient wie auch im alten Griechenland der Hanf und bei den amerikanischen Indianern der Peyotl-Pilz. Am eindrucksvollsten kann der heilende Effekt der bewußtseinserweiterten religiösen Erfahrung an dem Peyotl-Kult der «Native American Church» studiert werden. Diese christliche Sekte breitete sich Mitte des 19. Jahrhunderts unter den nordamerikanischen Omaha-Winnebago-Indianern aus und fand dann rasche Verbreitung unter den anderen

Indianerstämmen. In dieser Sekte wurde der bewußtseinserweiterte Zustand durch den Peyotl-Pilz hervorgerufen und systematisch als religiöser Weg benutzt. Für diese Indianer hat sich dabei der Peyotl-Kult als ein heilender Segen ausgewirkt. Zum großen Teil waren sie demoralisiert, ihrer eigenen Kultur entfremdet, ihr Land war vom weißen Mann gestohlen worden. Bei vielen Indianern hatte diese Situation dazu geführt, daß sie anfingen, Alkohol zu trinken, und viele waren chronisch alkoholkrank. Diese Situation änderte sich deutlich, nachdem in der Native American Church Peyotl als Sakrament zum Gottesdienst benutzt wurde, wobei in diesem feierlich und zeremoniellen Rahmen viele Teilnehmer mystische Erfahrungen erhielten. Tiefgreifende religiöse Erlebnisse und Erfahrungen von Gott ließen viele Indianer ihr Leben verändern und den Alkohol aufgeben. Diesen heilenden und läuternden Effekt der mystischen Erfahrung hat man auch versucht, in der sogenannten «psychedelischen Therapie» mit LSD systematisch zu nutzen, wobei auf chemischem Wege eine Bewußtseinserweiterung bewirkt wird, die bei entsprechender Menge und bei entsprechender Vorbereitung und Umgebung der psychedelischen Sitzung zu der «großen Erfahrung» führen kann.

## 4. Die psychedelische Therapie

Mit dem Ziel, die kosmisch-mystische Erfahrung für Heilungszwecke einzusetzen, hat sich in den USA im letzten Jahrzehnt die psychedelische Therapie entwickelt. Im Gegensatz zur psycholytischen Therapie, in der dem Klienten verhältnismäßig geringe Mengen von LSD verabreicht werden und in der die Durcharbeitung von unerledigten Konflikten aus der Kindheit im Vordergrunde steht (siehe Stanislav Groff), wird in der psychedelischen Therapie dem Klienten eine verhältnismäßig große Dosis LSD oder Psylocybin verabreicht – mit dem Ziel, das kosmisch-mystische Erleben herbeizuführen. Diese Therapie wurde vor allem bei chronischen Alkoholikern, bei der Behandlung von Drogenabhängigen, wie auch bei psychoneurotischen Klienten angewandt.

In der psychedelischen Therapie unterscheidet man eine Vorbereitungsphase, in der der Klient behutsam seelisch auf die Sitzung vorbereitet wird, dann die eigentliche Sitzung, die sich über mehrere Stunden bis zu einem Tag hinziehen kann, und die Nachbereitungsphase, in der das während der Sitzung aufgekommene Material durchgearbeitet und besprochen wird. Diese Phase kann bis zu einigen Monaten dauern. Prof. Hans-Carl Leuner, wohl der erfahrenste LSD-Therapeut in Deutschland, schreibt zur psychedelischen Sitzung: «Die kosmisch-mystische oder transzendentale Spitzenerfahrung – der Echtheitsstempel der psychedelischen Therapie – ist in den halluzinogenen Sitzungen fast regelmäßig eingebettet in ein Spektrum psychodynamischer bzw. psychoanalytisch relevanter Inhalte wie: Lösung von Widerständen, unterdrückten Impulsen und Konflikten, der Freisetzung von Fehlleistungen, der Verstärkung der Gefühlsübertragung auf den Therapeuten, von Katharsis, Introspektion und Selbsteinsicht. Der Erlebnishorizont und die Inhalte dieser Erfahrungen scheinen grenzenlos. Sie zeigen viele Ähnlichkeiten mit jenen, die Menschen durch die Zeiten und in allen Kulturen schon immer gehabt haben. Sie mögen als mystisch, transzendental, visionär oder ähnlich bezeichnet werden, oder auch ekstatisch. Die Unaussprechlichkeit dieser Erfahrungen ist geradezu ein definierendes Charakteristikum.»

Im ganzen sind recht eindrucksvolle Ergebnisse mit dieser psychedelischen Therapie, besonders bei Alkoholikern, gemacht worden, obwohl sich nach zu optimistischer Begeisterung im Beginn dieser Therapieform dann herausstellte, daß psycholytische Therapie (der Weg der kleinen Schritte) und psychedelische Therapie (eine große Gipfelerfahrung) etwa gleiche Erfolge zeitigen. Zur Veranschaulichung des Erlebens während einer psychedelischen Sitzung möchten wir hier die Beschreibung eines von Prof. Leuner zitierten amerikanischen Theologiestudenten anführen:

«Relativ bald, nachdem ich die Droge erhalten hatte, erweiterte sich die übliche Ebene meines Bewußtseins, und ich wurde mir phantastischer Dimensionen des Seins bewußt, die alle ein tiefgreifendes Gefühl von Realität besaßen. Ich schien diese Dimension zu sehen, obgleich ich keine Erinnerung an visuelle Vorstellungen habe, außer an gelegentlich auftretende farbige Linien. Es wäre zutreffender zu sagen, daß ich ‹in› diesen Dimensionen des Seins existierte, wie ich nicht nur mein Ich transzendierte, sondern die Spaltung in Subjekt und Objekt. – Es ist bedeutungsvoll zu sagen, daß ich, Bill . . . aufhörte zu existieren, indem ich mich im Grund des Seins versenkte, in Brahman, in Gott, in das Nichts, in eine letzte Realität oder in ein analoges religiöses Symbol der Einheit. Wenn mich jedoch jemand nach meinem Namen oder über die Vorlesung des Morgens gefragt hätte, über das, was ich gegessen hatte heute Mittag, so fühlte ich, ich hätte auf die Routine-Welt des Alltags zurückblicken können wie auf einen Punkt und hätte korrekte Antworten gehen können. Ich wußte, wie fremdartig und entfernt dieser Punkt aus meiner transzendierten Perspektive erschien. Die Gefühle, die ich erlebte, könnten am besten beschrieben werden als kosmische Zartheit, durchdringender Friede, unendliche Segnung und bedingungslose Annahme durch eine Hand oder eine andere unter unaussprechlicher heiliger Scheu, überwältigende Freude, ursprünglicher Demut, unaussprechlicher Dankbarkeit und grenzenloser frommer Hingebung. Jedoch sind all diese Worte unangemessen und können nicht mehr als bescheiden etwas in der Richtung der ursprünglichen unaussprechlichen Gefühle auszudrücken versuchen, die ich tatsächlich empfand. Nicht eigentlich ich erlebte, sondern ich war das Gefühl und ich war die Musik, Bachs Phantasie und Fuge in G-Moll. Die ‹Liebe›, die ich auf dem Höhepunkt empfand, war so überwältigend, als ob sie untragbar sei oder fast schmerzhaft, und die Tränen in diesem Moment waren die einer ganz unfaßbaren Freude.»

Und zur weiteren Verdeutlichung noch eine Beschreibung einer psychedelischen Erfahrung, und zwar von Alan Watts, dem bekannten amerikanischen Philosophen, der durch seine Schriften den Zen-Buddhismus vielen westlichen Menschen nähergebracht hat. Er schreibt:

«Hinunter und endlich hinaus – hinaus aus dem kosmischen Irrgarten, um darin den verwirrten Reisenden als mich selbst zu erkennen, die vergessene und doch bekannte Empfindung des Urimpulses aller Dinge, höchste Identität, innerstes Licht, letztes Zentrum, selbst mehr ich als ich selbst. Mitten in Ellas Garten stehend fühle ich, mit einem Frieden so tief, daß er singt, mit der ganzen Welt geteilt zu werden, daß ich endlich dazugehöre, daß ich zu dem Zuhause hinter dem Zuhause zurückgekehrt bin, daß ich die Erbschaft angetreten habe, die mir unwissenderweise von allen meinen Vorfahren seit dem Anfang vermacht wurde. Gezupft wie die Saiten einer Harfe, hallt das

Gewebe der Welt wider mit Erinnerungen und triumphalen Hymnen. Das sichere Fundament, das ich suchte, um darauf zu stehen, entpuppt sich als das Zentrum, von dem aus ich suche. Die flüchtige Substanz unter all den Formen des Universums wird entdeckt als die unmittelbare Geste meiner Hand. Aber wie habe ich mich jemals verlaufen? Und warum bin ich so weit gereist durch diese verschlungenen Tunnel, daß ich scheinbar der zitternde Strudel der verteidigenden Verteidigung bin, der mein gewöhnliches Selbst ist?»

## 5. Erlebniskategorien der mystischen Erfahrung

In einer in der psychedelischen Forschung fast klassischen Untersuchung hat der Amerikaner Walter Pahnke gezeigt, daß durch Psylocybin eine kosmisch-mystische Erfahrung ausgelöst werden kann, die erlebnismäßig den religiösen mystischen Erfahrungen gleicht. Er verabreichte in einem Experiment 20 Studenten vor einem Gottesdienst die Droge, wobei 10 Studenten die echte Droge erhielten und die anderen 10 ein Placebo. Das geschah im Doppelblindversuch, d. h., weder Versuchspersonen noch Experimentatoren wußten, wer die echte und wer die unechte Droge erhielt. Später wurde dann an Hand der Erlebnisprotokolle der Studenten gemessen, ob die Erlebnisse der Versuchspersonen mit der echten Droge mehr der mystischen Erfahrung entsprach als die der Kontrollgruppe. Das Ergebnis der Untersuchung zeigte, daß das Erlebnis der Studenten mit Psylocybin eher der mystischen Erfahrung entsprach und dieses sich auch stärker auf deren Leben positiv auswirkte als die Erlebnisse der Kontrollgruppe.

Wir berichten hier von dieser Arbeit, weil Pahnke zur Messung der Erlebnisberichte einen Katalog benutzte, der fundamentale Charakteristika der mystischen Erfahrung aufführt, die universalen Charakter besitzen und unabhängig von einer bestimmten Religion oder Kultur sind. Obwohl dieser Katalog den Maslowschen Punkten der Gipfelerlebnisse und all dem schon Gesagten entspricht, wollen wir dennoch diesen Katalog hier zitieren. Denn es ist zu begrüßen, daß endlich wissenschaftliche Untersuchungen über den Zustand des erweiterten Bewußtseins und über die kosmisch-mystische Erfahrung gemacht werden. Dieses Erlebnis gehört zum Erlebnisbereich des Menschen, wir werden mit diesem Erleben in der meditativen Praxis konfrontiert, und es ist wichtig, uns mit diesem Pol vertraut zu machen, über den fast wie über Sexualität häufig nur mit peinlicher Verschämtheit gesprochen werden kann. Hier die Kategorien von Walter Pahnke in seiner Formulierung:

### «Kategorie 1: Einheit

Die Einheit, wichtigstes Merkmal mystischer Erfahrung, kann als interne oder externe Einheit erfahren werden. Beide sind verschiedene Weisen des Erlebens einer undifferenzierten Einheit. Der Hauptunterschied ist, daß man beim internen Typus die Einheit durch eine ‹innere Welt› innerhalb der Vp, beim externen dagegen, die Einheit durch die äußere Welt, außerhalb der Vp erfährt. Die wesentlichen Elemente interner Einheit sind der Verlust der gewöhnlichen Sinneseindrücke und der Verlust des Selbst, ohne daß es aber zur Bewußtlosigkeit kommt. Die Multiplizität der gewöhnlichen äußeren und inneren Sinneswahrnehmungen (einschließlich Zeit und Raum) und das empirische Ich oder das gewöhnliche Gefühl für die Individualität schwinden oder schmelzen dahin, wohingegen das Bewußtsein bleibt. In der vollkommensten Erfahrung ist dieses Bewußtsein reines Wissen jenseits empirischen Inhaltes ohne äußere oder innere Unterschiede. Trotz des Verlustes der Sinneseindrücke und der Auflösung der gewöhnlichen persönlichen Identität oder des Selbst wird doch das Bewußtsein des Einsseins oder der Einheit noch erfahren und erinnert. Man ist nicht bewußtlos, sondern vielmehr einer undifferenzierten Einheit sehr wohl gewahr.

Externe Einheit wird äußerlich wahrgenommen mittels der körperlichen Sinnesorgane durch die äußere Welt. Hinter der erfahrbaren Vielfalt empfindet man die ihr zugrunde liegende Einheit. Die Vp oder der Beobachter erleben, daß die übliche Trennung zwischen ihr und einem äußeren Objekt (belebt oder unbelebt) im Grunde genommen nicht länger vorhanden ist, doch weiß die Vp, daß auf einer anderen Ebene zur gleichen Zeit sie und die Objekte getrennt sind. Um es anders auszudrücken: das Wesen der Objekte wird intuitiv erfahren und im tiefsten Grund als gleich empfunden. Die Vp empfindet ein Gefühl der Einheit mit diesen Objekten, weil sie ‹sieht›, daß auf der tiefsten Ebene sie alle Teile der gleichen undifferenzierten Einheit sind.

Die prägnante Aussage ‹... alles ist eins› ist eine gute Zusammenfassung dieser externen Einheit. In der vollkommensten Erfahrung fühle man eine kosmische Dimension, so daß die Vp sich in einem tiefen Sinne als Teil des Seins empfindet.

## Kategorie II: Transzendenz von Zeit und Raum

Diese Kategorie bezieht sich auf den Verlust des gewöhnlichen Gefühls für Zeit und Raum. Das bedeutet die meßbare Zeit, kann sich aber auch auf das persönliche Zeitempfinden für Vergangenheit, Gegenwart und Zukunft erstrecken. Transzendenz des Raumes bedeutet, daß eine Person ihre gewöhnliche Orientierung darüber verliert, wo sie sich während der Erfahrung befindet, und zwar in bezug auf die gewöhnliche dreidimensionale Wahrnehmung ihrer Umgebung. Erlebnisse des Verlustes von Zeit und Raum können auch beschrieben werden als Erlebnisse von ‹Ewigkeit› und ‹Unendlichkeit›.

## Kategorie III: Tiefempfundene positive Stimmung

Die wichtigsten Elemente (und diejenigen, die daher entscheidend für die Definition dieser Kategorie sind) sind Freude, ein Gefühl der Begnadung und Friede. Das Besondere dieser Gefühle in der mystischen Erfahrung ist die Intensität, die sie auf die höchste Ebene menschlichen Erlebens erhebt, weshalb sie als sehr wertvoll von den Vpn angesehen werden. Tränen können ein Ausdruck der überwältigenden Natur dieser Erlebnisse sein. Solche Gefühle können sowohl auf der Höhe des Erlebens auftreten als auch während des ‹ekstatischen Nachglühens›, wenn der Höhepunkt überschritten ist, seine Wirkungen und die Erinnerung daran aber noch sehr lebendig und intensiv sind. Das Gefühl der Liebe kann ebenfalls Element der tiefempfundenen positiven Stimmung sein, aber es hat nicht die gleiche Universalität wie Freude, Begnadung und Friede.

## Kategorie IV: Gefühl der Heiligkeit

Diese Kategorie bezieht sich auf das Gefühl der Heiligkeit, das durch die mystische Erfahrung hervorgerufen wird. Das Heilige wird hier im weiteren Sinne als etwas verstanden, das eine Person als besonderen Wert und der Profanierung fähig empfindet. Der Grundcharakter der Heiligkeit ist eine nicht-rationale, intensive, schweigende, pochende Antwort des Staunens, des Sich-Wunderns in der Gegenwart inspirierender Realitäten. Es brauchen keine religiösen ‹Glaubensinhalte› oder traditionelle theologische Terminologien vorzukommen, und es kann doch ein Gefühl der Ehrfurcht oder der Heiligkeit und Göttlichkeit des Erlebten da sein.

### Kategorie V: Objektivität und Realität

Diese Kategorie hat zwei aufeinander bezogene Elemente: (1) die einsichtige Gewißheit oder Erleuchtung, die auf einer intuitiven nicht rationalen Ebene empfunden und durch direkte Erfahrung erlangt wird, und (2) die autoritative Natur dieses Erlebnisses oder die Gewißheit, daß dieses Wissen wahrhaft wirklich ist, im Gegensatz zum Gefühl, die Erfahrung sei eine subjektive Täuschung. Diese beiden Elemente sind verbunden, denn das Wissen durch die Erfahrung letztgültiger Realität (im Sinne der Fähigkeit, zu ‹wissen› und zu ‹sehen›, was wirklich *wirklich* ist) trägt ihre eigne Evidenz in sich. Das Erlebnis ‹letztgültiger› Realität ist ein Bewußtwerden einer anderen Dimension, anders als die ‹gewöhnliche› Realität (die Wirklichkeit des gewöhnlichen, alltäglichen Bewußtseins), dennoch ist das Wissen um eine ‹letztgültige› Realität für die Vp ganz real. Solch einsichtiges Wissen ist nicht unbedingt ein Mehr an Fakten, sondern vielmehr eine intuitive Erleuchtung. Im Gegensatz zu nur intellektuellem Fürwahrhalten wird dieses Wissen intuitiv als autoritativ angesehen; es erfordert keinen Beweis auf der Ebene des Verstandes und vermittelt ein inneres Gefühl objektiver Wahrheit. Den Inhalt dieses Wissens kann man in zwei Haupttypen einteilen: (1) Einsicht in Sein und Wesen im allgemeinen und (2) Einsicht in das eigene, begrenzte Selbst.

### Kategorie VI: Paradoxie

Genaue Beschreibungen und sogar rationale Interpretationen der mystischen Erfahrung neigen dazu, sich bei exakter Analyse zu widersprechen. Zum Beispiel gibt es in der Erfahrung interner Einheit einen

Verlust aller empirischen Inhalte in einer leeren Einheit, die gleichzeitig voll und vollständig ist. Dieser Verlust schließt den Verlust des Gefühls für das eigene Ich und die Auflösung der Individualität ein. Dennoch bleibt etwas von der Individualität übrig, um die Einheit zu erleben. Das ‹Ich› existiert und existiert doch nicht. Ein anderes Beispiel ist das Getrenntsein und gleichzeitige Vereintsein mit Objekten im Erlebnis externer Einheit (im Grunde genommen ein paradoxes Transzendieren des Raumes).

## Kategorie VII: Angebliche Unaussprechlichkeit

Trotz ihrer Versuche, von mystischen Erfahrungen zu berichten oder sie zu beschreiben, bestehen Mystiker darauf, daß Worte sie nicht adäquat beschreiben können oder daß das Erlebnis jenseits von Worten liege. Der Grund dafür ist vielleicht die Verlogenheit der Sprache angesichts der paradoxen Natur der wesentlichen Phänomene.

## Kategorie VIII: Flüchtigkeit

Flüchtigkeit bezieht sich auf die zeitliche Dauer und bedeutet die Vergänglichkeit mystischer Erfahrung im Gegensatz zur relativen Beständigkeit gewöhnlicher Erfahrung. Die besonderen und ungewöhnlichen Ebenen oder Dimensionen des Bewußtseins, wie sie durch unsere Kategorien beschrieben werden, sind eine vergängliche Erscheinung, verschwinden bald und machen dem Gewöhnlichen wieder Platz. Der Charakter des Flüchtigen zeigt an, daß der mystische Bewußtseinszustand nicht dauernd aufrechterhalten werden kann.

## Kategorie IX: Anhaltende positive Veränderungen in Einstellung und Verhalten

Weil unser Katalog sich auf eine gesunde, lebensbereichernde Mystik bezieht, beschreibt diese letzte Kategorie die positiven, bleibenden Wirkungen dieser Erfahrung und die daraus resultierenden Wandlungen der Einstellung. Diese Veränderung kann man in vier Gruppen unterteilen: (1) sich selbst gegenüber, (2) anderen gegenüber, (3) dem Leben gegenüber und (4) dem mystischen Erlebnis gegenüber. (1) Der grundlegende innere Wandel im persönlichen Selbst besteht in einer stärkeren Integration der Persönlichkeit. Man kann unerwünschten Charaktereigenschaften ins Auge sehen, so daß sie bewältigt und schließlich reduziert oder eliminiert werden können. Als eine Folge dieser personalen Integration kann das Gefühl für die eigene innere Autorität gestärkt und die Vitalität und die dynamische Dualität des eigenen Lebens vergrößert werden. Kreativität und größere Leistungsfähigkeit können freigesetzt werden. Die Folge davon kann eine innere optimistische Haltung mit stärkeren Gefühlen von Glück, Freude und Friede sein. (2) Die Veränderungen in Einstellung und Verhalten gegenüber anderen führen zu größerer Sensibilität, mehr Toleranz, mehr wirklicher Liebe, mehr Echtheit der Person, dadurch daß der Mensch sich anderen und sich selbst gegenüber mehr öffnet. (3) Es kommt zu Verbesserungen des Lebensgefühls in bezug auf Weltanschauung, Ethik, berufliches Engagement, Notwendigkeit des Dienstes für andere und zu einer neuen Wertschätzung des Lebens für andere und der ganzen Schöpfung. Das Ehrfurchtsgefühl kann sich verstärken, Andachtübungen und Meditation kann mehr Zeit gewidmet werden. (4) Positive Einstellung gegenüber der mystischen Erfahrung selbst bedeutet, daß diese als wertvoll angesehen wird und daß die Ergebnisse als nützlich erachtet werden. Solche Erfahrung wird als ein Höhepunkt in Erinnerung behalten, und man wird versuchen, sie wiederzuerlangen, oder, wenn möglich, neue Erfahrungen als eine Quelle des Wachsens und der Stärke zu erlangen. Die mystischen Erlebnisse anderer werden eher wertgeschätzt und verstanden.»

Dies sind die Kategorien, die Pahnke in seiner Untersuchung «Drogen und Mystik» (S. 54f) benutzte. Die Kriterien decken sich mit denen der mystischen Literatur, den Erfahrungen in der psychedelischen Therapie und den Berichten von spontanen kosmisch-mystischen Erfahrungen. Dieser Bewußtseinszustand ist also kein gänzlich unbekannter, der nur ganz selten einigen besonderen Menschen widerfährt. Sondern Menschen in allen Zeiten und Kulturen haben diesen Ausnahmezustand gekannt und beschrieben, wobei bei allen Schilderungen eine Konvergenz auf ein Erleben festzustellen ist, das durch die oben aufgeführten Kategorien beschrieben wird.

# 6. Bedeutung für unsere Meditationspraxis

In diesem Kapitel haben wir uns mit der Kehrseite des Entstressungsprozesses beschäftigt, nämlich mit der Stärkung unserer Selbstakzeptierung und unseres Grundvertrauens durch positive Gefühlserfahrungen in der Meditation. Ein positiveres Grundgefühl führt zu verschiedenen Änderungen im Erleben und Verhalten. Da die eigenen Impulse stärker akzeptiert werden, und weniger bewertet werden, werden sie zugelassen und ausgedrückt, so daß die eigene Spontaneität und Expressivität steigt. Ebenso verringern sich durch ein positives Grundgefühl der Geborgenheit und der Freude unsere Hemmung, unsere Angst und unser Mißtrauen, so daß sich das Zugehen auf die Umwelt verändern kann.

Entstressung und die Stärkung des Grundvertrauens sind im Grunde genommen zwei Seiten derselben Medaille. Während im Entstressungsprozeß die Gründe für Mißtrauen und Selbstverneinung ausgeschwemmt und erledigt werden, werden auf der anderen Seite gerade die fehlenden Gefühle der Selbstakzeptierung und des Vertrauens in der Meditation angereichert. Unsere positiven Kräfte werden gestärkt, während unsere negativen Bereiche schrittweise abgebaut werden.

Während der Meditation kommen beide Prozesse vor, und wir versuchen auf keinen Fall, eine Bewertung vorzunehmen. Was geschieht, geschieht. Manchmal werden wir uns in der Meditation sehr wohl fühlen und Erlebnisse in Richtung des transzendenten Poles erfahren, ein anderes Mal konfrontieren wir uns mehr mit negativen unerledigten Konflikten, mit dem Pol also, den wir im letzten Kapitel beschrieben haben.

Wichtig ist, daß wir an keinem dieser Pole kleben. Beides sind Ausschläge zu Extrempolen, nämlich zum negativen oder zum positiven. Wir wollen aber in der Meditation versuchen, eins mit unserem inneren Prozeß zu bleiben, und der wird um eine imaginäre Mitte herum vom positiven immer wieder zum negativen und vom negativen Pol zum positiven schwingen. Ebenso wie wir von angenehmen oder unangenehmen Empfindungen immer wieder zu dem Mantra zurückkehren.

Also nicht denken: «Ach, welch starke Entstressung tut sich hier gerade. Ist ja toll. Muß ich dabei bleiben!» oder aber: «Oh, welch schöne Gefühle, was kann ich bloß tun, um sie länger zu erleben?» – sondern Gedanken, Bilder, Phantasien und Gefühle nur kurz wahrnehmen, und sobald wir sie bewußt wahrgenommen haben, kehren wir zurück zu unserem Mantra «OM AH HUM».

Mit der Beschreibung des Entstressungsvorgangs und der Stärkung des Grundvertrauens beenden wir die Beschreibung des Meditationsprozesses selbst und kommen nun zu dem für uns eigentlich noch wichtigeren Gebiet, nämlich zu den Effekten der Meditation und der Integration der Meditationserfahrung im Alltag. Es ist für unsere Selbstentfaltung keineswegs ein positiver Weg, wenn wir nun unsere Erfahrung in den Meditationen interpretieren, analysieren oder auf eine andere Weise für besonders wichtig halten. Diese Erfahrungen sind alles Phantasieprodukte – und was für uns zählen sollte, ist unser konkreter Alltag und die Änderung unserer Wahrnehmung und unseres Verhaltens in diesem.

Denn durch die Meditation wird ganz von selbst eine Erhöhung der Bewußtheit im Alltag erreicht – wir nehmen die Welt etwas anders wahr, und diese Veränderung in unserer Wahrnehmung gilt es auch kognitiv nachzuvollziehen. Wir sehen ein Stückchen mehr von der Realität, sind ein Stückchen unserer Filter, Projektionen und anderer Abwehrmechanismen ledig geworden, und diese neue Wahrnehmung von uns selbst und von anderen Menschen soll nun erst einmal erkannt, begriffen, verstanden und gelebt sein.

Hier ist es gut, daß wir durch unsere tägliche Meditation immer nur ein Stückchen sensibler werden, so daß von Tag zu Tag eine Integration der Meditationserfahrung geschehen kann. Maharishi Mahesh Yogi, der Begründer der Transzendentalen Meditation, beschreibt diesen Vorgang sehr bildlich. Er vergleicht diesen Prozeß mit der Art und Weise, wie in Indien Stoff mit bunter Farbe gefärbt wird: Das Stück Stoff wird keineswegs einmal in die Farbe getunkt und dann ist es fertig gefärbt. Solch ein Stück Stoff würde schnell ausbleichen, weil die Farbe nicht tief genug in die Fasern und Poren des Stoffes hineingedrungen ist. Man geht anders vor. Und zwar wird der Stoff in der Nacht in der Farbe gelagert und dann am Morgen, noch ganz bunt und feucht, in die Sonne zum Bleichen gelegt. Am Abend ist dann nur noch ein bißchen von dieser Farbe im Stoff enthalten, diese aber ist fest mit dem Stoff verbunden. Und dieser Vorgang wird viele, viele Male wiederholt, bis zum Schluß nach vielen Färbungen und Ausbleichungen der Stoff vollständig bunt geworden ist. Jetzt ist die Farbe aber so fest in ihn eingedrungen, daß auch die heißeste Sonne dem bunten Stoff nichts anhaben kann.

Auf eine ähnliche Weise übertragen wir die Wirkungen der Meditation in unser tägliches Leben. Oft kommen wir heiter, gelassen und entspannt aus ihr heraus und können diese Stimmung so lange halten, bis uns die erste Störung in unserem Alltag aus der Bahn wirft. Und nun «haben Störungen Vorrang», werden auf keinen Fall unterdrückt – genau wie *in* der Meditation. Aber von Meditation zu Meditation wird unser positives Grundgefühl stärker, wir können es länger und länger halten, und immer weniger Dinge in unserem Alltag beeinträchtigen unsere innere Harmonie. Aber dieser Prozeß kann Jahre dauern, und dabei ändert sich dann unsere ganze Person, und häufig verändern wir auf diesem Wege ebenso unsere Umgebung und unsere Umwelt. Wir selbst erledigen unsere alten Konflikte und mögen dabei Partner, Berufe und Wohnorte wechseln.

# VI. Selbstentfaltung

In diesem Kapitel beschäftigen wir uns mit den Zielen und dem Prozeß von Selbstentfaltung. Was machen wir mit der durch die Meditation bewirkten Sensibilisierung? Wohin führen psychisches Wachstum, Individuation oder Selbstentfaltung? Diese Fragen sollen hier beantwortet werden, und an Hand der Erfahrungen der Gestalttherapie, der nondirektiven Gesprächstherapie, von Encountergruppen und der Psychosynthesisschule werden spezielle Aspekte von Selbstentfaltung besprochen.

## 1. Bewußtheit im Alltag

Im Grunde genommen könnten wir auf dieses ganze Kapitel verzichten. Durch Ihre Meditationspraxis erhöht sich automatisch Ihre Bewußtheit – und Bewußtheit allein verändert Sie, läßt Sie sich entwickeln und heilt Sie. Dies ist eine Tatsache, die Sie zunächst einmal hinnehmen müssen, bis sie von Ihrer eigenen Erfahrung bestätigt wird. Diese Einsicht ist so alt wie die Menschheit, und Sie finden sie im chinesischen Taoismus, im Buddhismus, bei den Sufis und anderen Schulen der Weisheit ebenso wie heute in der Gestalttherapie oder in der Erfahrung der nondirektiven Gesprächstherapie oder anderer Richtungen.

Zur Veränderung und zum psychischen Wachstum genügt vollkommen die bewußte Wahrnehmung dessen, was ist. Wenn uns bewußt ist, was wir fühlen, was wir denken, was wir wollen und was unsere Sozialpartner sagen, dann verändern wir uns von allein in positiver Richtung. Wenn wir uns aber nicht dessen bewußt sind, was ist, beispielsweise weil wir es nicht akzeptieren können oder wollen, dann wird Veränderung kaum stattfinden, und wenn doch, dann kann es eine eingeübte, andressierte Rolle sein, die mit unseren inneren Impulsen nicht übereinstimmt und somit keine wirkliche Selbstentfaltung darstellt. Ausgangspunkt jeder Veränderung und jedes Wachstums muß die Realität sein, das heißt die Akzeptierung und Bewußtheit dessen, was wirklich vorhanden ist. Umgekehrt ist die Akzeptierung und Bewußtheit dessen, was ist, eine genügende Ursache für Wachstum und Veränderung. Das ist das Paradox der Psychotherapie: «Sobald wir akzeptieren, was wir sind, können wir uns verändern. Solange wir uns verändern wollen und nicht das sein wollen, was wir sind, kann keine Veränderung entstehen.» So können wir davon ausgehen, daß überall dort, wo wir uns verändern wollten, und doch keine Veränderung folgte, uns Teile unseres Erlebens und Fühlens in diesem Problembereich nicht bewußt sind.

Mit Bewußtheit ist hier keineswegs nur das gedankliche Begreifen gemeint, sondern eine klare Aufmerksamkeit und Wachheit unseres Geistes, die intellektuell wie auch körperlich zu spüren ist. Bewußtheit ist ein Zustand des ganzen Organismus, ein Zustand der Sensibilität und des ununterbrochenen Gewahrseins dessen, was ist. Der Begriff der Bewußtheit im Buddhismus wird im Deutschen meistens mit «Achtsamkeit» übersetzt, Fritz Perls hat ihn *«awareness»* genannt, und im Deutschen bürgert sich immer mehr das Wort «Bewußtheit» zur Beschreibung dieses psycho-physischen Zustandes ein.

Im Buddhismus ist zur Entwicklung der Mönche eine Übung entstanden, die sogenannte Satipatthana-Meditation, bei der es um nicht mehr, aber auch um nicht weniger geht, als den ganzen Tag achtsam und bewußt zu sein. Die meditative Haltung wird hier also im Alltag ausgeübt, und jede Handlung, jeder Gedanke und jedes Gefühl ebenso wie die Sinneswahrnehmungen werden bewußt registriert. Diese Übung allein genügt zur Bewußtseinserweiterung und Veränderung der Person. Dabei werden die eigenen Handlungen und Gedanken keineswegs gewertet etwa im Sinne von: «Dies sollte ich jetzt nicht tun.» Statt dessen wird wahrgenommen: «Ich tue jetzt dieses», vollkommen ohne Wertung, und dann: «Jetzt habe ich ein schlechtes Gewissen», wiederum ohne Bewertung usw. Hier wird also rund um die Uhr meditiert, nur daß hier jetzt kein Mantra Konzentrationsgegenstand ist, sondern das Geschehen, wie es von Sekunde zu Sekunde wahrnehmbar wird. Dabei wird nichtwertend wahrgenommen, und wenn doch Gedanken und Bewertungen als Störungen auftreten, dann werden diese wahrgenommen, und man geht zurück zum Geschehen des «Hier-und-Jetzt».

Noch deutlicher wird das vielleicht bei dem Rat für tibetische Meditanden, ihr heiliges Mantra bei jeglicher Verrichtung zu sagen. Das Mantra und die Bewußtheit werden hier keineswegs für besonders positive Gefühle oder Handlungen reserviert, sondern gehören in jede Minute des Alltags. Auf der Toilette, beim Kochen, beim Einkaufen, beim Sex, beim Lügen und beim Stehlen – stets sollten Bewußtheit und das Mantra gegenwärtig sein. Tätigkeiten, die wir normalerweise als «negativ» bewerten, sollten nicht unterdrückt und unterlassen werden – aber bei ihrer Ausführung sollte die Bewußtheit vorhanden sein. Dann werden die Handlungen durch das Mantra entweder «geheiligt» und akzeptiert, oder aber sie werden als so unvereinbar mit dem Mantra empfunden, daß sie unterlassen werden – und das geschieht dann ohne Unterdrückung auf ganz natürliche Weise.

Diese Erfahrung aus einem religiösen Rahmen wird vollkommen bestätigt durch die Erfahrungen der Psychotherapie. Fritz Perls betont in seiner Gestalttherapie immer wieder, daß Bewußtheit an sich schon verändert, und so besteht ja auch eine Grundtechnik der Gestalttherapie in der schon beschriebenen Übung: «Ich nehme jetzt wahr . . .» Ebenso ist die Erfahrung in der nondirektiven Gesprächstherapie nach Carl Rogers, daß wenn der Klient alle Aspekte eines Problems und seiner Empfindungen erforscht hat, Wachstum und Veränderung von selbst eintritt. Dies heißt nicht, daß das erwünschte Veränderungsergebnis einem über Nacht in den Schoß fällt, der Klient verändert schon die eigenen Entscheidungen und Entschlüsse, aber diese erfolgen natürlich und von innen heraus. Sie gehören jetzt zu ihm und verbrauchen keine Energie, wie es die Selbstüberwindung tut.

Bewußtheit verändert also, und da durch unsere Meditation unsere Bewußtheit automatisch erhöht worden ist, geschieht unser Wachstum von selbst. Dennoch schreiben wir für diesen Prozeß ein ganzes Kapitel, und zwar aus folgenden drei Hauptgründen:

# 1. Kognitive Bewußtheit

Zwar nehmen wir unsere Umwelt durch die meditative Praxis häufig verändert und neu wahr, und oft entstehen auch ganz von selbst Verhaltensänderungen – aber zu einer integrierten Veränderung unserer Person gehört auch die Veränderung unseres Bildes von uns selbst und von der Umwelt. Das bedeutet, daß die auftretenden Veränderungen auch in unser Denken übernommen werden müssen. Da sich die Landschaft unserer Persönlichkeit ändert, müssen wir nun auch unsere Landkarten korrigieren. Das heißt, daß wir die Frage nach unserem Selbstbild nicht umgehen können, wie manche Menschen mit Meditationserfahrung es versuchen, indem sie jegliche Selbstbesinnung mit dem Einwand: «Das sind doch nur Gedanken und nicht die Wirklichkeit» abtun. Zwar endet der Prozeß des Fragens nach dem eigenen Selbst zum Schluß in einem Leben dieses Selbstes mit stark verringerter Selbstbeobachtung und Selbstreflexion – aber dann ist das ein Anzeichen, daß dort auf natürliche Weise ein Prozeß zu dieser Veränderung geführt hat. Das Überspringen und die Verneinung der Frage nach dem Selbst, und das Erforschen der eigenen Persönlichkeit durch Feststellungen wie «Ich bin ein fließendes Etwas, von Minute zu Minute neu» sind keine echte Selbstentfaltung. Zwar stimmt dieser Satz, und Ergebnis von Selbsterforschung und -entfaltung ist diese Erkenntnis der fließenden sich ständig verändernden Natur des Selbstes. Aber eine echte Selbstfindung, ohne daß die Frage nach dem Selbst jemals ernsthaft gestellt worden ist – ist nicht möglich.

*Die Besinnung, das Nachspüren und das Nachdenken über unsere neuen Erfahrungen im Alltag und eine dadurch geschehende Veränderung unseres Selbstbildes sind notwendig und können nicht übersprungen werden.*

# 2. Selbstakzeptierung

Die Erhöhung unserer Bewußtheit durch die Meditation läßt uns im Alltag Aspekte von uns wahrnehmen, die uns negativ erscheinen und die wir keineswegs sehen wollen. Ist jetzt nicht die Bereitschaft dazu da, die eigene Person so annehmen und akzeptieren zu lernen, wie sie ist, dann besteht die Gefahr, daß diese neuen Wahrnehmungen ganz schnell wieder unterdrückt werden, und unsere Abwehr und unsere

Unterdrückungsmechanismen werden vielleicht noch stärker, wie man es auch bei einigen Meditanden beobachten kann. Selbstakzeptierung bedeutet weder, daß man sich «gut» findet, noch daß man sich «schlecht» findet, sondern daß man sich einfach nichtwertend so sehen kann, wie man ist. Insofern ist Selbstakzeptierung dasselbe wie Bewußtheit. *Die Bereitschaft, sich so wahrnehmen und akzeptieren zu lernen, wie man ist, ist unabdingliche Voraussetzung zur Selbstentfaltung.*

### 3. Kontakt

Was nützt uns alle Erhöhung unserer Bewußtheit, wenn wir alle Erfahrungen unseres Handelns und Fühlens vermeiden. Wenn jemand beispielsweise Angst vor dem anderen Geschlecht hat, so kann er zwar fleißig meditieren – aber wenn er dabei Kontakte und schwierige Situationen vermeidet, dann kann er seine Bewußtheit seiner Persönlichkeit gerade in diesen Situationen nicht steigern. Meditation soll die Erfahrung unserer Person deutlicher machen – und Voraussetzung dafür ist, daß wir Erfahrungen machen. Praktisch bedeutet das, daß wir schwierige Situationen nicht vermeiden, sondern sie aufsuchen. Angst kann nur verringert werden bei einer erneuten Konfrontation mit dem Angstreiz. Die meditierende Person wird bei diesen Konfrontationen nun gelassener und bewußter reagieren können und dadurch eine neue Erfahrung machen können – aber nur unter der Voraussetzung, daß sie diese Situationen aufsucht.

Leider ist auch hier bei einigen Meditanden zu beobachten, daß angstbesetzte Situationen vermieden werden. Häufig steht dahinter eine Sensibilisierung für eigene Angst oder Unsicherheit, und anstatt sich so, wie man ist und jetzt endlich wahrnimmt, zu akzeptieren und diese Erkenntnis zu integrieren, vermeidet der Betreffende nun die Situationen, in denen er unsicher ist. Häufig wird nun in eine teils bewußte, teils unbewußte Hoffnung das eigene Vertrauen gesetzt, nämlich in die, daß man nur genug meditieren müsse oder «sich therapieren» müsse – und dann könne man ja angstfrei wieder in alle Situationen hineingehen. Aber so wird das Pferd beim Schwanz aufgezäumt. Wir können nur angstfreier werden, wenn wir uns so akzeptieren, wie wir sind, und das heißt, daß wir uns als die in Kontakte einbringen, die wir wirklich sind. *Die Bereitschaft, im Kontakt zu sein*

*mit anderen Menschen, mit der Welt und mit den eigenen Gefühlen ist
ebenso eine unabdingbare Voraussetzung für Selbstentfaltung.*

Fassen wir noch einmal zusammen: Meditation erhöht die Bewußtheit im Alltag, und dadurch treten ganz von allein Veränderung und
Entfaltung unserer Persönlichkeit ein unter der Voraussetzung, daß
wir bereit sind, uns selbst zu erforschen, uns so zu akzeptieren, wie wir
wirklich sind und mit anderen wie auch mit uns und der Welt im
Kontakt zu sein.

## 2. Selbstakzeptierung

Solange wir Angst vor unseren Gefühlen, Empfindungen und Bedürfnissen haben und versuchen, unsere körperlichen und seelischen Prozesse nicht zuzulassen, sondern unsere inneren Impulse zu verleugnen,
solange sind wir nicht im Kontakt mit unserem wirklichen Selbst. Zu
diesem kommen wir nur, wenn wir wahrnehmen lernen, was wir in
unserem Innersten fühlen und wünschen – und das bedeutet zunächst,
daß wir alles vergessen müssen, was andere sagen, meinen, für richtig
halten, wertschätzen und was wir davon übernommen haben. Wir
müssen uns von der Autorität der anderen wie auch von unserer
eigenen Autorität trennen und wieder zu unserer direkten Erfahrung
unseres Lebens kommen.

Carl Rogers, der Begründer der nondirektiven Gesprächstherapie,
schreibt dazu: «Erfahrung ist für mich die höchste Autorität. Der
Prüfstein für Gültigkeit ist meine eigene Erfahrung. Keine Idee eines
anderen und keine meiner eigenen Ideen ist so maßgeblich wie meine
Erfahrung. Ich muß immer wieder zur Erfahrung zurückkehren, um
der Wahrheit, wie sie sich in mir als Prozeß des Werdens darstellt, ein
Stück näherzukommen.»

So müssen wir, um zu unserem wahren Selbst zu kommen, alle
Theorien über menschliches Verhalten und unsere eigenen privaten
Theorien über uns selbst vergessen und lernen, darauf zu lauschen und
zu achten, was wir in unserem Inneren wirklich fühlen und empfinden.
Dabei wird deutlich, daß, wie wir eine Zwiebel schälen, wir beim
immer bewußteren Erfahren unseres Selbst zu unseren tieferen und
realeren Gefühlen gelangen. Unter der Erfahrung: «Ich fühle mich bei

Fritz unwohl» erkennen wir vielleicht bei erhöhter Bewußtheit: «Fritz hat sich nicht um mich gekümmert, und ich war ärgerlich auf ihn. Damals merkte ich das noch nicht und versteckte meinen Ärger hinter einer Maske von Langeweile.» Nach weiterer Erforschung kann eine noch tiefere Erlebnisebene zum Vorschein kommen: «Ich fühlte mich sehr allein und wünschte mir von Fritz mehr Zuwendung. Hinter meinem Ärger standen sehr viel Enttäuschung und Traurigkeit über Fritz.» So nähern wir uns also bei immer größerer Bewußtheit immer mehr unserer wirklich vorhandenen Erfahrung von uns selbst an.

Aber dazu gehört die Bereitschaft, wirklich das zu sehen, was an Gefühlen und Empfindungen da ist. Häufig versuchen wir, uns und anderen etwas vorzuspielen, versuchen durch unser Verhalten stets zu beweisen, daß wir akzeptabel, liebenswert, selbstsicher, erfolgreich und ohne inneren Zweifel sind. Diese Täuschungsmanöver verbrauchen einen erheblichen Teil unserer Lebensenergie und führen niemals zu einem befriedigenden und erfüllten Leben, da jede Verstümmelung unseres Selbst ihren Preis fordert. Eine solche Lebenshaltung äußert sich nicht etwa nur in einigen Verhaltensweisen und ist beliebig wieder aufzulösen und rückgängig zu machen. Es ist vielmehr ein Prozeß der Selbstentfremdung, der unserer Kontrolle entgleitet, sich verselbständigt und in uns das Gefühl der Unwirklichkeit, der Unzufriedenheit und des latenten Mangels konserviert. Eine Teilnehmerin an einer Selbsterfahrungsgruppe formulierte das folgendermaßen:

«Immer, wenn ich mit Menschen zusammen war, versuchte ich eigentlich immer, möglichst freundlich und höflich zu erscheinen. Ich war ständig auf der Hut, ja nichts falsch zu machen. Wenn mich jemand nach meiner Meinung fragte, habe ich schnell irgend etwas gesagt, was so allgemein blieb, daß ich dadurch kein Mißfallen erregen konnte. Ich habe lange Zeit gar nicht gewußt, daß ich eigene Überzeugungen oder eigene Gefühle hatte, wie ich sie nicht wichtig genommen habe. Ich hatte gar keine Zeit, zu spüren, was in mir vorging, weil ich mir ständig Befehle erteilte und Vorschriften auferlegte. Sag doch mal was, sei doch ein bißchen freundlicher ... Irgendwie war ich ständig nur damit beschäftigt, wie ich nach außen hin auf andere Leute wirkte. Wenn ich allein war, fühlte ich mich eigentlich ständig unzufrieden mit mir und tat alles ziemlich gelangweilt und lustlos.»

Durch die Meditation werden wir sensibler für unsere eigene Person, für die Wahrnehmung anderer Menschen und das Erleben von Beziehungen zwischen uns und anderen. Obwohl diese Wahrnehmungen relativ angstfrei erlebt werden können, weil ein großer Teil der Angst in der Meditation bereits abgebaut worden ist, kann diese veränderte Wahrnehmung doch häufig schmerzlich sein. Ein intensiveres Erleben der Realität bedeutet zugleich auch einen Verlust unserer irrationalen Vorstellungen und Phantasien. Tobias Brocher schreibt über den Prozeß persönlichen Wachstums: «Leben bedeutet Wandlung und Werden in einer unaufhaltsamen Entwicklung. Jeder Schritt in diesem Wachstumsprozeß kann Schmerz und Freude bereiten: Stolz über gelungene Bewältigung zuvor gescheiterter Versuche, Schmerz über den Abschied von einem vorausgegangenen Lebensabschnitt, denn Wandlung bedeutet stets auch Verlust.»

Selbstentfaltung bedeutet: zu erkennen, wo wir uns bisher etwas vorgemacht haben, unser Bild von unserem Selbst zu verändern und vorher abgewehrte Aspekte unserer Persönlichkeit zu bejahen und zu akzeptieren. Und dieser Prozeß wird oft auch begleitet von schmerzlichen Einsichten und Erkenntnissen.

Um bisher unbewußte Aspekte unserer Person wahrzunehmen, ist es nicht unbedingt nötig, alte Stresse zu analysieren und in die Kindheit hinabzusteigen. Denn unser «Unbewußtes» ist in jeder Sekunde vorhanden. Wir tragen unsere Vergangenheit in uns, und sie ist in jedem Augenblick gegenwärtig. So ist die Art zu sehen, zu hören, zu atmen und uns auszudrücken ein Zeichen unserer gesamten Persönlichkeit, unserer bewußten wie auch unserer nichtbewußten. Das Vergangene hat in unserer Art, in der Welt zu sein, eine gegenwärtige Dimension erhalten. Selbstentfaltung heißt in diesem Sinne also, bewußter mit dieser gegenwärtigen Realität in Kontakt zu kommen. Was spüre ich im Moment in mir, und wie gehe ich damit um? Beide Fragestellungen können helfen, bisher verborgene Aspekte der Person bewußtzumachen. Die Gegenwart ist also das Zentrum der Aufmerksamkeit und bietet die Möglichkeit, unser irreales Selbst wahrzunehmen und loszulassen, um uns mit unserem realen Selbst auszusöhnen.

Selbstentfaltung bedeutet also, daß wir durch die Bewußtheitserhöhung als Folge der Meditation fähiger werden, in unserem Leben wir selbst zu sein, das zu sein, was wir wirklich fühlen, denken, wünschen und verabscheuen. Wir sind dann eins mit uns selbst, werden ehrlicher, authentischer und transparenter. Wir sind dann in unserer Mitte und handeln aus dem Kern unseres Wesens heraus. Dieser Vorgang der Selbstentfaltung kann schmerzlich sein, denn da wir in unserem Selbstbild gerade versucht haben, all das zu verleugnen, was wir als negativ erlebt haben, besteht das Kennenlernen unseres Selbst zunächst darin, all unsere «Negativität» wahrzunehmen und zu akzeptieren. Wir sind aggressiver als wir dachten, haben mehr Traurigkeit in uns, als wir je zu träumen wagten, fühlen uns kleiner und hilfloser, als wir uns als Erwachsene zugestehen möchten. Es macht uns angst, all diese Negativität zu sehen, weil wir dadurch zunächst unsicher werden, ob wir so, wie wir wirklich sind, überhaupt bestehen können, von anderen noch akzeptiert werden können und ob es überhaupt möglich ist, anders zu sein, als es unseren aufgebauten Idealen entspricht. Auf der anderen Seite machen wir bei diesem Entwicklungsprozeß bald die Erfahrung, daß es in sich lustvoll und befriedigend ist, unsere wahren Gefühle auszudrücken, daß all unsere Befürchtungen und Katastrophenerwartungen kaum eintreffen, daß die Welt nicht zusammenbricht und daß uns unsere Mitmenschen nicht verachten oder ablehnen. Ganz im Gegenteil, sie fühlen sich uns näher und empfinden uns als echter und menschlicher, wenn wir wir selbst sind. Die Unterdrückung von Negativität bedeutet ihre Konservierung und häufig genug ihre Somatisierung in chronischen Krankheiten.

Versuchen Sie also nicht, wenn Sie meditieren, im Alltag auftretende Gefühle von Ärger, Angst, Traurigkeit und Schmerz zu verbergen, sondern nehmen Sie sie nichtwertend wahr, drücken Sie sie aus, und lassen Sie sie dann los. Sie werden dann frei für ein größeres Ausmaß an positiven Gefühlen wie Freude, Liebe und Vertrauen – und das auf ganz natürliche Weise, ohne Unterdrückung der Negativität oder künstliche Selbstsuggestionen von Positivität.

## 3. Selbstausdruck

Zur Selbstentfaltung gehört neben der bewußteren Wahrnehmung der eigenen Gefühle und Impulse auch deren Ausdruck. Von der psychologischen Wirksamkeit her gesehen hat ein leise gedachter Gedanke eine andere Wirksamkeit als der einem anderen Menschen gegenüber laut ausgesprochene Gedanke. Erst wenn wir unsere Wahrnehmung zum Beispiel durch Sprechen «sichtbar» machen und in Worten manifestieren, kann sich unser Selbstbild immer mehr der Realität annähern. Es ist also von ausschlaggebender Wichtigkeit, daß wir immer wieder die Möglichkeit besitzen, von unseren Gefühlen und Empfindungen einem anderen Menschen zu erzählen. Dies kann der Ehepartner, der Freund, ein guter Kollege sein oder aber ein Therapeut – auf jeden Fall muß es jemand sein, der bereit ist, uns akzeptierend und aufmerksam zuzuhören und zunächst die eigene Wahrnehmung zurückzustellen, um sich ganz auf uns einzustellen. Denn was uns beim Prozeß der Selbstentfaltung in einem Gespräch hilft, ist primär die Möglichkeit, unsere Gedanken laut auszudrücken. Auf diese Weise leeren wir unser Bewußtsein von bedrückenden Gedanken, machen uns von ihnen frei, und es wird Raum für neue Gedanken geschaffen, die bisher nicht bewußt waren und jetzt dem bewußten Denken zugänglich werden. Einsichten, intellektuelles Begreifen, Lösungen finden – all das ist therapeutisch nicht so wirksam wie der einfache Ausdruck unserer Gefühle und Empfindungen.

Wenn wir hier vom Ausdruck der eigenen Gefühle sprechen, dann meinen wir damit nicht ein Ausagieren (Ausleben) dieser Gefühle. Während nämlich beispielsweise bei Ärgergefühlen der sprachliche Ausdruck unserer Empfindung («Ich bin ärgerlich») unsere Bewußtheit erhöht, kann das Ausagieren von Gefühlen (jemanden anschreien oder schlagen) die Bewußtheit in der Situation auf sehr niedriger Stufe halten. Es ist möglich zu schreien, eine gereizte Stimme zu haben, einen versteckten Vorwurf im Satz auszudrücken – ohne dabei bewußt wahrzunehmen: «Ich bin jetzt ärgerlich.» Beim Ausagieren unserer Gefühle fühlen wir zwar *den* Ärger, spüren oft jedoch nicht, daß es *unser* Gefühl ist. Nicht *wir* sind ärgerlich, sondern *es* ärgert uns. Nicht wir fühlen, sondern wir werden gefühlt. Ein solches Ausagieren von Gefühlen trägt wenig zum Prozeß der Selbstentfaltung bei, und außerdem machen wir mit solchen Handlungen meist negative Erfahrungen mit den Sozialpartnern, die leicht dazu führen können, daß wir unsere Gefühle wieder völlig zurückhalten.

Wir haben über den optimalen Ausdruck der eigenen Gefühle mehr in unserem Buch «Anleitung zum sozialen Lernen für Paare, Gruppen und Erzieher» geschrieben und wollen hier noch einmal das Wichtigste wiederholen. Wir können ein Gefühl direkt mit Worten benennen, wir können es aber auch auf indirekte Weise ausdrücken, wobei dann meist das eigene Gefühl nicht vollständig bewußt ist:

| *direkter Ausdruck* | *Indirekter Ausdruck (Ausagieren)* |
|---|---|
| «Ich bin ärgerlich, weil ich so lange auf Dich warten mußte» | «Du hast ja wieder überhaupt nicht an mich gedacht» (Anklage) |
| | «Immer bist du zu spät» (Anklage mit Verallgemeinerung) |
| | «Ist schon gut» mit gereizter Stimme (versteckte unterschwellige Aggression) |
| | Schreien |
| | Schlagen |
| | Kopfschmerzen |

Während wir also im direkten Ausdruck unserer Gefühle diese als unsere Eigenschaften anerkennen und als unseren Besitz ausdrücken (Ich bin es, der ärgerlich ist), nehmen wir meist im indirekten Ausdruck unseres Ärgers diesen als Eigenschaft unseres Gegenübers wahr (Du machst etwas falsch). So kann man die Faustregel aufstellen, daß der direkte Ausdruck der eigenen Gefühle meist mit einem *Ich* anfängt, während der indirekte Ausdruck der Gefühle meist mit einem *Du* beginnt. Der direkte Ausdruck hilft, uns mehr zu erkennen und soziale Situationen durchsichtig und klar zu machen, während der indirekte Ausdruck meist zu einer unterschwelligen Vergiftung von Situationen und zur Verteidigung der Angesprochenen führt. Kommunikation, in der sich einer der Gesprächspartner angegriffen fühlt und verteidigen muß, führt selten zu positivem Austausch von Information und ist negative Kommunikation.

Wenn Ihnen jemand sagt, daß er ärgerlich ist, weil Sie so spät kommen, um beim obigen Beispiel zu bleiben, dann können Sie sein Gefühl wahrnehmen und sich dennoch o. k. fühlen. Vielleicht antworten Sie: «Mein Wagen hatte eine kleine Panne, es tut mir leid», und so kann der Ärger Ihres Gesprächspartners neben Ihrer kleinen Panne stehen – Sie beide sind o. k. Wenn Ihnen aber Ihr Gesprächspartner sagt: «Immer kommst du zu spät», dann wird bei Ihnen schnell das Gefühl entstehen, daß mit Ihnen etwas nicht in Ordnung ist, daß Sie nicht o. k. sind, und das wird Sie zu Verteidigungen oder Gegenangriffen reizen, beispielsweise zu: «Das mußt du gerade sagen, der doch . . .» und schon ist der Streit da, in dem sich jeder Gesprächspartner nur noch rechtfertigen möchte. Fassen wir noch einmal zusammen:

*Gute Kommunikation (bei Ärgergefühlen)*
– Bewußtheit für das eigene Gefühl;
– direkter Ausdruck des Gefühls in Worten;
– kein unterschwelliger indirekter Ausdruck des Gefühls in Stimme Mimik, Gestik oder anderem Verhalten.
Folgen:
– keine Anklagen oder Vorwürfe;
Sozialpartner sind bereit zuzuhören;
– keine Verteidigungen oder Gegenanklagen von Sozialpartnern;
– man wird verstanden, der Gefühlsausdruck wird bekräftigt;
– optimale Transparenz von Information.
*Schlechte Kommunikation (bei Ärgergefühlen)*
– Keine Bewußtheit für das eigene Gefühl;
– indirekter Ausdruck des Gefühls (Fragen, man-Sätze, Du-Aussagen);
– viel Gefühl wird unterschwellig durch Stimme, Mimik, Gestik oder Verhalten vermittelt.
Folgen:
– Partner verstehen unseren Ausdruck als Vorwurf oder Anklage;
– sie sind nicht bereit zuzuhören;
– sie verteidigen sich oder greifen uns an;
– wir werden nicht verstanden, unser Gefühlsausdruck wird durch eine negative Erfahrung bestraft;
– die Situation ist unklar und undurchsichtig.

Zum Ausdruck unserer Gefühle muß also auch kommen, daß wir diese als unsere ureigensten uns gehörenden Gefühle ausdrücken, und nicht versuchen, sie auszuagieren und sie unseren Partnern aufzuladen.

Aber auch der bewußte Ausdruck unserer Gefühle verbessert sich automatisch durch unsere Meditation. Denn in jeder Meditation lernen wir, eine zeitliche Verzögerung zwischen einem inneren Impuls und dem normalerweise darauf automatisch folgenden Verhalten. Tut uns etwas weh, ziehen wir uns normalerweise davon automatisch zurück. Haben wir einen Ärgerimpuls, dann führt dies unmittelbar meist zu früher erlernten indirekten oder kindlichen Verhaltensweisen, Gesten oder anderen Signalen. In der Meditation lernen wir gerade, Gefühle wie beispielsweise Ärger oder Schmerz wahrzunehmen – und wieder zurück zum Mantra zu gehen, anstatt eine Vermeidungsreaktion auszuführen. Zwischen Impuls und der folgenden Reaktion entsteht eine zeitliche Verzögerung, und dadurch kann der Impuls selbst viel bewußter wahrgenommen werden – außerdem erlaubt uns diese zeitliche Verzögerung, in stärkerem Maße zu entscheiden, auf welche Weise wir den Impuls in Handlung umsetzen können. Durch die Übung der Meditation entsteht also eine Deautomatisierung – die Trennung der Verquickung von Impuls und der darauf folgenden Handlung. Dadurch erhöht sich zum einen unsere Bewußtheit für unsere inneren Impulse, und zum anderen erhalten wir eine größere innere Kontrolle darüber, wie wir diese Impulse ausleben wollen. Das bedeutet zugleich eine größere Fähigkeit zum optimalen eigenen Gefühlsausdruck. Dieser ist neben der bewußteren Wahrnehmung der Gefühle die Basis von Selbstentfaltung.

## 4. Verantwortung übernehmen

Es ist zwar wahr, daß uns unsere frühen Kindheitserlebnisse geprägt haben und daß eine therapeutische Aufarbeitung dieser Kindheitserlebnisse uns helfen kann, bewußter und glücklicher zu leben. Wesentlich für den Erfolg der Therapie ist jedoch die Bereitschaft, die Verantwortung für die eigene Person zu übernehmen, das bedeutet, sich verantwortlich zu fühlen für all das, was Sie im Moment mit sich machen. Es ist Ihre Verantwortung, wenn Sie nicht richtig atmen, es ist

Ihre Verantwortung, wenn Sie mehr essen, als Ihnen guttut, es ist Ihre Verantwortung, wenn Sie zu Alkohol und Tabletten greifen, und es ist auch Ihre Verantwortung, was Sie aus Ihren Beziehungen zu anderen Menschen machen. Es kann zwar schmerzlich sein einzusehen, wie Sie sich selbst in Ihrer Erlebnisfähigkeit einschränken, gleichzeitig gewinnen Sie jedoch dadurch auch neue Handlungsmöglichkeiten und neue Freiheiten. Auch für den Prozeß der Selbstentfaltung, der durch die Meditation erreicht werden soll, ist es wichtig, die Verantwortung für das eigene Leben zu übernehmen. Zwar übernehmen Sie, indem Sie meditieren, bereits einen Teil der Verantwortung, weil Sie selbst etwas tun und neue Möglichkeiten für sich zu finden suchen. Gleichzeitig ist es jedoch notwendig, auch im Alltag zwischen den einzelnen Meditationen dieses Gefühl zu stärken: «Ich bin verantwortlich für das, was ich mit mir mache.» Solange wir unsere Eltern, unsere Kindheit, die Gesellschaft und unsere Partner dafür verantwortlich machen, wie wir sind, ist eine Veränderung unmöglich. Der Begründer der Gestalttherapie, Fritz Perls, schreibt: «Ich nenne jeden neurotisch, der sein Potential dazu benutzt, andere zu manipulieren, statt selbst erwachsen zu werden. Er übt Kontrolle aus, wird machtgierig und mobilisiert Freunde und Verwandte überall dort, wo er unfähig ist, seine eigenen Kräfte anzuwenden. Er tut das, weil er die Spannung und Frustrationen nicht ertragen kann, die das Erwachsenwerden begleiten. Außerdem hält er es für riskant, Risiken einzugehen, allein der Gedanke ängstigt ihn.»

Wenn wir nicht die Verantwortung für unser eigenes Leben übernehmen, bleiben wir stecken in Verbitterung und Vorwürfen. «Wenn ich eine andere Erziehung gehabt hätte . . .; wenn mein Vater doch . . .; wenn der Krieg nicht gewesen wäre . . .» Alle diese Klagen über die widrigen Umstände in der Vergangenheit halten uns davon ab, unsere Möglichkeiten und Potentiale in der Gegenwart zu nutzen.

Ein anderer Weg, seine eigenen Wachstumskräfte zu blockieren, ist das Leben in irrationalen Hoffnungen auf die Zukunft: «Wenn ich erst mal unabhängig bin . . ., wenn ich erst mal mehr Geld verdiene . . .; wenn ich den richtigen Partner gefunden habe . . . dann werde ich richtig anfangen zu leben.» Auch diese Vertröstungen auf die Zukunft blockieren die Selbstentfaltung in der Gegenwart. Die Veränderungen von außen bewirken nicht auch schon eine Veränderung unseres Lebens, solange wir selbst dieselben bleiben. Besonders in der *transaktionalen Analyse* von Eric Berne wird betont, wie wir selbst uns unsere Erlebnisse vorprogrammieren, wie wir durch unbewußte Verhaltensweisen für unser Leben ein Drehbuch schreiben und uns so immer wieder in die gleichen Sackgassen hineinmanövrieren.

Sich verantwortlich für sich selbst zu fühlen, bedeutet nicht, seinen Blick abzuwenden von dem, was um uns herum passiert. Es ist ebenso wichtig wahrzunehmen, wie unsere Umwelt wachstumshemmende und wachstumsfördernde Einflüsse auf uns ausübt. Doch erst wenn wir Verantwortung für uns selbst übernehmen, werden wir fähig, mit dem umzugehen, was uns behindert. Entweder entscheiden wir uns dafür, aktiv zu werden und blockierende Umwelteinflüsse zu verändern, oder dafür, uns eine andere Umwelt zu schaffen. Nur derjenige, der sich seiner selbst bewußt ist, der seine Gefühle, Bedürfnisse und Wünsche kennt und sich seinen intrapersonellen Konflikten stellt, wird fähig sein, aktiv verändernd in seiner Umwelt zu wirken. Solange er in einer Art kindlichen Trotzes dabei stehenbleibt, über diese Umwelt zu schimpfen und über sie zu klagen, wird er weder sich selbst noch die Umweltbedingungen verändern können.

Stellen Sie sich einmal vor, Ihr Leben sei ein Theaterstück und Sie selbst wären ein Schauspieler, der in diesem Stück eine Rolle spielt. Ihre früheren Erfahrungen im Leben haben entscheidend mitbestimmt, welche Rolle gerade Sie spielen. Ob Sie die arme hilflose Frau spielen, den harten, erfolgreichen Mann oder den ewigen Verlierer. Jede dieser Rollen hat auf Ihr Lebensgefühl entscheidenden Einfluß. Zwar sind Sie durch alte Erfahrungen in diese Rolle hineingewachsen, doch in der Gegenwart tragen Sie die Verantwortung dafür. Solange Sie nicht bereit sind, sich bewußt zu werden, was Sie aus Ihrem Leben machen und wie Sie mit sich selbst und Ihren Gefühlen umgehen, solange werden Sie nichts verändern.

Erfahrungen aus der Psychotherapie zeigen, daß wir unbewußt in unserem Leben die Verhältnisse schaffen, die in unserer Kindheit geherrscht haben. Dies kann in der Partnerwahl deutlich werden, in der Auswahl der Freunde und in der Einstellung zum Leben. Auch unsere Verhaltensweisen beinhalten die Tendenz, das zu wiederholen, was früher einmal passiert ist. Dies kann dazu führen, daß wir steckenbleiben in sich immer wiederholenden Kreisläufen und so durch unser eigenes Verhalten keine neue Erfahrung zulassen. Wir schaffen uns damit im Umgang mit anderen Menschen stets erneut die gleichen Erlebnisse. Diese, in der transaktionalen Analyse als «Spiele» bezeichneten, immer wiederkehrenden Handlungsabläufe verhindern persönliches Wachstum und emotionales Reifen. Zum Beispiel:

## 1. Das «Ja-aber-Spiel»

Jemand schildert einem anderen sein Problem, indem er so tut, als suche er Rat bei ihm. Wenn der Mitspieler sich verführen läßt und Ratschläge gibt: «Warum tust du nicht . . .», verwirft der Spieler all diese Vorschläge mit «ja, aber» und führt tausenderlei Gründe an, weshalb diese Ratschläge nichts taugen. Der Nutzeffekt dieses Spiels besteht für ihn darin, sich selbst zu beweisen, daß man ihm gar nichts sagen kann, daß seine Situation nicht zu verbessern ist.

## 2. «Sieh bloß, was du angerichtet hast»

Ziel dieses Spieles ist es, durch indirekte Vorwürfe oder Beschuldigungen den anderen für die eigenen Fehler verantwortlich zu machen. Ein Ehemann beklagt sich direkt oder indirekt über die Verhältnisse zu Hause. Er geht wütend in die Kneipe, betrinkt sich und kommt zurück mit dem ausgesprochenen oder unausgesprochenen Vorwurf: «Sieh bloß, was du angerichtet hast!»

Die Art unserer eigenen Spiele und die Tatsache, in welchem Maße wir unsere eigenen Erfahrungen selbst bestimmen, werden mit ansteigender Selbst-Bewußtheit deutlich. Dieses Ansteigen unserer Bewußtheit geschieht etwa so, als ob wir von unserer inneren Bühne hinabsteigen, uns in den Zuschauerraum setzen und unser eigenes Spiel aus der Distanz sehen. Wir identifizieren uns einmal mit dem Zuschauer oder mit dem Regisseur. Das mag schmerzlich sein oder auch belustigend, doch es bringt auch mehr Handlungsfreiheit in unser Leben und ermöglicht uns, neue Verhaltensweisen zu erproben, die unserem wirklichen Selbst und unseren Wünschen, Bedürfnissen und Gefühlen mehr entsprechen. So werden wir schrittweise, mit erhöhter Selbstbewußtheit fähiger, das Leben zu führen, das uns am besten entspricht.

Jim Simkin, ein langjähriger Freund und Mitarbeiter von Fritz Perls, schreibt dazu: «An einigen Stellen meines Lebens wurde mir erklärt, du hast nicht das Recht, so zu existieren, wie du bist, um in dieser Welt zu leben, mußt du dich verändern. Dieses Leben wird dich nicht bestätigen, so wie du bist. Das war die erste Lüge, die ich schluckte. Ich schluckte sie herunter und glaubte über 40 Jahre, daß das wahr war, daß es nicht genug Raum in dieser Welt für mich gab, so wie ich war. Ich hatte mich zu ändern, mich an die Welt anzupassen, wie sie ist, gemessen, wie jemand anderes die Welt sah und für mich interpretierte. Diese Lüge ist perpetuiert und weitergegeben worden von Generation zu Generation, und einige Menschen begannen ernsthaft zu hinterfragen, ob diese Lüge irgendeine Berechtigung hat. Je mehr ich meine Augen öffne, je mehr mir alle Möglichkeiten bewußt werden, verschiedenste Lebensstile zu leben, alle verschiedenen Wege – es gibt tausende Wege zu leben. Es gibt nur einige Dinge, die jeder tun muß, eines ist zu sterben, eine Sache, bei der es keine Wahl gibt, und ich weiß, ich habe keine Wahl, ich werde sterben. Es gibt einige andere Nicht-Wahl-Situationen, die den Lebensstil betreffen, den Platz des Lebens, Beschäftigung usw., aber es gibt eine erstaunlich große Varietät von Möglichkeiten, wenn du deine Augen öffnest, wenn du bereit bist zu finden, was für dich paßt. Nicht das paßt für dich, was jemand anders dir erzählt.

Es gibt Leute, die in Wäldern und Höhlen leben, es gibt Menschen, die in Häusern leben, es gibt Menschen in Hochhäusern mit 35 bis 40 Stockwerken. Es gibt Menschen, die sich in U-Bahnen drängeln und eineinhalb Stunden zur Arbeit fahren. Es gibt Menschen, die all ihre Habe auf dem Rücken tragen und manchmal die Hälfte davon wegschmeißen, es ist zuviel für sie. Es gibt eine enorme Varietät von Lebensstilen. Es gibt genug Raum für jedermann, wenn du genug Mumm hast, zu entdecken, was dir bekommt, um dir deinen Lebensplatz und -plan selbst zu schaffen. Natürlich wirst du in einer feindseligen Umwelt, wenn du darauf bestehst, du zu sein, Feindseligkeit erhalten.

In dem Moment, wo ich aufhöre, deinen Stil und deine Art zu leben, oder sei es, was es will, zu verändern, gebe ich mir selbst Leben, erlaube ich mir selbst zu leben. In dem Moment, wo ich darauf bestehe, dich zu verändern, bin ich in Schwierigkeiten. Ich weiß das intellektuell und komme dennoch manchmal in Versuchung zu reformieren. Ich bin nicht sehr eifrig gewesen, hier jedermann zu verändern. Normalerweise reserviere ich dies für meine Frau und meine Kinder. Und weißt du was? 27 Jahre sie zu reformieren, hat sie nicht verändert. Irgendwann werde ich die Botschaft hören: kann sein!!

Die Veränderung, mit der ich erfolgreich war, ist meine Veränderung gewesen, besonders wenn mir bewußt wird, was ich will, wo ich bin, was ich zu tun bereit bin, bin ich an einem sehr guten Platz.

Ich kann ehrlich mit mir sein in verschiedenen Umwelten. Einige Umwelten kann ich nicht akzeptieren, und ich gehe eben nicht dorthin. Leute, die mir wichtig sind, zu denen kann ich Beziehungen haben. Ich finde, daß Leute, die du wundervolle Menschen nennst, an den verschiedensten Orten auffindbar sind. Ich werde sie finden, wenn ich interessiert bin. Sie werden mich finden, wenn sie Interesse haben. So – was ich vorschlage, ist, daß du ehrlich mit dir bist und mit dem, was du willst.»


## 5. Die innere Bühne

Wenn wir nun beginnen, uns in unserem Alltag bewußter wahrzunehmen, machen wir häufig die Erfahrung, daß wir eigentlich anders sind, als wir es zu sein glaubten. Wir erleben, daß wir in unserem Inneren verschiedene Rollen besitzen – verschiedene Subpersonalitäten haben. Zunächst werden uns nur einige dieser Rollen bewußt werden, nämlich die, die wir leichter akzeptieren können, und von denen wir das Gefühl haben, daß sie zu uns passen. Aber mit ansteigender Bewußtheit erweitert sich unsere Vorstellung von unserer Persönlichkeit, und wir sehen, daß wir auch Seiten in uns haben, die wir vorher nicht für möglich hielten. Selbstentfaltung in diesem Sinne bedeutet also, die unbewußten Rollen und Subpersonalitäten in uns zu spüren und sie in unser Selbstbild zu integrieren.

Stellen wir uns beispielsweise einen Mann vor, der von sich glaubt, er sei stark, erfolgreich, zielstrebig und selbstbewußt. Mit dieser Rolle ist er vielleicht seit langer Zeit identifiziert und versucht, dieses Bild von sich durch sein Verhalten zu rechtfertigen. Er arbeitet viel, strengt sich sehr an und leistet in seinem Beruf Außergewöhnliches. Er bezieht aus diesem Verhalten einen großen Teil seines Selbstwertgefühls.

Dies bringt ihn jedoch in die Gefahr, seine Flexibilität zu verlieren. Er entwickelt den innerlichen Anspruch, immer stark und erfolgreich zu sein, und kann es sich nicht erlauben, andere Gefühle von Schwäche und Unsicherheit zuzulassen, da sie ihn in seinem Selbstwertgefühl bedrohen. So wird er Situationen vermeiden müssen, in denen er eher schwach, unsicher und suchend ist. Vielleicht führt dies dazu, daß er sich keine Traurigkeit erlauben kann oder daß er allgemein seine Gefühle dämpfen muß, da jedes unkontrollierte Gefühl ihn in seiner vermeintlichen immerwährenden Stärke erschüttert.

Immer wenn also sein inneres Erleben, seine Gefühle und Bedürfnisse seine Selbsteinschätzung von Stärke, Zielstrebigkeit und Erfolg bedrohen könnten, wird dieser Mensch in einen inneren Kampf verwickelt. Sein wahres Selbst entspricht nicht seinen Vorstellungen, die er von sich hat. Er ist uneins mit sich. Dabei ist dieser Mann nicht stark *oder* schwach, sondern manchmal ist er schwach *und* manchmal stark.

Ein solcher innerer Kampf kann zwischen verschiedenen gegensätzlichen Rollen stattfinden. Die Frau, die sich für liebenswürdig hält, bekämpft ihren natürlichen Ärger. Der Mann, der immer fröhlich und optimistisch ist, bekämpft seine deprimierteren Gefühle. Die Frau, die sich für bescheiden und zurückhaltend hält, bekämpft ihren fordernden und zupackenden Persönlichkeitsanteil. Ein solcher innerer Kampf entsteht immer dann, wenn Menschen bestimmte Teile nicht zulassen können, da sie befürchten, ihr Selbstwertgefühl oder die Achtung anderer Menschen zu verlieren.

Doch der Mensch ist aufgebaut in Gegensätzen. Einmal ist jemand ärgerlich, ein anderes Mal ist jemand liebenswürdig. Mal ist jemand stark, mal ist jemand unsicher und schwach. Selbst-Entfaltung heißt hier, fähig zu werden, auch diese anderen Teile in sich zu erfahren und sich mit ihnen auszusöhnen. Jemand, der sich für ausschließlich liebenswürdig hält und sich nach außen auch den Anschein gibt, er sei so, verliert die natürliche Fähigkeit, sich zu ärgern. Wenn er also in ärgerliche Situationen kommt, ist er gezwungen, das, was wirklich in ihm vorgeht, vor sich und anderen zu verbergen. Doch ebenso, wie es für Kinder zur Entwicklung ihrer Identität und ihres Selbstgefühls wichtig ist, ihre Trotzphase zu durchlaufen, ist es auch später für Erwachsene wichtig, sich in ihrem Ärger zu spüren. Wie jedes tiefe Gefühl kann es ihnen zeigen, wer sie sind, was ihnen wichtig ist, wogegen sie empfindlich sind.

Wer sich in seinem Selbstbild zu stark an Einseitigkeiten klammert und andere Teile, die diesem Bild widersprechen, bekämpft, kann sich nur im begrenzten Maße selbsterfahren und selbstentfalten.

Auf das Bewußtwerden unserer Polaritäten und deren Ausbalancierung legte die Gestalttherapie großen Wert. Häufig werden dabei die inneren polaren Rollen ausgespielt, indem der Klient sie einen Dialog führen läßt. Nimmt er in sich zum Beispiel wahr, daß er auf der einen Seite ein «angepaßter Bürger» mit dem Wunsch nach Sicherheit und Ordnung ist und auf der anderen Seite ebenso der «freiheitsliebende Hippie oder Zigeuner» ist, dann versucht er abwechselnd den Bürger oder den Zigeuner dramatisch darzustellen und läßt diese beiden Seiten von sich miteinander sprechen. Das kann dann so aussehen:

*Auf dem Stuhl 1*
*als «Hippie»*
«Ich fühle mich hier total frei und gut. Ich finde, du weißt überhaupt nicht, was Leben heißt. Du kannst überhaupt keinen Spaß haben. Und mich versuchst du dauernd einzuschränken.»

*Auf dem Stuhl 2*
*als «Bürger»*

«Ich werde sauer auf dich, wie du mich angrinst und spöttelst. Schließlich bin ich es doch, der das Geld verdient. Du denkst immer nur ans Genießen und läßt mich arbeiten.»

«Nun reg dich doch nicht gleich auf . . .»

usw.

Bei solch einem Dialog erhalten beide Seiten die Gelegenheit, ihre Gefühle auszudrücken, um aus zunächst unüberwindbaren Gegensätzen zu einer friedlichen Koexistenz zu gelangen. Eine Grundpolarität ist bei Fritz Perls die zwischen dem «Topdog» und dem «Underdog». Der Topdog ist derjenige Teil, der fordert, antreibt, pflichtbesessen ist, «Du sollst» sagt, uns bestraft und prüfend anschaut. Der Underdog ist kindlich, unterwürfig, schiebt alles auf, läßt alles liegen, hat Entschuldigungen bereit und spielt «hilflos» und «unfähig». Allgemein entspricht die Polarität unserer Persönlichkeit der alten chinesischen Weisheit von Yin und Yang, den zwei polaren Energien, durch die nach chinesischer Philosophie sich der Kosmos aufbaut. Dabei ergänzen sich diese Energien und sind ohne einander nicht denkbar – wie der Tag ohne Nacht, das Weibliche ohne das Männliche, das Schwarze ohne das Weiße nicht denkbar sind.

| Yin | Yang |
|---|---|
| weiblich | männlich |
| Nacht | Tag |
| Underdog | Topdog |
| ganzheitlich | analytisch |
| rechte Gehirnhemisphäre | linke Gehirnhemisphäre |
| linke Körperhälfte | rechte Körperhälfte |
| intuitives erweitertes Bewußtsein | begriffliches Bewußtsein |
| Raum | Zeit |

Selbstentfaltung bedeutet nun die Integration dieser Pole in der eigenen Persönlichkeit und die Transzendierung der inneren Widersprüche. Sie bedeutet, flexibler zu werden, sowohl das eine wie auch das andere zulassen zu können. Es heißt, scheinbare Gegensätze in uns zu bewältigen und auszusöhnen. Wir lernen, unsere Polaritäten zu akzeptieren, den erwachsenen Teil ebenso wie den kindlichen, den abweisenden ebenso wie den liebenden, den weichen ebenso wie den harten, den männlichen ebenso wie den weiblichen.

Je nach den äußeren oder inneren Umständen können wir freier schwingen zwischen den Gegensätzen, ohne uns krampfhaft beweisen zu müssen, daß wir auf keinen Fall so oder so sind. In der Gestalttherapie geschieht diese Integration auch durch die Technik des Spielens und der Identifikation mit verschiedenen Traumelementen. Nach Fritz Perls sind wir all das, was wir träumen. Ein Berg, wir selbst, die hinaufklettern, der Himmel, die Straße usw. Die Grundidee, die dahintersteckt, ist, daß alles, was der Träumer träumt, aus ihm selbst kommt. Die Traumelemente sind also nichts Fremdes, was von außen über ihn hereinbricht, sondern es sind Bilder und Visionen, in denen sein bewußtes Material Gestalt annimmt und durch die er Teile seines Selbstes darstellt. Um diesen Prozeß der Integration verständlicher zu machen, zitieren wir ein Traumseminar mit Fritz Perls (Frederick S. Perls: «Gestalttherapie in Aktion», S. 88f).

## Linda

LINDA: «Ich träumte, daß ich einen ... eintrocknenden See ... beobachtete, und in der Mitte des Sees ist eine kleine Insel und ein Kreis von Tümmlern – sie sind Tümmlern ähnlich, außer, daß sie aufrecht stehen können, sie sind also menschenähnliche Tümmler, und sie bilden einen Kreis, etwa einer religiösen Zeremonie ähnlich, und es ist sehr traurig, ich fühle mich sehr traurig, weil sie atmen können, sie tanzen irgendwie im Kreis herum, aber das Wasser, ihr Element, versiegt. Es ist also wie Sterben, eine Art Beobachten, wie eine Menschenrasse, eine bestimmte Art von Geschöpfen ausstirbt. Und die meisten sind Weibchen, aber ein paar von ihnen haben ein kleines männliches Organ, es sind also ein paar Männchen dabei, aber sie würden nicht lange genug leben, um sich fortpflanzen zu können, und ihr Element ist am Vertrocknen. Und da ist einer, der hier herüben in meiner Nähe sitzt, und ich unterhalte mich mit diesem Tümmler, und er hat Stacheln auf dem Bauch, etwa wie ein Stachelschwein, und sie scheinen nicht zu ihm zu gehören. Und ich glaube, daß das Versiegen des Wassers auch eine gute Seite hat, ich denke – na ja, wenn das ganze Wasser versiegt, wird wahrscheinlich wenigstens am Grund irgendeine Art Schatz sein, weil doch am Grund des Sees Dinge sein müßten, die hineingefallen sind, wie Münzen oder sonst etwas, aber so genau ich auch hinsehe, alles, was ich finden kann, ist ein altes Nummernschild . . . Das ist der Traum.»

FRITZ: «Magst du bitte das Nummernschild spielen.»

L: «Ich bin ein altes Nummernschild, hinab auf den Grund des Sees geworfen. Ich bin nutzlos, weil ich keinen Wert habe – obwohl ich nicht verrostet bin – ich bin veraltet, also kann ich als Nummernschild nicht verwendet werden . . . und ich bin einfach auf den Schutthaufen geworfen. Genau das habe ich mit einem Nummernschild getan, ich habe es auf einen Schutthaufen geworfen.»

F: «Nun, wie ist dir dabei zumute?»

L: (leise) «Ich mag das nicht. Ich mag kein nutzloses Nummernschild sein.»

F: «Könntest du darüber sprechen. Das war ein derart langer Traum, bis du schließlich das Nummernschild findest, ich bin sicher, daß das sehr wichtig ist.»

L: (seufzt) «Nutzlos. Veraltet . . . Ein Nummernschild wird dazu benutzt, um zu erlauben – um einem Auto die Erlaubnis zum Fahren zu geben . . . und ich kann niemandem die Erlaubnis erteilen, irgend etwas zu tun, weil ich veraltet bin . . . In Kalifornien kleben sie einfach ein kleines – man kauft einen selbstklebenden Streifen – und klebt ihn aufs Auto, auf das alte Nummernschild (schwacher Versuch, witzig zu sein). Es könnte mich also vielleicht jemand auf sein Auto montieren und diesen Selbstkleber an mir anbringen, ich weiß nicht . . .»

F: «Gut, spiel jetzt den See.»

L: «Ich bin ein See . . . Ich bin am Austrocknen, ich verschwinde, ich sickere in die Erde ein . . . (mit einem Anflug von Überraschung) ich sterbe . . . Aber wenn ich in die Erde einsickere, werde ich ein Teil der Erde – ich bewässere also vielleicht die Umgebung . . . also . . . sogar im See, sogar in meinem Bett können Blumen wachsen (seufzt) . . . Neues Leben kann wachsen . . . aus mir . . .» (weint)

F: «Hörst du die existentielle Botschaft?»

L: (traurig, aber mit Überzeugung) «Ich kann malen – ich kann schaffen – ich kann Schönheit erschaffen. Ich kann mich nicht mehr fortpflanzen, ich bin wie ein Tümmler ... aber ich ... ich bin ... ich will ständig sagen, ich bin Nahrung ... ich ... wie's das Wasser wird ... ich wässere die Erde und gebe Leben – lasse Dinge wachsen, das Wasser – sie brauchen sowohl die Erde als auch das Wasser und die ... und die Luft und die Sonne, aber als das Wasser des Sees kann ich bei etwas eine Rolle spielen und hervorbringen – nähren.»

F: «Du siehst den Gegensatz: An der Oberfläche findest du etwas, irgendein Artefakt – das Nummernschild, das Künstliche an dir, aber dann, wenn du in die Tiefe gehst, findest du heraus, daß der scheinbare Tod des Sees in Wirklichkeit Fruchtbarkeit ist ...»

L: «Und ich brauche kein Nummernschild oder eine Erlaubnis, eine Lizenz, damit ich ...»

F: (sanft) «Die Natur braucht keine Erlaubnis, um zu wachsen. Du mußt nicht nutzlos sein, wenn du organisch schöpferisch bist, das heißt: wenn du in einer Sache aufgehst.»

L: «Und ich brauche keine Erlaubnis, um schöpferisch zu sein ... Danke.»

# 6. Die Erforschung des Selbst

Wir schildern Ihnen hier die Erfahrung der Selbstfindung in den verschiedenen Therapien, damit Sie besser verstehen können, was in Ihrer eigenen Entwicklung geschehen kann. Die verschiedenen Therapien betonen unterschiedliche Aspekte der Selbstentfaltung, benutzen verschiedene Methoden und kommen dennoch zu einem ähnlichen Ergebnis. In der *klientenzentrierten Gesprächstherapie* nach Carl Rogers geschieht die Entdeckung des Selbst durch das sprachliche Erforschen der eigenen Person im Schutze der therapeutischen Beziehung. Diese zeichnet sich dadurch aus, daß der Therapeut dem Klienten bedingungslose Akzeptierung und Verständnis entgegenbringt. Dabei versucht er, sich vollständig auf die subjektive Erlebniswelt des Klienten einzustellen, versucht, soweit es geht, eigene Meinung und Theorie zu vergessen und ganz in die Gefühle und Erlebnisse des Klienten einzudringen. Statt zu interpretieren, zu erklären, zu hinterfragen oder Ratschläge zu erteilen, versucht er zu verstehen, welche Gefühle hinter den Äußerungen des Klienten stehen und ihm diese Gefühle zurückzuspiegeln. Der Klient kommt seinem tatsächlichen Erleben näher und erlebt, daß diese Gefühle vom Therapeuten akzeptiert werden. Die Wirksamkeit der Gesprächstherapie beruht zum großen Teil darauf, daß der Klient lernt, seinen Gefühlen und Impulsen gegenüber eine ebenso akzeptierende Haltung einzunehmen, wie er sie vom Therapeuten erlebt. Diese Beziehung zu sich selbst ermöglicht es ihm, sich selbst zu erforschen, seine Angst vor sich selbst zu verlieren und fähiger zu werden und auszudrücken, was im Moment in ihm vorgeht. Was die Akzeptierung und Entdeckung des eigenen Selbst angeht, so besitzen die Prinzipien der Gesprächstherapie große Ähnlichkeit mit dem, was in der Mantrameditation geschieht.

So, wie wir dort die Gedanken, die sich einstellen, einfach zulassen und dann die Bewertung dieser Gedanken verhindern, indem wir zurück zum Mantra gehen, äußert der Klient in der Gesprächstherapie all das, was ihm in den Sinn kommt, was ihm wichtig erscheint, die Gedanken, die in ihm aufsteigen, und erfährt von dem Therapeuten eine Akzeptierung. In beiden Methoden lernen wir, unsere Denkinhalte nichtwertend wahrzunehmen.

Im alltäglichen Leben verläuft dieser Denkprozeß meist anders. Besonders wenn wir uns inneren Konflikten nähern, wird dieser Denkfluß blockiert. Der sonst fließende Prozeß wird eher zu einem Kreislauf. Ein Gedanke ruft gleichzeitig einen Gegengedanken hervor, wir beginnen, diese Gedanken zu bewerten und distanzieren uns damit von ihnen. Wir können ihnen nicht mehr folgen. Bei der Meditation wie bei der Gesprächstherapie lernen wir, unsere Gedanken zuzulassen und sie bewußt wahrzunehmen. Das Wichtigste bei dem Erlebnis der Gesprächstherapie scheint uns zu sein, daß neben der Entdeckung neuer und unbekannter Denkinhalte und Gefühle die Art und Weise unseres Denkens verändert wird. Da, wo wir sonst mit kalter, kritischer Bewußtheit uns selbst betrachten, lernen wir, mit einem warmen und akzeptierenden Blick auf uns zu sehen. Und wenn wir uns selbst so anschauen lernen, können wir mit einem sicheren Gefühl auch in die dunkleren Ecken unserer Persönlichkeit hineinleuchten, während bei selbstkritischer und kalter Bewußtheit die Selbstentdeckung erschwert und behindert wird. Das, was bei der Meditation die Tiefenentspannung und der von selbst einsetzende ruhige Atem bewirken, erreicht in der Gesprächstherapie der Therapeut mit seiner akzeptierenden Einstellung, nämlich die Gedanken einfach so zuzulassen, wie sie kommen, ohne zu erschrecken. Die Erfahrung des Klienten bei der Gesprächstherapie hat Carl Rogers in «Entwicklung der Persönlichkeit» (S. 81 f) so zu beschreiben versucht:

1. «Ich habe Angst vor ihm. Ich will Hilfe, aber ich weiß nicht, ob ich ihm trauen soll. Er wird vielleicht die Dinge sehen, die ich in mir gar nicht kenne – erschreckende und schlimme Dinge. Scheinbar beurteilt er mich nicht, aber ich bin sicher, daß er es doch tut. Ich kann ihm nicht erzählen, was mir wirklich Sorgen macht, aber ich kann ihm von einigen früheren Erfahrungen erzählen, die etwas mit meiner Sorge zu tun haben. Er scheint sie zu verstehen; da kann ich ein wenig mehr von mir verraten.»

2. «Jetzt, wo ich ihm ein bißchen von meiner schlechten Seite gezeigt habe, verachtet er mich sicher; aber komisch, daß man es kaum merkt. Vielleicht ist das gar nicht so schlimm, was ich ihm erzählt habe? Ist es möglich, daß ich mich gar nicht dafür zu schämen brauche, daß ich so bin? Verachtet er mich gar nicht mehr? Jetzt will ich weitergehen, mich erforschen, vielleicht mehr von mir selbst ausdrücken. Er ist so was wie ein Begleiter dabei – er versteht mich offensichtlich wirklich.»

3. «Aber jetzt fürchte ich mich wieder, ich bin tief erschrocken. Mir war nicht klar, daß ich, wenn ich die unbekannten Ecken von mir selbst betrete, Gefühle empfinden würde, die ich nie vorher erfahren habe. Es ist komisch, richtig neu sind sie eigentlich nicht, sie waren immer da. Aber sie sind so schlecht und störend, daß ich nie gewagt habe, sie aufkommen zu lassen. Und jetzt, wo ich diese Gefühle während der Stunden mit ihm durchlebe, bin ich furchtbar unsicher; meine Welt will auseinanderfallen. Sie war früher sicher und fest. Jetzt ist sie schwankend, durchlässig und verletzbar. Es ist nicht angenehm, Dinge zu fühlen, die mich immer erschreckt haben. Es ist seine Schuld. Aber komisch – ich bin versessen darauf, ihn zu sehen, und ich fühle mich sicherer, wenn ich bei ihm bin.»

4. «Ich weiß nicht mehr, wer ich bin, aber manchmal, wenn ich meinen Gefühlen traue, bin ich anscheinend für den Augenblick stark und wirklich. Mich beunruhigen die Widersprüche, die ich in mir finde – ich handele anders als ich empfinde –, ich denke eine Sache und fühle dabei eine andere. Verwirrend. Es ist auch manchmal abenteuerlich

und erheiternd, wenn ich herausfinden will, wer ich wirklich bin. Manchmal ertappe ich mich bei dem Gefühl, daß ich doch so, wie ich bin, sein sollte.»

5. «Jetzt ist es doch gut und doch schmerzlich, ihm gerade das mitzuteilen, was ich im Augenblick empfinde. Es hilft, wenn ich versuche, mir selbst zuzuhören – zu merken, was sich in mir abspielt. Ich verwende manche der Stunden bei ihm dazu, tief in mich hineinzugraben und zu erfahren, was ich wirklich empfinde. Es ist eine fürchterliche Arbeit, aber ich will es wissen. Und ich vertraue ihm meistens wirklich, und das hilft. Ich fühle mich ziemlich verletzlich und verwundbar, aber ich weiß, daß er mir nicht weh tun will, und ich glaube sogar, daß er wirklich Anteil nimmt. Mir fällt ein, wenn ich versuche, mich tiefer und tiefer in mein Inneres hineinzulassen, daß ich vielleicht erfahren werde, wer ich bin und außerdem was ich tun muß, wenn ich genau weiß, was sich in mir abspielt und was es bedeutet. Zumindest fühl ich das manchmal, wenn wir zusammen sind.»

6. «Ich kann ihm sogar genau sagen, was ich ihm gegenüber in jedem Moment empfinde; das verhindert nicht die Beziehung, wie ich glaubte, sondern scheint sie zu vertiefen. Ob das mit anderen Leuten auch ginge? Vielleicht ist das gar nicht so gefährlich!»

7. «Es ist gerade, als schwämme ich mitten im Lebensstrom – schon abenteuerlich, ich selbst zu sein. Manchmal erleide ich Niederlagen, ich tue mir manchmal weh, aber ich lerne, daß solche Erfahrungen nicht lebensgefährlich sind. Ich weiß nicht genau, wer ich bin, aber ich kann meine Empfindungen jederzeit erkennen und nach ihnen mein Verhalten ausrichten. Natürlich geht das nur, weil ich mich in der Beziehung zu meinem Therapeuten sicher fühle. Oder könnte ich ebenso außerhalb dieser Beziehung ich selbst sein. Das möchte ich wissen! Ich frage mich. Vielleicht könnte ich es?»

Dabei sieht Rogers das Hauptziel der Therapie darin, das Bild unseres Selbst so realistisch zu gestalten, daß es zu unseren realen Erfahrungen in der Wirklichkeit paßt (vgl. Grafik auf S. 177).

Die Zeichnung stellt einen Menschen dar, bei dem Selbst-Bild und Selbsterfahrung nicht im Einklang sind und der daher unter innerer Spannung steht. So sind im linken Kreis Sätze über die eigene Person gespeichert, die nicht durch direkte Selbsterfahrung gewachsen sind, sondern von anderen Menschen übernommene Einstellungen sind.

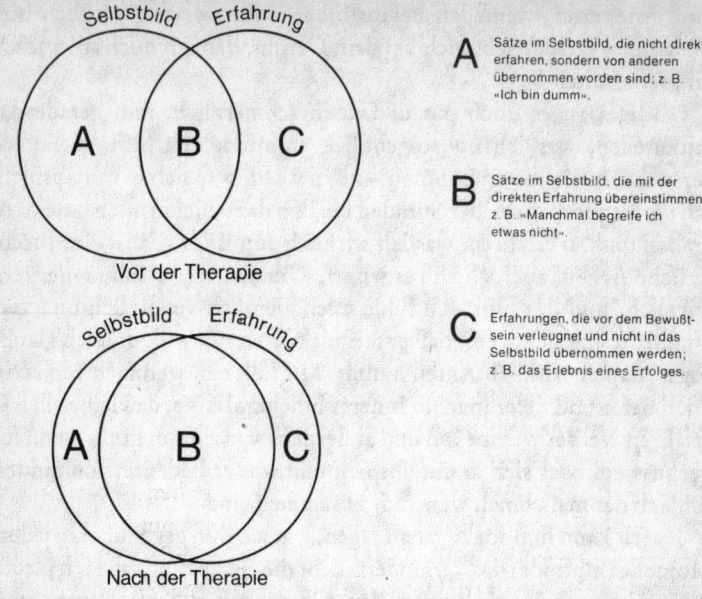

Selbstbild  Erfahrung

A B C

Vor der Therapie

**A** Sätze im Selbstbild, die nicht direkt erfahren, sondern von anderen übernommen worden sind; z. B. «Ich bin dumm».

**B** Sätze im Selbstbild, die mit der direkten Erfahrung übereinstimmen; z. B. «Manchmal begreife ich etwas nicht».

**C** Erfahrungen, die vor dem Bewußtsein verleugnet und nicht in das Selbstbild übernommen werden; z. B. das Erlebnis eines Erfolges.

Selbstbild  Erfahrung

A B C

Nach der Therapie

So kann es geschehen, daß jemand lernt, sich selbst als dumm und unfähig anzusehen, weil beispielsweise seine Eltern ihm diese Einstellung sehr häufig entgegenbrachten. So wurde die Einstellung der Eltern «Du bist unfähig und dumm» langsam in sein Selbstbild übernommen, obwohl dies nicht direkt erfahren worden ist.

Da das, was wir über uns denken, unser Handeln bestimmt, schaffen wir uns jedoch immer wieder die Erfahrungen, die unseren Selbsteinschätzungen entsprechen. In unserem Beispiel kann das bedeuten, daß jemand durch sein mangelndes Zutrauen seine Mißerfolge gleichsam vorprogrammiert. Oder aber er wird die Erfahrungen mit sich, die sein Selbstbild eigentlich verändern müßten, verleugnen oder verzerren. Eine erfolgreiche oder intelligente Handlung, die er von sich erfährt, kann er nicht als einen Bestandteil von sich annehmen, sondern erklärt sie durch günstige äußere Umstände oder dadurch, daß er ganz einfach Glück gehabt habe. Die von den Eltern übernommene Einstellung bleibt somit erhalten, obwohl ihr eigentlich seine Erfahrungen widersprechen.

176

Dort, wo die beiden Kreise sich decken, liegt der Bereich, wo unser Selbstbild so offen ist, daß wir unsere Erfahrungen zulassen können. Die Erfahrung unseres Selbst kann hier unserem Erleben, das von Situation zu Situation verschieden ist, entsprechen. Wir erleben, daß wir in einer Situation etwas erreichen können, in einer anderen unbeholfen und hilflos sind. In der Therapie selbst bedeutet das, daß der Klient immer offener für seine eigene Erfahrung wird, immer bewußter und sensibler das wahrnehmen kann, was in seinem Organismus im Moment geschieht. Der Fluß des eigenen Erlebens: «Jetzt fühle ich mich traurig, und jetzt bemerke ich eine Erleichterung – und in dieser Situation kann ich meine Frau nicht so mögen, wie sie ist – und jetzt, wie sie mich anguckt, fühle ich mich warm ihr gegenüber» – dieser bewegliche Prozeß unserer inneren Gefühle und Erlebnisse kann in unserem Bewußtsein so abgebildet werden, wie es der fließenden Wirklichkeit entspricht. Da, wo wir sonst unsere Erfahrung vermeiden mußten, weil sie uns bedrohte, und wo unser Erleben daher «hakte», können wir all unsere Erfahrung angstfrei zulassen und werden damit eins mit unserem organismischen Geschehen. Oder da, wo wir aus der Starrheit unseres Selbstbildes: «Ich bin ein dummer Mensch, ich bin ein langsamer Mensch usw.» der fließenden Wirklichkeit nicht gerecht werden konnten, wird unser Selbstbild flexibler und anpassungsfähiger. Dabei steigt bei Fortschritt der Therapieerfahrung das Vertrauen zum eigenen Organismus, daß wir den besten Grund unter unseren Füßen haben, wenn wir uns nach unseren innersten Regungen, Gefühlen und Wertungen richten, anstatt die Meinung anderer als Richtschnur zu nehmen. Der Klient erlebt und entdeckt, wo er bisher gehandelt hat, um anderen zu gefallen, und sieht, daß dieses Handeln nicht in Harmonie mit seinem Selbst war. Obwohl die Möglichkeit, so zu sein, wie man wirklich ist, immer wieder riskant und bedrohlich erscheint, weil es uns unsicher erscheint, ob man dann von den Mitmenschen noch akzeptiert werden kann oder vor den eigenen Normen und Zielsetzungen noch bestehen kann, wird das Bedürfnis, man selbst zu sein, nach den Impulsen zu handeln, die wirklich da sind, immer größer. Eine von Rogers zitierte Klientin beschreibt diesen Zustand so: «Die ganze Kette des Erfahrens und die Bedeutung, die ich bislang darin entdeckt habe, haben mich offensichtlich in einen Prozeß geschleudert, der mich fasziniert und gelegentlich erschreckt. Ich fühle mich aufgefordert, mich von meinen Erfahrungen weitertragen zu lassen in eine Richtung, die anscheinend vorwärts führt, Zielen entgegen, die ich nur dunkel umschreiben kann, so sehr ich auch versuche, zumindest die jeweils gegenwärtige Bedeutung jener Erfahrung zu verstehen. Es ist ein Gefühl, als würde ich in einem Strom komplexer Erfahrung schwimmen und die faszinierende Möglichkeit haben, seine sich ständig verändernde Komplexität zu verstehen.»

Während die Gesprächstherapie eine tiefgreifende Erfahrung seiner selbst in der hilfreichen Gemeinschaft mit einem Therapeuten ist, gelten ähnliche Prinzipien in der *Encounter-Gruppen-Bewegung*, die ebenfalls auf Carl Rogers zurückzuführen ist. Hier verläuft der Prozeß jedoch nicht in der Zweierbeziehung zu einem Therapeuten, sondern in der Gemeinschaft einer Gruppe. Auch hier gilt als wichtigstes Prinzip das Zulassen von Gefühlen und Impulsen, die dann ausgedrückt werden. In der Encounter-Gruppe setzen sich Menschen zusammen und versuchen, sich gegenseitig mitzuteilen, was in ihnen vor sich geht, was sie denken, was sie füreinander empfinden, welche Probleme sie bedrücken. Dabei ist die Funktion des Gruppenleiters meist die, den Gruppenmitgliedern zu vermitteln, daß, ganz egal, was geschieht, es o. k. ist. Die Mitteilung von Ärger, von Kritik, die Öffnung von innersten Gefühlen den anderen Gruppenmitgliedern gegenüber, Schmerz, Traurigkeit und Freude, all das ist o. k., wenn es dem Erleben der einzelnen Mitglieder entspricht. In diesem Klima der Freiheit, Offenheit und Akzeptierung wächst das Bedürfnis, vor den anderen der zu sein, der man wirklich ist, und auszudrücken, was man im Innersten wirklich fühlt und denkt. Es führt zu intensivster, tiefster Begegnung mit den anderen, wie sie nur bei großer Offenheit und Echtheit möglich ist.

Bei der Ähnlichkeit der klientenzentrierten Therapie und der Encounter-Gruppen mit unserer Meditation scheinen uns diese beiden Verfahren die geeignetsten Hilfen für den Meditierenden zu sein, es sind sozusagen laute Meditationen. Wir lernen unser Sprechen und Handeln anderen gegenüber geschehen zu lassen und bewußt wahrzunehmen. Alle drei Methoden sind nondirektiv, d. h. nicht führend und nicht dirigierend, sondern lassen die inneren Prozesse zu, die in uns ablaufen.

In der nondirektiven Therapie wie auch im nondirektiven Unterricht gehen Therapeuten, Erzieher und Lehrer von der Hypothese aus, daß der Klient oder der Schüler die für sich richtigen Entscheidungen fällen wird, wenn er ein vertrauensvolles und sicheres Klima erhält, in dem er sich frei erforschen und entdecken kann und die Entscheidungen für sein Handeln bei ihm selbst liegen. Zugrunde liegt also die einfache Hypothese, daß es im Interesse jedes einzelnen ist, zu wachsen, sich zu entwickeln und die eigenen Fähigkeiten auszubilden.

Im Vertrauen auf diese Wachstumskräfte im Klienten gibt der Therapeut im Gespräch keine Richtung an, er interpretiert und erklärt nicht, er lenkt das Gespräch nicht in sogenannte «sinnvolle» Richtungen, sondern versucht das, was der Klient äußert, einfach zu verstehen und zu akzeptieren. Während wir normalerweise meinen, daß wir doch etwas, was unserer Meinung nach falsch oder unrichtig ist, nicht einfach stehen lassen können und meinen, hilfreich zu sein, wenn wir eingreifen, richtigstellen, zurechtrücken, einsichtig machen – bemüht sich der nondirektive Therapeut gerade darum, geschehen zu lassen, nicht einzugreifen. Und gerade im therapeutischen Gespräch macht man immer wieder die Erfahrung, daß der Klient sich wehrt und Einsichten nicht annehmen kann, wenn man zwar etwas Richtiges sagt, dies aber nicht das ist, was der Klient aus sich heraus annehmen kann. Wenn man dagegen einfach das nichtwertend akzeptiert, was der Klient äußert, wird dieser frei und offen für neue Einsichten.

Wenn der Klient sich wehrt, dann ist Widerstand hier ein falsches Wort. Widerstand ist das gesunde Empfinden des Klienten, daß die Äußerungen des Therapeuten ihn von seinem eigenen momentanen Prozeß abbringen. Veränderung geschieht dort am natürlichsten und auch am schnellsten, wo wir unseren eigenen Prozeß bewußt wahrnehmen, akzeptieren und ihn weiterverfolgen. Ratschläge und Interpretationen führen uns von unserem eigenen Denkprozeß weg und können deswegen nicht unsere Selbstakzeptierung stützen.

Die nondirektive Haltung ist etwa so, wie wir einem Kind eine Rückenstütze geben: es unterfassen, halten oder ihm von hinten Schutz geben – nach vorn hin aber vollkommene Freiheit gewähren und ihm die Entscheidung überlassen, in welche Richtung es gehen will. In den meisten Beziehungen ist es genau umgekehrt: vorne wird gezogen und dirigiert und hinten fehlt der Schutz und die Stütze. Ein solches Kind wird ängstlich, wehrt sich und fühlt sich weder frei noch sicher.

Es ist zwar nicht leicht, diese nondirektive Haltung gegenüber Klienten, Schülern oder den Sozialpartnern zu erlernen. Es ist ein ständiges Lernen von Geduld, Vertrauen und Ruhe und eine ständige Konfrontation mit eigenem Mißtrauen, eigener Ungeduld und Unruhe. Aber jeder, der diesen Weg gegangen ist, wird bestätigen, daß er sich lohnt. Ja, daß im Grunde genommen auf keine andere Weise wirklich erzogen oder geholfen werden kann.

Diese nondirektive Haltung unseren eigenen Gedanken und Gefühlen gegenüber lernen wir in der Meditation, und so, wie wir dort lernen, uns selbst nichtwertend zuzuhören, so wird unsere Fähigkeit wachsen, andere Menschen nichtwertend wahrzunehmen und sie so zu akzeptieren, wie sie sind.

# 7. Das Selbst als Zentrum unseres Erlebens

Bis jetzt haben wir Prozesse der Selbstentfaltung geschildert, die darauf abzielten, unser Selbst zu erweitern und uns fähig zu machen, die Teile von uns anzunehmen, die wir verdrängt und bekämpft haben. Diese Erweiterung unseres Selbstbildes beruht auf der Fähigkeit, unsere inneren Prozesse voll zu erfahren und sich mit ihnen zu identifizieren. In dieser Phase lernen wir also, unsere verschiedenen Subpersonalitäten und sozialen Rollen zu bejahen und zu integrieren. Wir identifizieren uns mit unserem Topdog und Underdog, mit dem traurigen Teil und dem glücklichen Teil, mit dem zärtlichen Teil und dem abweisenden Teil, mit unserer weichen und unserer harten Seite.

Außerdem identifizieren wir uns mit unseren Rollen als Eltern, Freunde, Berufsrollen und Rollen im öffentlichen Leben. Wir lernen im Prozeß der Selbstentfaltung, uns stärker mit all unseren Gedanken, all unseren Gefühlen, all unseren Körperempfindungen und Handlungen zu identifizieren und übernehmen Verantwortung für diese.

Doch so paradox es klingen mag: das Ergebnis dieses Prozesses ist eine Disidentifikation von unseren Prozessen. Wir nehmen wahr, daß wir mehr sind als unsere Gedanken, Gefühle und Körperempfindungen und daß sich unser Sein in den Zuständen unserer Subpersonalitäten oder Rollen nicht erschöpft. Je mehr wir unsere Gedanken und Gefühle annehmen, desto stärker wird uns bewußt, daß wir nicht diese Gedanken und Gefühle sind, sondern daß wir ja selbst diese Gedanken denken und diese Gefühle fühlen – mit anderen Worten, wir sind die Denker und Fühler. Wir sind die Produzenten und die Beobachter unserer Gedanken und Gefühle.

Nehmen wir noch einmal unser Beispiel einer Bühne. Normalerweise sind wir total mit unserer Rolle als Schauspieler identifiziert. Ja, die Bühne erscheint uns als die einzige Realität, und würde uns jemand erzählen, daß es noch eine ganz andere Realität gäbe und dies «nur eine Bühne» sei, dann würden wir ihn verständnislos anschauen. Wenn wir jetzt im Prozeß der Selbstentfaltung aber beginnen, uns reflektierend selbst anzuschauen, unsere Gefühle und Gedanken bewußter wahrzunehmen, auszudrücken und zu überdenken – dann nehmen wir Abstand von unseren Prozessen, identifizieren uns für gewisse Zeiten mit dem Beobachter unserer Prozesse. Das ist so, als ob uns als Schauspieler plötzlich bewußt wird, daß es vor unserer Bühne noch einen Zuschauerraum gibt. Wir versetzen uns dorthin und schauen uns selbst an, wie wir auf der Bühne agieren.

Bei dieser Identifikation mit dem Wahrnehmer unserer Prozesse anstatt mit den Prozessen selbst bekommen wir auch mehr und mehr das Gefühl, daß wir nicht nur passiver Zuschauer und bewußter Wahrnehmer sind, sondern ebenso der aktive Regisseur, der das ganze Spiel auf der Bühne bestimmt und die Wahl hat, es zu verändern.

Erst wenn wir dieses Gefühl für unser Selbst als das Zentrum unserer Wahrnehmung und unseres Handelns erleben können, sind wir ganz in unsere Mitte gekommen – zur ruhenden Mitte in dem dauernden Schwingen zwischen den verschiedenen Polen unseres Seins. Dieses Gefühl befreit, psychisch wie auch körperlich – es macht glücklich und läßt den Körper sich leicht und frei fühlen. Dieses Gefühl kann in Gipfelerlebnissen erfahren werden, aber ebenso nach einer neuen Erkenntnis oder einem Ausdruck unserer Gefühle. Häufig erleben wir dann die befreiende Erfahrung unseres Selbstes als Zentrum unserer Wahrnehmung in einigen Bereichen unseres Daseins, während in anderen Bereichen die Bewußtheit noch so gering sein mag, daß wir vollständig mit unseren Gedanken und Gefühlen identifiziert sind, was nicht unbedingt in völliger Klarheit bewußt sein muß. Hier werden wir gefühlt und gedacht – und es sind nicht wir, die unser Denken und Fühlen aktiv geschehen lassen. So wird bei weiterer Selbstentfaltung ein immer größerer Teil unseres Lebens mit Bewußtsein erhellt, so daß überall unsere Identifikation mit dem Zentrum unseres Erlebens und Handelns wächst. Wir werden engagiert und distanziert zur gleichen Zeit. Auf der einen Seite kann das eigene Leben aus der Distanz betrachtet werden und als Spiel aufgefaßt werden, als ein Spiel unter vielen möglichen, unter denen man die freie Wahl hat – und auf der anderen Seite können die Spiele, zu denen man sich entschlossen hat, mit vollem Engagement gespielt werden.

Diese Disidentifikation von den eigenen Prozessen ist besonders von der Therapieschule *Psychosynthesis* des italienischen Psychiaters Roberto Assagioli betont worden. In östlichen meditativen Systemen wird dieses Gefühl systematisch dadurch eingeübt, daß versucht wird, sich selbst bei jeder Handlung bewußt wahrzunehmen, so daß niemals die Identifikation mit dem Wahrnehmer verlorengeht. In der Psychosynthesis wird mit einer Übung gearbeitet, bei der der Übende über folgende drei Sätze meditiert: «Ich habe einen Körper, aber ich bin nicht mein Körper», «Ich habe meine Gefühle, aber ich bin nicht meine Gefühle», «Ich habe meine Gedanken, aber ich bin nicht meine Gedanken». Am Schluß steht dann die Identifikation mit dem Zentrum reiner Bewußtheit und des Willens (Wahrnehmungs- und Handlungsfunktion des Regisseurs).

Aber dieses Gefühl wächst ganz von allein in unserem Leben, je mehr wir uns zunächst mit unseren Gefühlen identifizieren und sie ausdrücken. Der Ausdruck selbst ist schon ein Disidentifikationsvorgang, unsere Bewußtheit für uns als die «Ausdrückenden» erhöht sich. Ebenso erhöht sich in unseren Meditationen unsere Bewußtheit für uns als «Denker der Gedanken» und für die Tatsache, daß wir nicht unsere Gedanken sind – und damit erhöhen wir die Bewußtheit für unser innerstes Selbst, als Zentrum unserer Wahrnehmung.

## 8. Charakteristika des selbstentfalteten Menschen

Auf dem Weg der Selbstentfaltung wird sich jeder immer mehr auf ein einzigartiges Individuum hinentwickeln, und darum ist es schwer, allgemeine Eigenschaften anzugeben, die den selbstentfalteten Menschen ausmachen. Dennoch kann einiges ausgesagt werden, besonders über die allgemeine Art des psychischen Funktionierens wie auch über die leibliche Art des Daseins.

Fangen wir dort gleich an. Individuen verändern beispielsweise in der Urschreitherapie oder in einer bioenergetischen Therapie, ebenso aber auch in der Meditation ihre Körperhaltung. Die vermehrte Integration im psychischen Bereich geht mit einer stärkeren Integration der Körperstruktur einher: oben und unten, vorne und hinten, rechts und links fällt nicht mehr auseinander, sondern fügt sich harmonischer in die körperliche Gesamtstruktur. Mit vermehrter Entstressung wird der Körper freier und löst sich von chronischen Verspannungen und Schmerzen. Der Gang wird aufrechter, der Körper macht oft den Eindruck, als ob er gewachsen wäre – und diese Aufrichtung geschieht ohne Mühe und Anstrengung. Der Körper fühlt sich leichter an, ermüdet nicht mehr so schnell, die Bewegungen werden harmonischer, kommen mehr von innen heraus. Sie geschehen nicht mehr wie von einem Computer gesteuert, sondern fließen mehr aus der Körpermitte. Die chronischen Muskelspannungen (Reichs «Muskelpanzer») sind gelöst, so daß jeder Muskel des Körpers bei jeder Atembewegung leise mitschwingt – der Körper ist durchlässig.

Der selbstentfaltete Mensch ist gern allein, er fürchtet das Alleinsein nicht, sondern ist sich viel eher ein lieber Begleiter. Er ist weniger abhängig von anderen, vielleicht auch weniger besorgt um sie. Wenn er aber Kontakt mit ihnen hat, ist er eher fähig zu tieferem gefühlsmäßigen Engagement.

Ebenso wie er sich selbst akzeptiert und lassen kann, läßt er andere sein, reformiert sie weniger und versucht weniger, sie zu verändern. Er akzeptiert Dinge eher so, wie sie sind – «leben und leben lassen» ist sein Wahlspruch. Auf der anderen Seite setzt er sich erfolgreich für Veränderungen und Verbesserungen ein, sein Handeln ist aber frei und durch sich selbst getragen, es steht nicht dahinter das «neurotische Muß».

Karlfried Graf Dürckheim, einer der bedeutendsten Kenner des Zen-Buddhismus, beschreibt den Menschen, der aus Zen handelt, folgendermaßen: «Was ist also, wo Zen ist? Vielleicht ein Lachen! Ein unbändiges Lachen, das zum Zerspringen bringt, was eben noch hielt.

Vielleicht ein Zorn, der ganz unmittelbar, ichlos hervorbricht. Jede Gebärde, so selbstverständlich und frei wie der Flug des Vogels, der sich spielend emporschwingt. Jedes Tun ist rasch und genau: Nur was nottut, sonst nichts! Wasserholen, wenn's brennt, und nichts als das! Essen, wenn man hungert, und nichts als das! Schlafen, wenn man schläft, und nichts als das. Alles ist voller Präsenz, hellwach und aus der Mitte heraus, ohne einen Hauch zwischen Denken und Tun. Kein Ver-halten, sondern ein Zulassen des Lebens, das aus der Mitte kommt, unbehindert und leicht wie ein Flügelschlag, zielsicher wie ein Pfeil, der ins Zentrum trifft, unbeschwert wie der Schritt eines Tänzers, vernichtend wie ein Schwerthieb, präzise wie der Meißelschlag eines Meisters, lösend wie der Frühlingswind und immer durchsättigt von Liebe. Kein Haften, kein Haften, an was es auch sei. Im tiefsten Innern still, auch mitten im Lärm. Jeder Augenblick frisch wie der Tau, tief wie ein Brunnen, in dem die Sterne sich spiegeln, und die ganze Ewigkeit drin. Mitschwingen mit allem Leiden der Welt und fraglose Hingabe auf dem Platz, auf den man in ihr gestellt ist. Schonungslos gegen sich selbst und zugleich unerbittlich gegenüber dem anderen, so wie es aus der das Gesetz bezeugenden Liebe kommt. In allem: kraftvolle Gelassenheit, die ein Sterben gelehrt hat, die heitere Klarheit im Fühlen des Sinns, der auch den Unsinn miteinschließt, die glückhafte Geborgenheit in aller Verlassenheit dieser Welt.»

Der selbstentfaltete Mensch hat das logisch-begriffliche mit dem intuitiven Bewußtsein verbunden, weiß, wie in der Welt zu handeln ist und weiß zugleich um eine unendliche einheitliche Realität. Er denkt effektiv dort, wo es nötig ist, kennt aber auch den Zustand des Nichtdenkens dort, wo es nicht notwendig ist. Das Gehirn ist ruhiger, stiller, und der innere immerwährende Dialog ist geringer als beim normalen Menschen. Er ist mehr in seinen Sinnen, kann deutlicher fühlen, empfinden und wahrnehmen. Seine Sinneseindrücke werden weniger durch Gedanken gestört.

Der selbstentfaltete Mensch ist deautomatisierter. Er kann die Welt immer wieder neu und wechselnd wahrnehmen.

Maslow schreibt in «Psychologie des Seins»: «Soweit es den Motivationsstatus betrifft, haben gesunde Menschen ihre Grundbedürfnisse nach Sicherheit, Geborgenheit, Liebe, Achtung und Selbstbewußtsein ausreichend befriedigt, so daß sie primär von Tendenzen zur Selbstverwirklichung motiviert werden (definiert als fortschreitende Verwirklichung der Möglichkeiten, Fähigkeiten und Talente, als Erfüllung einer Mission oder einer Berufung, eines Geschicks, eines Schicksals, eines Auftrags, als bessere Kenntnis und Aufnahme der eigenen inneren Natur, als eine ständige Tendenz zur Einheit, Integration oder Synergie innerhalb der Persönlichkeit).»

Bei seinen Untersuchungen selbstverwirklichter Menschen stellt Maslow folgende 13 Eigenschaften bei ihnen fest:

1. größere Wahrnehmung der Realität;
2. wachsende Akzeptierung ihrer selbst, der anderen und der Natur;
3. zunehmende Spontaneität;
4. bessere Problemzentrierung;
5. größere Distanz und Sehnsucht nach Zurückgezogenheit;
6. wachsende Autonomie und Resistenz gegen Akkulturation;
7. größere Frische des Verständnisses, größerer Reichtum der emotionalen Reaktionen;
8. höhere Frequenz der Grenzerfahrungen;
9. wachsende Identifikation mit der menschlichen Spezies;
10. veränderte (der Kliniker würde sagen, verbesserte) zwischenmenschliche Beziehungen;
11. demokratischere Charakterstruktur;
12. stark zunehmende Kreativität;
13. gewisse Wandlungen im Wertsystem.

Der Selbstverwirklicher hat Zugang zu seinen tieferen unbewußten Prozessen – sie sind nicht getrennt von ihm und von ihm abgeschnitten. Damit hat er Zugang zu einem unermeßlichen Potential von kreativen Kräften. Anstatt Teile von sich als «schlecht» zu bewerten, sind die verschiedenen Teile in ihm integriert und für ihn verfügbar und ihm dienstbar. So hat er Zugang zu seiner tiefsten Mitte, von wo Kraft und Energie durch ihn hindurchscheinen können.

Maslow schreibt zur Kreativität von selbstverwirklichenden Menschen: «SV-Kreativität wird ‹ausgestrahlt› und trifft das ganze Leben unabhängig von Problemen, so wie ein heiterer Mensch Heiterkeit ‹ausstrahlt›, ohne Absicht oder Plan oder Bewußtsein. SV-Kreativität wird ausgestrahlt wie der Sonnenschein, sie verbreitet sich überall. Sie läßt einige Dinge wachsen (die wachsen können) und ist an Felsen und anderen Dingen (die nicht wachsen können) verschwendet.

Schließlich weiß ich ganz genau, daß ich versucht habe, weithin akzeptierte Begriffe der Kreativität aufzubrechen, ohne imstande zu sein, im Tausch dafür einen hübschen, wohldefinierten, klargezeichneten Ersatzbegriff anzubieten. SV-Kreativität läßt sich schwer definieren, weil sie manchmal synonym mit der Gesundheit selbst zu sein scheint. Und da Selbstverwirklichung oder Gesundheit letztlich als die Realisierung der vollsten Menschlichkeit oder des ‹Seins› eines Menschen definiert werden muß, sieht es so aus, als wäre die SV-Kreativität fast synonym mit der essentiellen Menschlichkeit, ein Conditio-sine-qua-non-Aspekt oder eine definierende Eigenschaft.»

Mit unserem Umschlagbild gesprochen: der selbstentfaltete Mensch ist durchlässig für das Licht, das aus der Mitte strahlt.

## 9. Selbstentfaltung als Prozeß

Versuchen Sie jetzt wieder, das letzte Kapitel zu vergessen. Es sollte Ihnen einen kleinen Eindruck vom Ziel der Selbstentfaltung bieten. Aber der «selbstentfaltete» Mensch ist ein Ideal, ein Modell – richtige Menschen sind in einigen Dimensionen mehr sie selbst und bewußter als in anderen, sind manchmal «selbstentfaltet» und müssen sich ein andermal wieder mit neu wahrgenommenen Teilen der eigenen Persönlichkeit auseinandersetzen.

Selbstentfaltung ist ein Prozeß, ein Weg, ein Geschehen, das nicht irgendwann zu Ende ist – und dann bliebe man an diesem Punkt stehen –, sondern sie ist ein Weg, der bis zum Tode immer weitergeht. Leben ist Entwicklung, Wachstum, Bewegung – und ebenso Selbstentfaltung.

Ausgangspunkt für diesen Prozeß ist immer der Ort, an dem man im Moment steht. Diesen Punkt gilt es zu akzeptieren und zu bejahen. Akzeptieren Sie sich so, wie Sie jetzt sind, sagen Sie ja zu sich und nehmen Sie sich an – dabei ist es vollkommen gleichgültig, ob Sie glücklich, unglücklich, liebevoll, mürrisch und abweisend, gesund oder neurotisch, hetero- oder homosexuell, erwachsen oder kindlich sind. Das einzige was zählt, damit Selbstentfaltung geschehen kann, ist, daß Sie sich so akzeptieren, wie Sie sind.

Abraham Maslow vertritt in seinen Untersuchungen den Standpunkt, daß Selbstentfaltung und Wachstum der eigenen Persönlichkeit ganz von selbst einfach deshalb geschehen, weil sie in sich selbst befriedigend sind. Unsere Fähigkeiten und Begabungen wollen benutzt sein. Unser Körper, unser Geist – sie wollen funktionieren. Organe, die nicht genutzt werden, verkümmern. Ebenso wie es für das kleine Kind befriedigend ist, Laufen und Sprechen zu lernen, so ist es für den Menschen in sich befriedigend und lustvoll, die eigenen Fähigkeiten zu vervollkommnen, mehr von der eigenen einzigartigen Persönlichkeit zu verwirklichen. Zu dieser Wachstumsseite des Menschen gehören Neugierverhalten, spontaner Ausdruck, staunendes Erforschen und Entdecken, freudevolles Ausprobieren.

Aber es gibt auch eine andere Seite im Menschen, eine Seite die Angst hat, ein einzigartiges Individuum, getrennt von anderen Menschen zu sein, Angst, Risiken einzugehen, und Angst vor Unabhängigkeit und Freiheit. So ist der Mensch also beeinflußt von zwei Kräften: zum einen in Richtung Wachstum, Freiheit, Selbstbestimmung, Einzigartigkeit und vollkommener Funktionsfähigkeit; zum anderen in Richtung Sicherheit, Abhängigkeit und Risikoscheu.

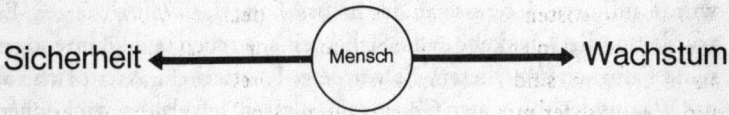

Sicherheit ← Mensch → Wachstum

Wenn nun in der Entwicklung eines Menschen seine Sicherheitsbedürfnisse genügend befriedigt worden sind, dann wird er meist frei für seine Wachstumsbedürfnisse. Sind sie aber unbefriedigt, so wirken sie als latente Energien, die vom Wachstum ablenken. Denn die Sicherheitsbedürfnisse sind im allgemeinen stärker, und bei ihrer Unbefriedigtheit drängen sie mit aller Macht in den Vordergrund, das Individuum fühlt das Defizit und bemüht sich um dessen Ausgleichung. Solch ein Defizit eines Sicherheitsbedürfnisses, z. B. des Bedürfnisses, Liebe von anderen Menschen zu bekommen, kann krank machen – und erst wenn diese Bedürfnisse befriedigt werden, können wir zu anderen Bedürfnissen übergehen, z. B. zu dem, uns frei und spontan auszudrücken.

Im allgemeinen ist es so: wenn wir unsere Bedürfnisse, so wie wir sie fühlen, einfach befriedigen, bleiben wir nicht an ihnen hängen, sondern werden frei für die nächst «höheren». So stehen zunächst unsere Grundbedürfnisse nach Luft, Nahrung und Unterkunft im Vordergrund, sind diese befriedigt, wächst der Wunsch nach Einsatz für die Gemeinschaft und größere Einheiten, wie auch der Wunsch, sich selbst zu verwirklichen.

Maslow macht das an einem Beispiel anschaulich: «Offenbar findet die Vorwärtsentwicklung gewöhnlich in kleinen Schritten statt, und jeder Schritt vorwärts wird durch das Gefühl der Sicherheit ermöglicht, des Vordringens ins Unbekannte aus einem sicheren Heimathafen heraus, des Wagemuts, weil der Rückzug immer noch möglich ist. Als Paradigma können wir den Säugling verwenden, der sich vom Knie seiner Mutter weg in die fremde Umgebung vorwagt. Bezeichnenderweise klammert er sich zunächst an die Mutter und erforscht den Raum mit seinen Augen. Dann wagt er einen kleinen Ausflug, versichert sich aber immer wieder, daß die Mutter-Geborgenheit noch intakt ist. Diese Exkursionen werden immer ausgedehnter, und das Kind kann so eine gefährliche und unbekannte Welt erforschen. Wenn die Mutter plötzlich verschwinden würde, wäre es der Angst ausgeliefert und würde aufhören, Interesse an der Erforschung der Welt zu zeigen. Es würde nur die Rückkehr in die Sicherheit anstreben und könnte sogar seine Fähigkeiten verlieren. Es würde z. B. kriechen, anstatt sich auf das Wagnis des aufrechten Gehens einzulassen. Ich glaube, wir können dieses Beispiel gefahrlos verallgemeinern. Gefestigte Sicherheit läßt höhere Bedürfnisse und Impulse auftauchen und zur vollen Beherrschung heranreifen. Sicherheit zu gefährden bedeutet Regression zurück auf einem mehr grundlegenden Ursprung.»

Es ist also nicht wahr, wie manche Menschen meinen, daß es zur Selbstentfaltung nötig wäre, «niedere» Triebe und Bedürfnisse abzuqualifizieren und gegen sie anzugehen. Dieser häufig mit moralisch geschwellter Brust empfohlene Weg ist ein Zeichen von Mißtrauen der menschlichen Natur gegenüber. Als ob wir so angelegt wären, daß der «gute» Teil von uns nur siegen kann, wenn ein anderer Teil bekämpft und besiegt wird. Dieser Weg führt zur Aufrechterhaltung der künstlichen Spaltung des Menschen in gut und schlecht, schwarz und weiß usw., während Selbstentfaltung gerade die harmonische Integration dieser Pole und Teile bedeutet.

Wir brauchen nicht sozialen Beziehungen zu entsagen, unsere Diät drastisch zu verändern, unser «Ich abzutöten». Ein befriedigendes soziales Leben macht uns frei für Bedürfnisse, häufiger allein zu sein, ein starkes Ich in der Welt wird uns frei und bereit für das Bedürfnis machen, unser Ich zu transzendieren und uns unter etwas Größeres zu stellen. Auf diesem natürlichen Wege kann es dazu kommen, daß wir ebenso ein Bedürfnis spüren, weniger und gesünder zu essen oder zu fasten – aber all dies geschieht natürlich und aus Freude.

Selbstentfaltung geschieht also auf natürliche und selbstregulative Weise von selbst, wenn keine zu große Barrieren im Wege stehen. Wir brauchen nicht gegen unsere Bedürfnisse zu handeln, keine Teile von uns zu verurteilen – im Gegenteil, wir müssen die Bedürfnisse, die da sind, befriedigen. Wenn wir dann gesättigt sind, wenden wir uns den nächsthöheren Bedürfnissen zu. Dabei kann es vorkommen, daß wir tatsächlich Spaß an Askese, Fasten oder dem Aufhören mit Rauchen bekommen – hier geschieht das dann aber als eine innere Freude. Die Freude des Verzichts ist dann für Sie größer als die kleine Freude des Essens oder Rauchens. Echte Selbstentfaltung ist aber nur dann möglich, wenn wir das, was wir tun, als sich selbst genügend aus Freude machen. Wenn wir uns zu einer Diät zwingen, zum Morgenlauf oder zu täglich vier Meditationen oder ... *damit* wir besser, fröhlicher, gesünder und «was weiß ich noch alles» werden, dann haben unsere Handlungen nur einen Bruchteil der Kraft, als wenn sie fröhlich ohne Zwang aus unseren inneren Bedürfnissen her kommen.

Obwohl Wachstum also im Menschen selbst angelegt ist und von selbst geschieht, wenn der Mensch in seinen Bedürfnissen «gesättigt» ist, sind doch viele Menschen in Kreisläufen und Teufelskreisen von sie selbst schädigenden Verhaltensweisen gefangen, und deren Befriedigung zieht kein Wachstum nach sich. Alle neurotischen und sich selbst schädigenden Verhaltensweisen gehören in die Sicherheitsrichtung und haben meist die Funktion, Angst oder Spannung zu reduzieren, wie z. B. Rauchen, Überessen, Zwangsgedanken, Vermeidung von Angstobjekten, depressives Sich-Zurückziehen usw. Doch unsere Angst wird durch diese Verhaltensweisen nur im Moment geringer, eine kurze Zeit später ist sie wieder da, und wir benötigen diese Verhaltensweisen wiederum – wir werden nicht frei für höhere Bedürfnisse. Der Grund dafür ist die fehlende Bewußtheit bei diesen angstreduzierenden Verhaltensweisen. Unerledigte Konflikte werden hier auf symbolische Weise ausagiert, die darunterliegenden Konflikte werden aber nicht richtig bewußt.

Hier geschehen Wachstum und Veränderung meist dann, wenn die wahren Bedürfnisse bewußter werden. So berichten Klienten nach einer Psychotherapie oder auch Meditierende, daß ihre Sensibilität und Bewußtheit für schädigende Verhaltensweisen, wie beispielsweise das Rauchen, ganz von selbst größer werden und sie dieses Verhalten ohne Zwang oder bewußten Druck aufgeben. Wir stehen also zwischen Kräften, die zum einen in Richtung Sicherheit, Geborgenheit und Schutz drängen und zum anderen uns zu Selbstentfaltung, Wachstum, Risiko und Freiheit führen. Erhöhung der Bewußtheit und Verringerung von Angst, wie es in der Meditation geschieht, verringern die Attraktivität und Notwendigkeit des Sicherheitspoles und erhöhen die Bedeutung und Attraktivität des Wachstums- und Selbstentfaltungspoles.

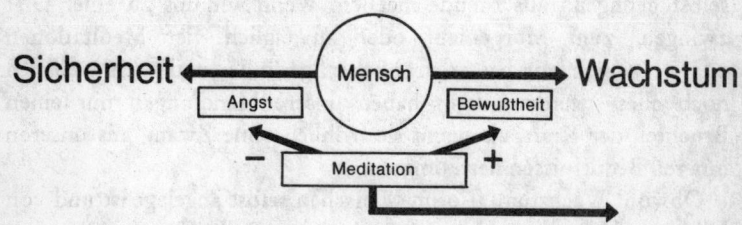

## 10. Bedeutung für unsere Meditationspraxis

Meditation verringert Angst, erhöht die Bewußtheit und vergrößert das Gefühl der Selbstakzeptierung. Damit sind die Grundbedingungen für Selbstentfaltung gegeben. Wachstum und Entwicklung geschehen nun von allein, wir brauchen diese Entwicklung nicht zu «managen»!

Damit aber Wachstum geschehen kann, benötigen wir die Bereitschaft

□ uns so zu akzeptieren wie wir wirklich sind,
□ unsere Gefühle und Gedanken als unsere eigenen Prozesse bewußt wahrzunehmen und auszudrücken,
□ uns im Kontakt mit anderen Menschen und der Welt immer wieder neu zu erfahren!

# VII. Meditation aus der Mitte

All das, was wir bis jetzt geschrieben haben, war eine Einführung in die Meditation für den typischen westlichen Menschen. Ziel war es, Ihnen folgende für Meditation und Selbstentfaltung notwendigen Grundhaltungen nahezubringen:

- das Geschehenlassen und «Nichttun» während der Meditation;
- das Annehmen von negativen Gefühlen und Erlebnissen;
- das Bereitsein für positive Gefühle und Erlebnisse und die eigene transzendente Natur;
- das Offensein für positive und negative Gefühle im Alltag;
- die Bereitschaft, zur eigenen Natur und zur eigenen Mitte zu gelangen – man selbst zu werden;
- das Vertrauen zu den eigenen Wachstumstendenzen und zur Selbstregulation des Organismus.

Diese Haltungen müssen zunächst vom westlichen Menschen verstanden und eingeübt werden, da er besonders neigt zu:

- Überspannung;
- Mißtrauen dem eigenen Organismus gegenüber;
- daraus resultierendem aktiven Eingreifen und der Unfähigkeit, geschehen zu lassen;

☐ Angst vor eigenen negativen Gefühlen und deren Verdrängung;
☐ Ungläubigkeit und Mißtrauen dem eigenen transzendenten Pol gegenüber.

Aus diesem Grunde haben wir die Meditationsübung zunächst in
einem wohligen entspannten Zustand ausgeübt, um auch Ängste wie:
«Mache ich das auch richtig?» oder: «Ich mache alles falsch!» wegzu-
nehmen und eine Befreiung von unseren destruktiven Selbstüberforde-
rungen, von unserem Topdog («Du mußt das jetzt so machen», «Du
darfst nicht» usw.) zu erreichen. Selbstentfaltung führt aber zur eigenen Mitte, zur Mitte zwischen Extrempolen. Hier heißt das, eine Mitte
zu finden zwischen den Extremen Spannung und Entspannung. Es
wäre also einseitig und starr, wenn wir den Weg, den wir zunächst
beschritten haben, immer weiter gehen würden – wir würden an einem
anderen Extrem enden, dem der Erschlaffung und Auflösung. Dies
könnte dazu führen, daß wir zwischen einem Pol Überanspannung
und Überkontrolle einerseits und dem Pol Erschlaffung und völlige
Unkontrolliertheit andererseits hin- und hergerissen werden, ohne
eine harmonische Balance zu finden. Die eigene Mitte wäre nicht
gefunden, mal regierte das eine, mal das andere Extrem.

Wir wollen aber einen Zustand erreichen, in dem wir ruhig um
unsere Mitte herum schwingen können, ohne diese zu verlieren – ein
Schwingen also mit fester Verankerung in unserer Mitte.

Wie der westliche leistungszentrierte und kopfbestimmte Mensch
als Beispiel für den einen Pol gelten kann, so nähern sich der östliche
Mensch und einige Drogen konsumierende Jugendliche mehr dem
anderen Extrem der Erschlaffung und Auflösung. Zur Findung der
eigenen Mitte und zur Wiederherstellung einer inneren Balance fehlt
ihnen die Ausrichtung in die jeweils andere Richtung.

So wollen wir jetzt auch langsam darangehen, unsere Meditationspraxis etwas zu verändern und zu erweitern, in Richtung «rechter
Spannung» oder «rechter Entspannung» und Zentrierung auch auf
unsere körperliche Mitte hin. Das mag nun mancher als «Anstrengung» und «Pflicht» auffassen – aber das gerade soll es nicht sein,
sondern langsames und behutsames Wachsen, das in sich selbst befriedigend und freudvoll ist, in die eigene «rechte Mitte» hinein.

# 1. Der Sitz

Wir haben bei der Einführung der Meditation zur Beschreibung unseres körperlichen Zustandes immer das Wort «Entspannung» benutzt – und zu Beginn halten wir es auch für vollkommen richtig, gelöst, gelassen, bequem und entspannt zu sitzen.

Dennoch ist dieser Zustand nicht der, der für die Meditation der beste ist. In der Meditation benötigen wir die «rechte Spannung» oder «rechte Entspannung» – nämlich die Mitte zwischen Entspannung und Spannung. Erschlaffung wie auch Überspannung sind zwei Extreme, die beide als Abweichungen von einem harmonischen, ausbalancierten Körperzustand anzusehen sind. Wir suchen den «eutonischen» Zustand, der Gelöstheit und Aufrichtung zugleich ist.

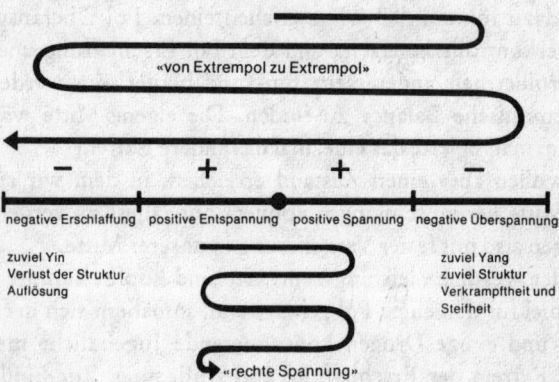

Während die Extreme von Erschlaffung und Überspannung den Körper immer wieder aus der Balance werfen und Erschlaffung Überspanntheit bewirkt (– und umgekehrt), gelangen wir durch die «rechte Entspannung» in unsere Mitte und bleiben «zentriert».

Praktisch bedeutet das, daß wir langsam in unserer Meditationspraxis zu einer größeren Aufrichtung gelangen müssen. Der Sitz soll bequem und fest sein, aber dabei muß unser Rückgrat gerade sein. Ohne unsere Muskulatur anzustrengen und ohne uns zu verkrampfen, müssen wir zu einer Aufrichtung von unten nach oben gelangen, die aus dem Inneren herauskommt. Am besten erhalten Sie das Gefühl dafür, wenn Sie in nicht angelehnter Sitzhaltung sich vorstellen, daß sich Ihre Sitzknochen in den Boden hinein verlängern und sich ebenso vorstellen, daß Ihr Scheitel sich nach oben hin verlängert, so daß er die Decke berührt. Es führt also durch Sie hindurch eine Gerade, die mit dem einen Ende unten im Boden wurzelt und mit dem anderen oben an die Decke stößt. Das Kinn ist dabei etwas angezogen, so daß Nasenspitze, Kinn und Nabel auf einer senkrechten Linie gestreckt liegen, und der Nacken gestreckt wird. Mit dieser Vorstellung machen Sie nun leise schwingende Bewegungen nach hinten und nach vorne, wobei Zentrum dieser Bewegung Ihre Sitzknochen sind – und stellen sich dabei die Bewegungen Ihrer verlängerten Achse am Boden und an der Decke vor. Dabei hängen die Schultern locker nach unten, und das Gewicht unseres Körpers wird von unten her, von der Beckengegend her, getragen. Wenn Sie nun noch einmal, wie normalerweise vor den Meditationen, Ihren Körper durchfühlen, dann erhalten Sie ein Gefühl für die «rechte Entspannung».

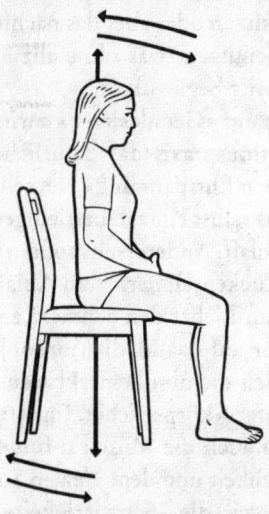

Die Hände werden bei diesem meditativen Sitz folgendermaßen gehalten: Die rechte liegt im Schoß auf den Oberschenkeln, die linke Hand legen wir in die rechte hinein, und die beiden Daumen werden an ihren Spitzen zusammengelegt:

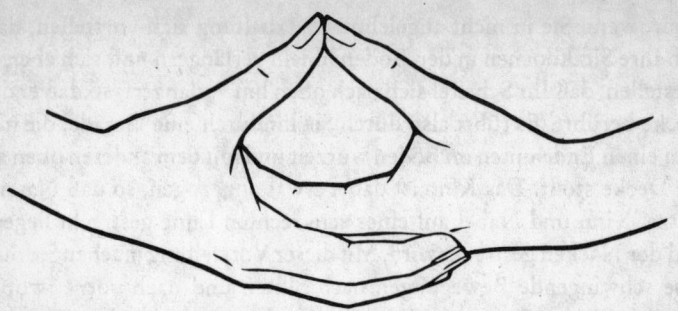

Dies ist die traditionelle Meditationshaltung, wobei die Idealstellung der volle Lotussitz ist, der für den normalen Europäer aber kaum durchführbar ist. Zwar hat der volle Lotussitz unbestreitbare körpertherapeutische Vorzüge – aber wir müssen mit unserer Meditation dort beginnen, wo im Moment unsere Möglichkeiten liegen.

Den meisten Menschen beginnt schon beim einfachen Geradesitzen ihr Rückgrat Schmerzen zu machen. Wir empfehlen, daß Sie zunächst gerade auf einem Stuhl sitzen oder aber das nachfolgend beschriebene Meditationsbänkchen benutzen, was ohne allzu große Anstrengung einen guten Meditationssitz begünstigt.

Sie sollten sich nicht zum «Geradesitzen» zwingen, denn auch hier wird durch die Meditationspraxis das natürliche Bedürfnis unseres Körpers nach der «rechten Entspannung» von selbst immer größer, so daß es schließlich für uns selbst einfach befriedigender wird, gerade zu sitzen als krumm und schlaff. Andererseits sollten wir auch nicht gleich jeden aufkommenden Rückenschmerz zum Anlaß einer größeren Erschlaffung werden lassen. Lieber den Schmerz annehmen, sich in ihn hineinfühlen und wieder auf das Meditationsobjekt konzentrieren – auf diese Weise lösen sich die nun bemerkbaren Spannungen. Es geschieht da, was wir unter «körperlicher Entstressung» beschrieben haben. Hier gilt es also auch die Mitte zu finden zwischen unserer individuellen Sitzmöglichkeit und dem idealen Sitz. Mit weiterer Meditationspraxis können wir die «Schwierigkeit» des Sitzes langsam steigern, dabei kommen folgende Sitzarten in Frage:

## 1. Sitz auf dem Meditationsbänkchen

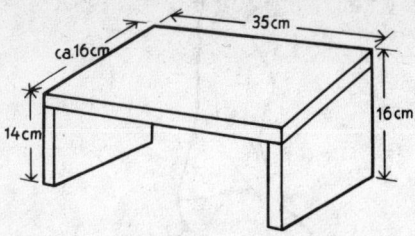

Das Bänkchen wird aus ca. 2 cm dicken Brettern gefertigt. Wir knien uns auf eine Decke, stellen das Bänkchen mit der niedrigeren Seite nach vorne über unsere Unterschenkel und setzen uns dann mit unserem Gesäß auf das schräge Sitzbrett. Unsere Knie sind dabei leicht gespreizt.

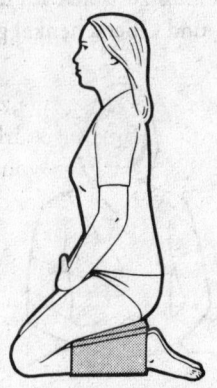

## 2. Fersensitz

Wir setzen uns direkt auf unsere Unterschenkel, wobei wir die Zehen unserer Füße übereinanderlegen. Zwischen Gesäß und Füße kann auch eine Decke gelegt werden:

*3. Halber Lotussitz*

Wir sitzen auf einem Sitzkissen, ziehen den rechten Fuß dicht an das Gesäß heran und legen den linken Fuß auf den rechten Oberschenkel, so daß der linke Fuß mit der Sohle nach oben zeigt. Wenn das zu schwer ist, kann der linke Fuß zunächst auf den rechten Unterschenkel, also zwischen Unter- und Oberschenkel gelegt werden:

*4. Der volle Lotussitz*

Wir sitzen wieder auf einem Sitzkissen, legen nun den rechten Fuß mit der Sohle nach oben auf den linken Oberschenkel und legen danach den linken Fuß mit der Sohle nach oben auf den rechten Oberschenkel (vgl. Grafik auf Seite 199).

Aber wie gesagt: sich nicht übernehmen, am besten mit dem Meditationsbänkchen beginnen und sich nur steigern, wenn wirklich von innen heraus das Bedürfnis kommt, die Bereitschaft also, sich freiwillig mit körperlichem Schmerz zu konfrontieren.

## 2. Zen-Meditation

Die Zen-Meditation, das Za-Zen, ist wohl im Westen eine der bekanntesten östlichen Meditationsarten, und wir wollen sie hier beschreiben, weil wir sie neben der Mantrameditation für eine der wichtigsten und tiefsten Meditationsarten halten.

Za-Zen entstand im Jahre 526 nach Christi, als Bodhidarma als buddhistischer Mönch von Indien nach Südchina kam und dort eine Meditationsschule ins Leben rief. Dann kam der Zen zwischen dem 7. und 12. Jahrhundert nach Japan, wo er das Kulturleben in starkem Maße bestimmt hat.

Eine Methode, mit der im Zen gearbeitet wird, ist das Koan, ein Rätsel, das dem Schüler vom Lehrer aufgegeben wird. Das Koan kann mit unserem begrifflichen Bewußtsein nicht gelöst werden, sondern nur aus dem intuitiven meditativen Bewußtsein heraus.

Hier interessiert uns aber nur das Za-Zen, das Sitzen in der Meditation. In der reifen Form des Za-Zen, im Shikantaza, dem «Nur-Sitzen», wird der Zustand des «Nichtdenkens» als Konzentrationsobjekt genommen. Das heißt also, daß der Zustand des «Nichtdenkens» das Objekt der Aufmerksamkeit ist. Störungen, die auftreten, werden wahrgenommen, und sofort wird wieder zum Zustand des Nichtdenkens zurückgegangen. Der Zen-Meister Yasutani Roshi beschreibt diese Übung so:

«‹Shikan› heißt ‹nichts als› oder ‹nur›, während ‹ta› ‹treffen› heißt und ‹za› ‹sitzen› bedeutet. Somit ist Shikantaza also eine Übung, bei der die Aufmerksamkeit vom Sitzen allein intensiv beansprucht wird. Da es hierbei keine stützenden Hilfsmittel mehr gibt, wie das Zählen der Atemzüge oder ein Koan, kann bei dieser Art des Za-Zen die Aufmerksamkeit nur allzu leicht abgelenkt werden. Die rechte Geistesverfassung ist dabei also doppelt wichtig. Bei Shikantaza darf man nicht gehetzten Sinnes sein, sondern muß so fest verwurzelt und massiv in sich gesammelt sein wie, sagen wir, der Fujiyama. Dabei aber müssen Sie geistig wachsam sein und gespannt wie eine Bogensehne. So ist Shikantaza ein Zustand erhöhter, konzentrierter Geistes-Gegenwart, in dem man weder überspannt noch in Eile und natürlich niemals schlaff ist. Es ist die Geisteshaltung eines Menschen angesichts des Todes. Stellen Sie sich vor, Sie nähmen an einem Duell im Schwertkampf jener Art teil, wie er einst im alten Japan geübt wurde. Angesichts Ihres Gegners sind Sie jeden Augenblick auf der Hut, entschlossen und bereit. Wenn Sie auch nur eine Sekunde in Ihrer Wachsamkeit nachließen, so würden Sie augenblicklich niedergestochen. Eine Menge Volks sammelt sich, um den Kampf zu sehen. Da Sie nicht taub sind, hören Sie sie. Aber Ihre Aufmerksamkeit wird von solchen Sinneswahrnehmungen nicht einen einzigen Augenblick gefangengenommen.

Diese Haltung kann man nicht lange durchhalten. Sie sollten Shikantaza nicht länger als eine halbe Stunde hintereinander üben.»

Die Sitzstellung ist dabei so, wie wir es im vorigen Kapitel besprochen haben. Shikantaza wird meist erst im fortgeschrittenen Zustand möglich sein, der Anfänger nimmt meist den Atem als Konzentrationsobjekt zur Hilfe. Das kann auf verschiedene Weise geschehen:

1. Das Atemzählen. Dabei zählt man 1 beim Einatmen, 2 beim Ausatmen, 3 beim Einatmen usw. bis 10. Dann fängt man wieder von vorn an.

2. Das Zählen nur des Ausatmens: bis 10, dann wieder von vorn.

3. Sich einfach auf den Atem konzentrieren und sich dabei des Atems bewußt sein wie «Ich atme kurz ein und aus» oder «Ich atme lang ein und aus».

4. Die Konzentration ist auf den «Hara» gelenkt, auf den Unterleib und die Beckengegend 4 Fingerbreit unter dem Bauchnabel. Dabei richtet sich die Konzentration sowohl auf die vordere wie auch auf die hintere Körperregion, auf den Bauch ebenso wie auf die Kreuzbeingegend. Der «Hara» ist der Sitz unserer Vitalkraft, auf den wir im nächsten Kapitel noch ausführlicher zu sprechen kommen. Hier wird der Atem beobachtet, wie er in den Beckenraum einströmt und wieder ausströmt.

Bei der Zen-Meditation werden die Augen nicht geschlossen, sondern halb geöffnet und entspannt eingestellt auf einen Punkt auf dem Boden vor einem. Dies verhindert mögliche Dösigkeit oder Schläfrigkeit und begünstigt den Zustand der gelösten klaren Wachheit.

## 3. Hara

Da der Europäer mit seinem Bewußtsein und seinem Atem meist nicht in seinem Beckenraum verankert ist, halten wir die Konzentration auf den Hara, auch in unserer Mantrameditation, für unerläßlich. Aber nicht nur für die Zeit der Meditation, sondern ebenso dazwischen ist «Hara» die Voraussetzung für einen ernsten und integrierten Weg der Selbstentfaltung. Sonst besteht zu stark die Gefahr des «High»-Werdens und des «Wegfliegens» durch Meditation, und das Gegründetsein im eigenen Körper fehlt.

Wir wollen hier Graf Dürckheims Buch «Vom doppelten Ursprung des Menschen» (S. 187f) zitieren: «Die rechte Haltung des Menschen ist immer bestimmt durch den ‹rechten Schwerpunkt›. Zu den eingefleischten Fehlhaltungen so vieler Menschen gehört die Verlagerung des Schwerpunktes zu weit nach oben, so dort, wo das ‹Brust heraus – Bauch herein› herrscht. Solche Fehlhaltungen sind Ausdruck des Menschen, der sich voll mit seinem kleinen Ich identifiziert und daher vor allem immer seine Position halten und sichern will. Wo diese Fehlhaltung eingefleischt ist, blockiert sie die lösende, erneuernde und erhaltende Kraft aus der Tiefe. Die Gegenform zu dieser Haltung, häufig mit ihr im Wechsel zu sehen, ist das Zusammenfallen oder Zusammensacken des Menschen. Hier ist das zu einer bestimmten Form bestimmte Inbild des aufrechten Menschen vertan. In solcher Aufgelöstheit bekundet sich, wenn es nicht einfach physische Erschöpfung ist, ein Mangel an Gefühl und Verantwortung für die rechte Form, ohne die das Wesen nicht in Erscheinung treten kann. Auf dem Wege zur rechten Form befindet sich der Mensch erst, wenn er lernt, seine Leibesmitte, seinen Bauch, in der rechten Weise wahr-zunehmen.

Gewiß hat es für den westlichen Menschen zunächst etwas Überraschendes und Befremdendes, wenn er vernimmt, daß die zuallererst zu verwirklichende und zu bewahrende Mitte des zur Transzendenz hin sich ordnenden Leibes der Bauch ist, genauer der Unterbauch und das Becken.

Die Bedeutung des Bauches, wie sie uns immer wieder in der romanischen und frühgotischen Darstellung des Menschen begegnet, aber auch in der Christusdarstellung, wo er als Herr der Welt dargestellt wird, ist im Osten, besonders in Japan, seit langem bewußt und in die Übung zur Reife, das heißt zur Integration mit der Transzendenz zur Geltung gebracht. Im japanischen Raum finden wir das in der Lehre und Praxis von ‹Hara›. Wörtlich bedeutet Hara ‹Bauch›, im übertragenen Sinn aber jene Gesamtverfassung des Menschen, in der er immer freier wird vom Bann des kleinen Ichs und sich gelöst und gelassen in einer Wirklichkeit zu verankern vermag, die ihn befähigt, von woanders her das Leben zu fühlen, die Welt zu meistern und ohne Rest dem zu dienen, was seine Aufgabe in der Welt ist. Er kann ohne Angst kämpfen, sterben, gestalten und lieben.

Wo der Mensch es vermag, sich im ‹Hara› niederzulassen und zu verankern, erfährt er ihn als einen Raum ihm verbundener Lebensmächte, mit denen der Mensch es vermag, hartgewordene Ichformen zu durchschauen, aufzunehmen, einzuschmelzen und zu neuen Formen zu verwandeln. Kraft dieser Fähigkeit zur Verwandlung und Erneuerung vermag er auch die Welt anders zu nehmen. Es wirft ihn nicht um, es stößt ihn nicht aus seinem schwingenden Gleichgewicht. Der Kopf bleibt kühl, der ganze Leib ist gelöst-gespannt, und der Mensch atmet im Rhythmus des Sich-Öffnens und Schließens, Sich-Gebens und Wiederfindens den Atem in der Mitte. Er kann auch im

‹Sturm der Welt› gelassen bleiben. Im ‹Hara› ruht der Mensch im Quellraum nie endender Verwandlung und eben damit im Wurzelraum seines personalen Seins und Werdens. Der Hara-no-hito, der ‹Mensch mit Bauch›, bedeutet den gereiften Menschen, den also, der die Voraussetzung zur Integration von Welt-Ich und Wesen gewonnen hat. Nur der Mensch, der sich aus dem Ich-Raum in den ‹Hara›-Raum, in die Erdmitte niederzulassen und hier zu verankern vermochte, kann am Ende dann in seine personale Mitte gelangen.»

Soweit Graf Dürckheim. Hara integriert die verschiedenen Pole unserer Persönlichkeit. Im Prozeß der Selbstentfaltung kann es immer wieder geschehen, daß die Unsicherheit über die «Richtigkeit» der eigenen Entwicklung und über die Frage des «Wohin» drängend wird. Zwar können wir auch hier auf die Wachstumskräfte unseres Organismus vertrauen – und dennoch könnten viele Umwege und geistige Verwirrungen vermieden werden, wenn noch stärker bewußt wäre, daß es bei Selbstentfaltung um das Finden der Mitte geht und nicht um das Streben zu den Extremen. Hier werden wir richtig geführt, wenn wir während der Meditation uns im Hara zentrieren. Als Wegweiser für die eigene Entwicklung wollen wir hier noch einmal Graf Dürckheim zitieren (a. a. O. S. 177 f), der die Extreme dreier Hauptdimensionen des Menschen beschreibt. Dies scheint uns hier am Ende des Buches, wo der Leser zunächst bereits Erfahrungen mit der Meditation hat, sinnvoll, da seine Sicht des Menschen dem einzelnen die Möglichkeit eröffnet, aus den Grenzen unserer mehr psychologischen Betrachtungsweise herauszutreten und sie zu überwinden.

---

## Himmel – Erde

«So sehen wir die Menschen den ihnen zugedachten Bezug zu Himmel und Erde verfehlen, wo sie – im Stehen, Sitzen und Gehen – entweder übertrieben und einseitig nach oben gereckt sind oder aber in einer Weise nach unten absacken, die alle Gerichtetheit von unten nach oben auslöscht. Im letzten Fall tritt an die Stelle eines lebendigen Getragenseins von der Erde der Eindruck lebloser Trägheit oder Herabgedrücktheit. Das Gegründetsein in den Wurzeln erscheint als lastende Schwere, das Basishaben als ein Kleben am Boden. Solche Menschen gehen nicht, sondern schleppen sich dahin, sie sitzen nicht, sondern sacken zusammen, sie stehen nicht, sondern fallen nur eben nicht um.

Gewinnt die Richtung nach oben überhand, dann wirkt der Mensch in einer Weise ‹nach oben gezogen›, die alle Beziehung nach unten verleugnet. Solche Menschen gehen, stehen oder sitzen mit hochgezogenem Leibe. Sie fassen beim Gehen nicht Fuß, sondern wippen, trippeln und tänzeln. Sie verneinen ihre natürliche Schwere. Sie richten sich nicht in organischer Weise auf, sondern sind mit hochgespannten Schultern nach oben ‹verzogen›. So wirken sie je nachdem verkrampft, aufgeblasen oder ‹verstiegen›.

In beiden Fällen fehlt die das Oben mit dem Unten verbindende Mitte, der richtige Schwerpunkt. Ist er vorhanden, dann finden sich die zum Himmel weisenden und die Erde bejahenden Kräfte zur Harmonie des Ganzen zusammen. Was oben ist, wird von unten getragen. Was unten ist, hat eine natürliche Strebung nach oben. Es wächst die Form von unten nach oben wie beim Baum, und die Krone ruht auf einem lotrechten Stamm, der breit und tief verwurzelt ist. So bekundet die rechte Haltung ein Ja des Menschen zu seiner zwischen Himmel und Erde gespannten, bipolar beheimateten Ganzheit. Er klebt nicht an der Erde, aber hat Vertrauen zu ihr. Er strebt himmelwärts, aber vergißt nicht seine Erde.

## Verhältnis zur Welt

Das Fehlen des rechten Verhältnisses zur Welt zeigt sich in einem Verhalten, darin der Mensch entweder die auf ihn zukommende Welt nicht zuläßt und sich gegen sie abschließt oder ihr haltlos ausgeliefert erscheint. Ist das erste der Fall, dann wirkt der Mensch nicht geschlossen, sondern verschlossen, nicht lebendig konturiert, sondern in seinen Zügen verhärtet, erstarrt, unbeseelt. Er ist kontaktlos wie eine leblose Figur. Seine Verhaltenheit ist nicht Ausdruck eines natürlichen, freien Abstandes, sondern abweisender Krampf. Insgesamt wirkt er nicht mehr als eine vom lebendigen Atem durchpulste Gestalt, sondern als eine in sich festgezogene, unbeseelte Form. Er schwingt nicht in einem lebendigen Bezug von Ich und Du. Er atmet nicht im lebendigen Rhythmus von Halten und Lassen, von Hingabe und Zurückhaltung, von Hereinlassen und Hergeben. Es fehlt das Vermögen zu der sich der

Welt zuneigenden, um sich ihr zugleich öffnenden oder mit ihr verbindenden Gebärde.

Das entgegengesetzte Bild zeigt die Erscheinung, der jegliche Verhaltenheit fehlt. Die Gebärden solcher Menschen bekunden eine haltlose Preisgegebenheit an die Welt, in die sie hemmungslos hineingehen oder die sie gleichsam zu verschlucken droht. Nichts hält die Gestalt zusammen. Es fehlt die Kraft zum Abstand und Widerstand. Der Mensch verströmt sich ins Umfeld, ja, erweckt bisweilen den Eindruck bevorstehender Auflösung. Menschen dieser Art bewegen sich, als hätten sie keine Knochen im Leibe, als hielte sie nichts bei sich selbst. Sie sind meist auch taktlos, es fehlt ihnen an Distanz.

Hier wie dort fehlt die rechte Mitte. Es fehlt der Schwerpunkt, dessen Vorhandensein sowohl die rechte Eigenständigkeit als auch die rechte Verbundenheit mit sich selbst und mit der Welt ermöglicht. Die dem Menschen eigentlich zugedachte Beziehung zur Welt verwirklicht sich nur im schöpferisch-ausgeglichenen Spannungsverhältnis der Pole. Selbst und Welt müssen je für sich stehen können und doch aufeinander bezogen und miteinander verbunden sein. Sie müssen sich trennen können, um sich wieder zu finden und einswerden zu können, um sich im Einswerden neu zu gewinnen. Das rechte Verhältnis, das heißt, das rechte Sich-Verhalten des Menschen zur Welt liegt erst dort vor, wo die ihn wahrende Gebärde der Hinneigung, Verbundenheit und Aufgeschlossenheit nicht Preisgabe bedeutet. In seinem Verhältnis zur Welt erscheint der Mensch also dann ‹in seiner Mitte›, wenn seine Verfassung unstörbar das ewige Aus und Ein des Atems zuläßt, darin er sich in die Welt hineingibt, ohne sich zu verlieren, bei ihr verweilt, ohne verschlungen zu werden, sich zurücknimmt, ohne sich zu trennen, und bei sich selbst bleibt, ohne sich zu verhärten.

### Verhältnis zu sich selbst

Das rechte Verhältnis des Menschen zu sich selbst wird verfehlt, wo im Wechselspiel von innerem Leben und gewordener Form ein Mißverhältnis sichtbar wird, sei es als überwiegendes Hervorquellen des von innen hervordrängenden Lebens oder aber in Gestalt einer sich diesem inneren Leben gegenüber allzusehr wahrenden und versteifenden Form.

Es gibt Menschen, deren Erscheinungsbild immer den Eindruck macht, als fließe oder schwappe das innere Leben gleichsam über in einem Ausmaß, das jede Form aufzuheben droht. Solche Menschen wirken gefühlig, formlos, ohne innere Richtung oder Ordnung. Die Gebärden sind ohne Maß, unrhythmisch, entgrenzt und unkoordiniert.

Im entgegengesetzten Fall fehlt der zügige Fluß der lebendigen Bewegung. Die Ausdrucksgebärden sind gehemmt und stockend, und in der Ruhe wirkt die Gestalt wie in sich selber verzogen. Man fühlt den Kern nicht, der das Ganze bewegt und beseelt, organisch zusammenhält und lebendig aus ihm hervorstrahlt. Das Ganze ist nur für den Augenblick willensmäßig zusammengerafft und immer in der Gefahr, plötzlich gesprengt zu werden oder auseinanderzufallen. An die Stelle des Krampfes tritt dann eine Auflösung.

### Integration und Mitte

So, wie das Verfehlen der rechten Mitte immer eine Störung des lebendigen Ganzen bedeutet, so auch bedeutet die rechte Mitte offenbar nichts anderes als eine Verfassung, in der das Ganze sich im Spannungsverhältnis der Pole lebendig bewahrt! Wo die Mitte fehlt, fällt der Mensch von einem Extrem ins andere. Das ‹Verstiegene› sackt früher oder später zusammen, den in sich Zusammengefallenen reißt es dann und wann übertrieben nach oben. Der Welt gegenüber wechselt der Mensch ohne Mitte zwischen abweisendem Abstand und haltloser Hingabe, und der im Mißverhältnis zu sich selbst Stehende pendelt zwischen Selbstauflösung und Krampf.

Die leibliche Gestalt ist Ausdruck einer gesamtmenschlichen Verfassung. So ist auch der die Mitte anzeigende Schwerpunkt, mag man auch in der Lage sein, ihn in einer bestimmten Stelle des Leibes zu lokalisieren, doch immer eine Bestimmtheit der Gesamtverfassung der Person, die sich in Leib *und* Seele manifestiert. Der sich im leiblichen wie im seelisch-geistigen Verhalten bekundende rechte Schwerpunkt ist also Ausdruck eines Dritten. Und was ist das Dritte.? Eben der *ganze* Mensch, der sich als ‹Person im Werden› in zugleich wesensgemäßer und weltgerechter Verfassung, das bedeutet auch nie endender Verwandlung, befindet.»

Diese Integration und Mitte also erhalten wir in unserem Prozeß der Selbstentfaltung eher, wenn wir uns während der Meditation und auch im Alltag auf unseren Hara zentrieren. Körperlich ist Hara nicht nur der Vorderbauch, sondern die gesamte Beckengegend, umfaßt also vorn wie hinten wie auch das Innere dieses Beckenraumes. Um diese Gegend einmal stärker zu spüren, schlagen wir Ihnen folgende Übung vor:

Legen Sie sich entspannt auf eine Decke und legen Sie eine Hand auf Ihren Bauch unterhalb der Nabelgegend und die andere Hand unter Ihren Körper in Höhe des Kreuzbeines. Versuchen Sie nun bewußt in Ihre Hände hineinzufühlen und sich gleichzeitig Ihres Atems dort im Bauchraum bewußt zu sein. Sie spüren also beim Ausatmen in ihre Hände hinein und ebenso beim Einatmen. Sie lassen dabei aber den Atem geschehen, wie er will, lassen das Einatmen ganz von selbst kommen und das Ausatmen in seinem eigenen Rhythmus ausschwingen – und dabei bleiben Sie ganz achtsam und bewußt unter Ihren Händen «gesammelt». Machen Sie das ruhig für ca. 10 Minuten – und achten Sie einmal nach dieser Übung auf Ihr Gefühl und Ihr Erleben der Welt. Wann haben Sie sich schon einmal so gefühlt? An was erinnert Sie dieser Zustand?

Und noch eine andere Übung, um den Hara, diesmal noch mehr von innen heraus, zu ertasten:

Setzen Sie sich gerade unangelehnt auf einen Stuhl, legen Sie die Hände auf Ihren Schoß, drücken Sie die kleinen Finger und die Ringfinger beider Hände zusammen, wobei Sie die anderen Finger nach innen fallen lassen:

Und nun schließen Sie die Augen oder lassen Sie sie entspannt halb geöffnet und beobachten Sie einfach wieder die Bewegung Ihres Atems im Unterbauch. Lassen Sie wieder den Atem kommen und gehen, wie er will. Auf diese Weise wird sich ihr Atemschwerpunkt sehr bald in den Unterbauch verlagern, und Sie werden Kontakt zum Hara bekommen.

## 4. Eutonie

Bewußtheit allein verändert nicht nur unser psychisches Funktionieren, sondern löst auch unsere Körperspannungen. Das Fühlen, Empfinden, Wahrnehmen und Eintasten in einen Körperteil löst die dort vorhandenen Überspannungen und bringt diesen Körperteil in die «rechte», die «eutonische» Spannung.

So ist auch in vielen körper- und atemtherapeutischen Methoden die Einspürung in den eigenen Körper das Grundprinzip des Übens, so in der Eutonie von Gerda Alexander, in der Atemtherapie nach Schaarschuch/Haase, in der Funktionellen Entspannung nach Marianne Fuchs, in der Atemtherapie nach Prof. Middendorf, in der Konzentrativen Entspannung nach Elsa Gindler, und auch im Hatha-Yoga sollte die Spürung des eigenen Körpers immer den Vorrang vor dem Bewältigen bestimmter Körperübungen erhalten.

Hier geschieht eine Lösung des ganzen Menschen, des Körpers wie auch der Psyche, durch das Üben des «Empfindungs-, Tast- oder Fühlkörpers». Unser Bewußtsein ist bei all diesen Übungen wie eine geistige Hand, die von innen her unseren Körper ertastet und empfindet. Mit diesem «Fühlkörper» wird auch im chinesischen «Tai-Chi» und japanischem «Aikido» gearbeitet, zwei Übungsformen, die als Körpertherapie wie auch als Selbstverteidigungssystem aufgefaßt werden können.

Wir möchten Ihnen folgende Grundübung zeigen, bei der Sie, anders als in den meisten Körpertherapien, Ihre Empfindungen laut verbalisieren – dadurch geschieht eine Integration unseres Empfindungsbewußtseins mit unserem begrifflichen Bewußtsein. Wenn Sie sich also zunächst auf Ihr Becken konzentrieren und sich von innen her einfühlen, dann sprechen Sie Ihre Empfindungen laut aus: «Ich fühle

jetzt die Berührungsfläche zwischen dem Boden und dem Gesäß.
... Jetzt spüre ich ein Kribbeln in den Übergängen vom Becken zu den
Oberschenkeln ... Jetzt spüre ich die Atembewegung im Vorderbauch ... Jetzt fühlt sich der ganze Unterkörper heller und leichter
an ...» usw.

Dabei sollen sich aber Empfinden und Verbalisieren in einem
Gleichgewicht halten – das Empfinden darf über das Verbalisieren
nicht zu kurz kommen. Machen Sie also genügend Pausen zwischen
Ihren lauten Sätzen.

### Eutonische Grundübung

Legen Sie sich auf eine harte Unterlage, Füße nebeneinander, Arme
liegen neben dem Körper. Die Augen können geschlossen oder auch
halb geöffnet sein. Werden Sie zunächst ganz ruhig und gesammelt.
Zunächst versuchen wir, uns auf die Haut und äußere Hülle unseres
Körpers einzustellen, versuchen also die Haut, die Berührungsflächen
zwischen Haut und Boden und die Berührungspunkte zwischen Haut
und Kleidungsstücken zu ertasten: Dabei können Sie in folgender
Reihenfolge vorgehen:
Bauch und Becken – linker Oberschenkel (alle Teile immer vorn und
hinten fühlen) – linkes Knie – linker Unterschenkel – linkes Fußgelenk
– linker Fuß (Hacke, Sohle, alle Zehen) – rechter Oberschenkel –
rechtes Knie – rechter Unterschenkel – rechtes Fußgelenk – rechter
Fuß. Wieder Becken und Bauch – Brust – unteren Rücken – oberen
Rücken – linke Schulter – linken Oberarm – linker Ellbogen – linker
Unterarm – linkes Handgelenk – linke Hand mit allen fünf Fingern –
rechte Schulter – rechter Oberarm – rechter Ellbogen – rechter
Unterarm – rechtes Handgelenk – rechte Hand mit allen fünf Fingern –
Hals und Nacken – Hinterkopf – Scheitel – Gesicht – und jetzt den
ganzen Körper in seiner Gesamtheit spüren.
Nun versuchen wir den ganzen Körper in derselben Reihenfolge noch
einmal durchzuspüren, versuchen jetzt aber die Innenräume zu
ertasten. Wenn Sie also in Ihren linken Oberschenkel hineinspüren,
versuchen Sie den Raum zwischen der Haut zu erfühlen. Bei immer
weiterer Tastung wird dieser Raum dann meist hell, leicht und hohl.
Eine hilfreiche Vorstellung ist das Wahrnehmen des Oberschenkels als

einer hohlen Röhre, in der wir in spiraliger Form an der Innenwand der Röhre von oben nach unten hindurchfühlen:

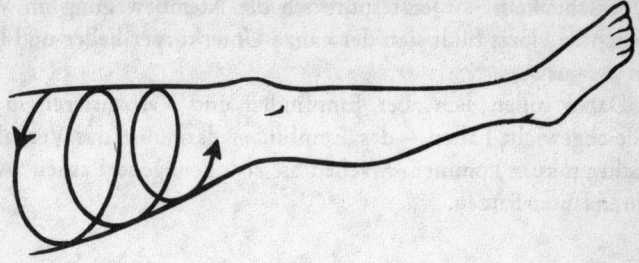

Auf diese Weise spüren wir jetzt also noch einmal den ganzen Körper in der beschriebenen Weise durch.

Wenn wir das getan haben und dabei unsere Wahrnehmungen immer wieder laut verbalisiert haben, wird sich unser Körper schon verändert anfühlen. Und nun machen wir weiter mit einem sogenannten «nondirektiven Ertasten», indem wir einfach in unseren Körper hineinlauschen und das verbalisieren, was wir gerade wahrnehmen. Kommt das Knie in die Spürung, fühlen und verbalisieren wir das, meldet sich darauf der Hinterkopf, gehen wir mit unserer Aufmerksamkeit dorthin, und kommt jetzt auf einmal unser Brustbein in den Vordergrund – gehen wir mit unserer Bewußtheit dorthin. Neben den inneren Körperempfindungen auch immer die Atembewegung (weit und schmal werden des Leibes) spüren!

Mit dieser eutonischen Grundübung können Sie eine intensive Selbsterfahrung mit Ihrem Körper machen. Bei weiterer Übung ist die laute Verbalisierung nicht mehr notwendig, sollte aber doch von Zeit zu Zeit wiederaufgenommen werden, um das eigene Funktionieren beim Durchtasten reflektieren zu können.

Auf die gleiche eutonische Weise können wir nun auch vor jeder Meditation unseren Körper durchfühlen, wobei wir das dann aber in der meditativen Sitzhaltung tun. Damit lösen wir unseren Körper und bereiten uns auf die Meditation vor.

Am besten gehen wir dabei so vor, daß wir uns zunächst auf den Beckenraum und die Sitzhöcker konzentrieren, wobei wir dann in unserer Vorstellung die Sitzhöcker wieder nach unten hin verlängern und darauf den Scheitel nach oben hin zur Decke verlängern. Dann wieder leichte Schwingungen nach vorn und hinten um die Sitzhökker herum – und dann Durchtasten des Körpers (Haut als Außenhülle wie auch Innenräume) in der Reihenfolge: Beckenraum – beide Beine nacheinander – Rumpf – Schultern und Arme – Hals – Kopf – und zum Schluß noch einmal den Beckenraum. Ein «Auspusten» der Luft durch den Mund kann nun eine gute Überleitung in die Meditation sein.

## 5. Bedeutung für unsere Meditationspraxis

Für unsere praktische Meditationsübung bedeutet nun all das Gesagte eine Erweiterung in folgender Weise:

1. Wir sitzen in der Meditation mit dem «rechten» Sitz – aufgerichtet und gerade und dennoch entspannt und gelöst. Zu empfehlen ist zunächst der gerade Sitz ohne Anlehnung auf einem Stuhl oder der Sitz auf dem beschriebenen Meditationsbänkchen, wobei sich jeder, soweit es ihm Freude macht, langsam zum halben oder vollen Lotussitz steigern kann. Das ist aber nicht von Wichtigkeit.

2. Vor jeder Meditation spüren wir unseren Körper jedesmal eutonisch durch, um «Fühlung» mit uns selbst zu erhalten und in einen eutonisch gelösten leiblichen Zustand zu gelangen.

3. Als Meditationsgegenstand nehmen wir das Mantra «OM AH HUM», wobei wir OM beim Einatmen denken, AH beim Ausatmen und HUM am Ende des Ausatmens und während der kleinen Atempause danach. Die Betonung liegt dabei beim lösenden und niederlassenden Ausatmen. Dabei zentrieren wir uns auf unsere Haragegend, sind dort mit unserer Bewußtheit versammelt. Wir können uns vorstellen, daß wir unser Mantra in unserem Unterbauch denken. Der Atem wird auf keinen Fall «gemacht» und kontrolliert. Wir lassen ihn kommen und gehen, wie er will.

4. Wir haben bei der Meditation die Augen geschlossen oder lassen, wie im Za-Zen, die Augen entspannt und halb geöffnet auf einem Punkt auf dem Boden ruhen.

5. Wem die Meditation auf das Mantra nicht so angenehm ist, wie die Meditation auf den Atem, konzentriert sich nur auf diesen in der

Haragegend. Auch hier lassen wir den Atem kommen und gehen, wie er will.

6. Gleichgültig, ob wir Mantra und Atem oder nur den Atem in der Haragegend als Konzentrationsgegenstand nehmen, Ziel unserer Meditation ist ein vollkommen wacher und klarer geistiger Zustand. Müdigkeit und Dösigkeit sind nicht erwünscht und unserer Meditation abträglich. Zu diesem klaren und wachen Bewußtsein verhilft uns der gerade Sitz.

7. Aber Müdigkeit wie auch «störende» Gedanken, Bilder, Gefühle und Körperempfindungen treten auf. Wir ärgern uns nicht, haben nicht das Gefühl, etwas «falsch» zu machen, und unterdrücken die Prozesse nicht, sondern nehmen sie nichtwertend wahr und kehren zurück zur klaren und wachen Aufmerksamkeit auf unseren Meditationsgegenstand.

8. Auch nach der Meditation im Alltag versuchen wir die Zentrierung und die Bewußtheit in unserer Haragegend zu halten.

9. Die rechte Meditationshaltung ist nicht: «Ich meditiere, *um* ruhiger zu werden, *um* mich zu verändern, *um* . . .», sondern:

Meditieren
ist Meditieren
ist Meditieren.

Für ein weiteres und tieferes Eindringen in die Meditation empfehlen wir die Werke von Graf Dürckheim, der zum Schluß noch einmal mit dem Zitat über den «Sinn der Übung» zu Wort kommen soll:

### «Sinn der Übung

Von der Erfahrung des Seins zu der Verwandlung aus dem Sein und zum Zeugen des Seins führt nur die Treue in der Übung, verstanden als ‹Exerzitium›.

Der Sinn aller Übung auf dem Weg ist die *Verwandlung*, dank der das überweltliche Sein sich immer eindeutiger im Innesein und Welt-Dasein des Menschen durchsetzen kann. Es geht um jene durchlässige Verfassung des Menschen, dank der das Sein als Fülle, Gesetz und Einheit im Glanz seines Erlebens, in der Strahlung seines einfachen Daseins und als Antrieb, Sinn und Segen seines Tuns und Lassens, also in ihm und durch ihn, immer mehr offenbar werden kann in der Welt. Da der Mensch in seinem Wesen teilhat am Sein, ja, diese Teilhabe sein Wesen ausmacht, das heißt er selbst das Sein ist in der Weise seines Wesens, bedeutet solche Verwandlung zum Zeugen des Seins Selbstverwirklichung! Der Mensch soll werden, was er im Grunde ist, das heißt seinem Wesen nach ist – eine Weise des göttlichen Lebens. Was er von seinem himmlischen Ursprung her ist und bleibt, ein Sohn Gottes, dessen soll er innewerden und in einer Weise bewußt, daß er es verantwortlich und aus Freiheit zu sein wagt, und dies in der Weise seines irdischen Ursprungs, das Unbedingte erweisend mitten unter den Bedingungen der Welt.

Da der Mensch als der von der Welt her Bedingte seiner selbst und der Welt in einer Weise bewußt wird, die ihn aus seiner ursprünglichen Verwobenheit im Sein herauslöst und eine Wirklichkeitssicht entwickelt, deren Grenzen und deren Struktur das Innewerden des Seins verhindern, entsteht ein Widerspruch zwischen dem Anspruch seines dem Sein sich entfremdenden Welt-Ichs und dem seines Wesens, darin das Sein unverwandt in ihm anwesend ist. Dieser Widerspruch bringt das spezifisch menschliche Leiden hervor mit der Chance, daß sich eines Tages das Wesen gegen das Welt-Ich meldet und, sei es allmählich oder mit einem plötzlichen Durchbruch, als Seins-Erfahrung ins Innesein tritt und das Tor sich zu dem verborgen gebliebenen Sein öffnet. Es offenzuhalten, so daß das Sein als die den ich-zentrierten Menschen und seine Welt von Grund auf verwandelnde Kraft zur Wirkung kommen und am Werk bleiben kann, ist dann die dem Menschen auferlegte Aufgabe. Wohl erfolgt bereits in der Seinserfahrung, je nach ihrer Tiefe, eine Umwandlung des Menschen. Ganz der gleiche bleibt er nie. Aber selbst mehrere Erleuchtungserlebnisse, in denen das Sein für einen Augenblick im Dunkel seines Welt-Daseins aufblitzt, geben noch keine bleibende Verwandlung. Dazu bedarf es treuer Übung. Sie ist der Lebensnerv des nun beginnenden, von einem neuen Sinn bewegten Lebens.

Dazu, daß es den neuen Sinn erfüllen kann, müssen drei Voraussetzungen da sein: das *Erlebnis*, die *Einsicht*, die *Übung*. Diese drei Faktoren gehören zusammen und spielen auf dem Weg fortwährend zusammen. Wo die Einsicht in den Sinn der Erfahrung sich weitet, vertieft sich alsbald das Erleben, und beides zusammen treibt in den nächstfälligen Schritt der Verwandlung mit Hilfe der Übung, die, je fester sie in der Treue des Übenden verankert ist, an Präzision und Wirkkraft gewinnt.»

## OM

*Reine Energie*

Das Sein
Das Allesumfassende
Das Absolute
Das Ungeformte
Das All-Eine

## AH

*Die materielle Welt*

Das Individuelle
Das Einzigartige
Das Relative
Das Geformte

## HUM

*Die Integration*

Das Sein, durchscheinend in der Materie
Das Allesumfassende, manifestiert im
Einzigartigen
Das Absolute im Relativen
durchlässige Struktur – strukturierte
Durchlässigkeit
Das Sein, bezeugt in der Form

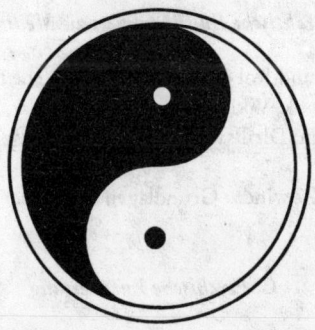

# Anhang : Literatur

Im folgenden haben wir zu den speziellen Methoden, die wir zur Erklärung der Meditation zur Hilfe genommen haben, die wichtigsten oder am leichtesten verständlichen Bücher aufgeführt.

Das einzige Buch, welches ebenso, wie wir es in diesem hier versucht haben, Meditation und Selbstentfaltung von allen möglichen Blickwinkeln aus zu beleuchten trachtet, von westlichen psychotherapeutischen wie auch östlichen spirituellen, ist unseres Wissens das Buch «The one-Quest» von Claudio Naranjo, An Esalen Book, Viking Press.

## A. Stress und Entspannung

1. Frederic Vester: Phänomen Streß – DVA
2. Hans Selye: Stress – Bewältigung und Lebensgewinn – Piper
3. Hannes Lindemann: Autogenes Training – Bertelsmann Ratgeber
4. Douglas A. Bernstein/Thomas D. Borkovec: Entspannungstraining – Verlag J. Pfeiffer
5. Marvin Karlins/Lewis M. Andrews: Biofeedback – DVA
6. Herbert Benson: The Relaxation Response – William Morrow and Company, Inc., New York
7. Bloomfield, Cain, Jaffe, Kory: Transzendentale Meditation – Econ
8. Denise Denniston, Peter McWilliams: The TM Book – Warner Books Edition (hieraus stammen die 17 von uns zitierten Untersuchungen)
9. Schwarz/Sedlmeyer: Befreiung von der Neurose – Diederichs (Beschreibung der Verhaltenstherapie und der Desensitivierung)

## B. Praktische Einführung in die Meditation

1. Claudio Naranjo und Robert E. Ornstein: On the Psychology of Meditation, An Esalen Book, Viking Press
2. Robert E. Ornstein: Die Psychologie des Bewußtseins – Kiepenheuer und Witsch
3. Lama Anagarika Gowinda: Grundlagen tibetanischer Mystik – Otto Wilhelm Barth Verlag

## C. Psychische Entstressung

1. Thomas A. Harris: Ich bin o. k. – Du bist o. k. – Rowohlt
2. Frederick S. Perls: Gestalttherapie in Aktion – Klett

3. Fritz Perls: Grundlagen der Gestalt-Therapie – Pfeiffer
4. Hilarion Petzold: Gestalttherapie und Psychodrama – Nicol-Verlag
5. Arthur Janov: Der Urschrei – S. Fischer
6. Arthur Janov: Anatomie der Neurose – S. Fischer
7. Gustav Hans Graber: Neue Beiträge zur Lehre und Praxis der Psychotherapie – Goldmann
8. Erich Fromm: Zen-Buddhismus und Psychoanalyse – Suhrkamp
9. Manfred Josuttis/Hanscarl Leuner: Religion und die Droge – Kohlhammer
10. Stanislav Groff: Dimensions of Consciousness: Observations from LSD Research – Paper in Esalen-Institute, Big Sur, Calif.
11. Hanscarl Leuner: Katathymes Bilderleben – Georg Thieme
12. Alexander Lowen: Bioenergetik – Scherz
13. Wilhelm Reich: Die Entdeckung des Orgons, die Funktion des Orgasmus – S. Fischer
14. Hilarion Petzold: Psychotherapie und Körperdynamik – Junfermann
15. Otto Buchinger: Heilfastenkur – Bruno Wilkens
16. Werner Zimmermann: Heilendes Fasten – Drei Eichen

### D. Stärkung des Grundvertrauens

1. Maharishi Mahesh Yogi: Die Wissenschaft vom Sein und die Kunst des Lebens – International SRM Publications
2. Abraham H. Maslow: Psychologie des Seins – Kindler
3. Hanscarl Leuner: Ekstase und religiöses Erleben durch Halluzinogene beim modernen Menschen – in: Manfred Josuttis/Hanscarl Leuner: Religion und die Droge – Kohlhammer
4. Walter N. Pahnke: Drogen und Mystik – in D. 3.
5. Alan W. Watts: Kosmologie der Freude – Melzer
6. Charles T. Tart: Altered States of Consciousness – Anchor Books
7. John White: The Highest State of Consciousness – Anchor Books
8. Andrew Weil: Das erweiterte Bewußtsein – DVA

### E. Selbstentfaltung

Fritz Perls und Abraham Maslow s. o.
1. Lutz Schwäbisch/Martin Siems: Anleitung zum sozialen Lernen für Paare, Gruppen und Erzieher – rororo

2. Jiddu Krishnamurti: Einbruch in die Freiheit – Ullstein
3. Carl R. Rogers: Entwicklung der Persönlichkeit – Klett
4. ders.: Encounter Gruppen – Kindler
5. ders.: Die nicht-direktive Beratung – Kindler
6. ders.: Die klient-bezogene Gesprächstherapie – Kindler
7. ders.: Lernen in Freiheit – Kösel
8. Muriel James/Dorothy Jongeward: Spontan Leben – Rowohlt
9. Roberto Assagioli: Psychosynthesis – An Esalen Book, Viking Press
10. Jim Simkin: Mini-Lectures in Gestalt Therapy, Paper in Esalen-Institute, Big Sur, Cal.
11. Thomas A. Harris: Ich bin o. k. – Du bist o. k. – Rowohlt
12. J. Krischnamurti: Revolution durch Meditation – Humata Verlag

### F. Meditation aus der Mitte

1. Anton und Marie-Luise Stangl: Das Entspannungsprogramm – Econ
2. Philip Kapleau: 3 Pfeiler des Zen – Otto Wilhelm Barth
3. Karlfried Graf Dürckheim: Vom doppelten Ursprung des Menschen – Herderbücherei
4. ders.: Zen und wir – S. Fischer
5. ders.: Im Zeichen der großen Erfahrung – Scherz
6. ders.: Hara – die Erdmitte des Menschen – Otto Wilhelm Barth

Jeanne Achterberg
**Gedanken heilen** *Die Kraft der Imagination. Grundlagen einer neuen Medizin*
(rororo sachbuch 8548)

Bärbel und Walter Bongartz
**Hypnose** *Wie sie wirkt und wem sie hilft*
(rororo sachbuch 9133)
Hypnose ist ein jahrtausende-altes Phänomen, dessen wissenschaftlicher Erforschung sich Medizin und Psychologie in jüngster Zeit widmen. Was die Hypnose als Therapieform leisten kann, wie sie wirkt und wem sie hilft und bei welchen Beschwerden und Krankheiten ihr Einsatz sinnvoll ist, skizziert dieses Buch.

Frauke Teegen
**Die Begegnung mit dem Schatten** *Erkundungen in den Tiefenschichten des Bewußtseins*
(rororo sachbuch 8533)
**Ganzheitliche Gesundheit** *Der sanfte Umgang mit uns selbst*
(rororo sachbuch 8308)

Lutz Schwäbisch / Martin Siems
**Selbstentfaltung durch Meditation** *Eine praktische Anleitung*
(rororo sachbuch 8321)

John Selby
**Atmen und leben** *Ganzheitliche Gesundheit durch Atemintegration*
(rororo sachbuch 8320)

Ulrich Sollmann
**Bioenergetik in der Praxis** *Streßbewältigung und Regeneration*
(rororo sachbuch 8484)

Alexander Lowen
**Bioenergetik** *Therapie der Seele durch Arbeit mit dem Körper*
(rororo sachbuch 8435)
Alexander Lowen geht davon aus, daß alle körperlichen und seelischen Vorgänge nur verschiedene Ausdrucksformen eines einzigen, einheitlichen Lebensprozesses sind. Sobald sich der Mensch seines Körpers wirklich bewußt wird, mit ihm «arbeitet», ihn «erlebt», gewinnt er ein völlig neues Verhältnis zu sich selbst und wird auch Angstzustände und Stress-Situationen überwinden.
**Bioenergetik als Körpertherapie** *Der Verrat am Körper und wie er wiedergutzumachen ist*
(rororo sachbuch 9149)

Ein Gesamtverzeichnis aller lieferbaren Titel der Reihe *rororo medizin und gesundheit* finden Sie in der *Rowohlt Revue*. Jedes Vierteljahr neu. Kostenlos in Ihrer Buchhandlung.

Angelika Blume
**Verhüten oder Schwangerwerden**
*Natürliche und gefahrlose Wege zur selbstbestimmten Fruchtbarkeit*
(rororo sachbuch 8369)
Immer mehr Frauen suchen nach Informationen, wie sie ihre fruchtbaren Tage präzise herausfinden können, entweder weil sie sich ein Kind wünschen oder aber weil sie sicher verhüten wollen. Dabei möchten sie auf hormonelle Eingriffe (etwa durch Ovulationshemmer wie die Pille) und mechanische Methoden (Spirale, Präservativ, Diaphragma) möglichst verzichten. Die Medizinpublizistin Angelika Blume gibt grundlegende Informationen zu Verhütung und Empfängnis und stellt die verschiedenen Methoden und ihre sichere und praktische Anwendung vor.
**Sterilisation** *Entscheidungshilfen für Männer und Frauen*
(rororo sachbuch 8865)
**PMS – Das Prämensturelle Syndrom**
(rororo sachbuch 9129)

Ingrid Olbricht
**Die Brust** *Organ und Symbol weiblicher Identität*
(rororo sachbuch 8525)
Die Bedeutung der Brust für die Frau ist Thema dieser einzigartigen Arbeit.
Dr. med. Ingrid Olbricht, Chefärztin einer psychosomatischen Klinik, verdeutlicht weit über den medizinischen und psychotherapeutischen Bereich hinausgehend, in welch ausgeprägtem Maße das weibliche Selbstverständnis mit diesem Organ verknüpft sein kann.

MEDIZIN + GESUNDHEIT

Angelika Blume
**VERHÜTEN ODER SCHWANGER-WERDEN**
Natürliche und gefahrlose Wege zur selbstbestimmten Fruchtbarkeit

rororo

John Guillebaud
**Die Pille**
*Vollständig überarbeitete und erweiterte Neuausgabe*
(rororo sachbuch 9127)

Sherman J. Silber
**Endlich schwanger** *Medizinische Ursachen und Therapien bei Unfruchtbarkeit.*
*Überarbeitete und erweiterte Neuausgabe*
(rororo sachbuch 8869)

Barbara Sommerhoff
**Fehl- und Frühgeburten**
*Ursachen, Vorbeugung, Hilfen*
(rororo sachbuch 9501)

Frédérick Leboyer
**Weg des Lichts** *Yoga für Schwangere - Übungen, Texte und Bilder*
(rororo sachbuch 8870)